数字经济：
风险与治理

陈伊璇 著

中国商业出版社

图书在版编目（CIP）数据

数字经济：风险与治理 / 陈伊璇著. -- 北京：中国商业出版社, 2025. 6. -- ISBN 978-7-5208-3467-4

Ⅰ. F49

中国国家版本馆CIP数据核字第20257X2L17号

责任编辑：吴 倩

中国商业出版社出版发行
（www.zgsycb.com 100053 北京广安门内报国寺1号）
总编室：010-63180647 编辑室：010-83128926
发行部：010-83120835/8286
新华书店经销
北京七彩京通数码快印有限公司印刷

*

710毫米×1000毫米 16开 16.25印张 274千字
2025年6月第1版 2025年6月第1次印刷
定价：68.00 元

* * * *

（如有印装质量问题可更换）

前　言

数字经济正在深刻重塑全球经济格局，同时也带来了一系列前所未有的风险挑战。这种新型经济形态以数据为核心生产要素，依托大数据、人工智能、区块链等颠覆性技术，正在改变传统的生产方式和商业模式。然而，当我们享受数字经济带来的效率提升和创新活力时，也必须正视其伴生的各类风险。

从技术层面来看，数字经济的快速发展带来了安全隐患。算法偏见可能导致歧视性决策，比如在招聘或信贷审批中某些群体可能受到不公平对待。数据泄露事件频发，仅2023年全球就发生超过2万起，平均每次造成500万美元以上的损失。更令人担忧的是，量子计算等前沿技术的发展可能使现有加密体系面临挑战，威胁到整个数字经济的基础安全。

市场结构方面也出现了新的风险特征。平台经济的网络效应容易形成"赢者通吃"的局面，头部企业通过数据垄断构筑竞争壁垒。这种市场集中不仅抑制创新，还可能损害消费者权益。跨境数据流动则引发了主权博弈，各国在数据管辖权和数字税等问题上分歧明显，给全球数字贸易带来不确定性。

从社会影响角度看，数字经济可能加剧不平等。数字技能差异导致就业机会分化，研究表明，低收入群体的就业机会因此减少了18%，而高技能群体收入增长了27%。区域发展不平衡也在扩大，发达地区更容易获取数字红利，欠发达地区则面临被边缘化的风险。

面对这些复杂挑战，需要构建系统化的治理框架。在技术层面，应加强核心技术创新，突破芯片、算法等关键领域的问题。监管方面需要建立更具弹性的规则体系，平衡创新发展与风险防控。市场治理要着重防范平台垄断，维护公平竞争环境。同时，要通过数字基础设施建设和技术培训，缩小不同群体间的数字鸿沟。

国际协作尤为重要。在数据跨境流动、数字税、网络安全等领域，需要建立多边协调机制。各国监管机构应加强信息共享和执法合作，共同应对跨境数字风险。

数字经济的风险管理需要多方参与。企业应当将安全理念融入产品设计全流程，政府要完善法律法规并提升监管能力，学术界需加强跨学科研究，公众则应提高数字素养和风险意识。只有通过这种多元共治的模式，才能确保数字经济健康可持续发展，让技术创新真正造福社会。

目 录

第一章 数字经济发展现状 1

第一节 数字经济概念的演进 1
第二节 数字经济的全球发展态势 19
第三节 数字中国建设 41

第二章 经济发展新形态带来的风险 62

第一节 数字经济发展风险的概念及特征 62
第二节 数字经济发展风险的表现形式 83
第三节 数字经济发展风险的成因分析 98
第四节 防范化解数字经济风险的重大意义 133

第三章 部分国家和组织的数字经济发展风险治理 146

第一节 美国：数字经济发源地 146
第二节 欧盟：扶持不力，规制先行 163
第三节 国际组织的相关管理制度 180

第四章 完善我国数字经济发展风险治理机制 195

第一节 我国数字经济治理现状 195
第二节 数字经济风险治理的核心议题 209
第三节 多渠道完善我国数字经济安全体系 234

第一章 数字经济发展现状

第一节 数字经济概念的演进

一、数字经济定义的提出

近年来,数字经济发展速度之快、辐射范围之广、影响程度之深前所未有,正在成为重组全球要素资源、重塑全球经济结构、改变全球竞争格局的关键力量。本节内容围绕数字经济的定义,从提出的背景、过程和意义三个方面进行阐述,作为对数字经济发展风险研究的起点。

(一)数字经济定义提出的背景

1. 数字经济的兴起

数字经济的兴起并非偶然,而是多种因素共同作用的结果。从历史发展的脉络来看,信息技术的持续创新与突破为其奠定了坚实基础。20世纪40年代,微电子技术取得重大突破,这一里程碑式的进展开启了数字技术影响经济的先河。随后,在20世纪50—60年代,数字技术领域不断涌现新的创新成果,为经济形态的演变埋下了伏笔。1962年,美国经济学家马克卢普提出"信息经济"概念,这一概念的诞生可视为数字经济发展历程中的重要萌芽,它预示着经济发展将逐渐步入一个以信息为关键要素的崭新时代。

随着时间的推移,信息技术的发展日新月异。互联网的出现与普及更是掀起了一场前所未有的变革浪潮。在早期阶段,居民参与数字经济的主要方式是通过通信设备接入网络,此时数字经济主要体现为数字基础设施所带来的直接产出。

但进入21世纪，新一代数字技术如雨后春笋般不断涌现，人工智能、大数据、电子商务、区块链等前沿技术不仅丰富了数字经济的内涵，更推动其进入了一个全新的发展阶段。数字经济不再仅仅局限于信息通信技术（ICT）产业自身的发展，其范畴拓展至涵盖利用ICT促进全社会经济结构调整、生产效率提升以及传统产业融合创新等广泛领域，这一系列深刻变革促使数字经济迅速崛起，成为全球经济发展的新引擎。

2. 早期对数字经济的理解

"数字经济"一词最早于20世纪90年代问世，美国学者唐·泰普斯科特在1996年出版的《数字经济：网络智能时代的前景与风险》一书中首次提出这一概念。该书生动描绘了未来的新世界：互联网将全方位改变各类事物的运行模式，并且催生一系列前所未有的新经济形式和活动。这一时期，数字经济一词主要用于描述互联网对商业行为产生的影响。彼时信息技术在经济活动中虽已崭露头角，但尚未具备后来的颠覆性影响力。更多时候信息技术扮演的是提升效率、优化质量的辅助角色，因此数字经济这一概念更多地停留在未来学家的探讨之中，尚未成为经济发展的主流焦点。

2002年，美国学者金范秀将数字经济定义为一种特殊的经济形态，其本质被概括为"商品和服务以信息化形式进行交易"。从这一定义可以看到，在早期阶段人们对数字经济的理解较为狭隘，主要围绕互联网技术在商业交易环节的应用，关注的则是交易形式的信息化转变，而对数字经济更深层次的内涵和广泛的外延认识尚显不足。随着时间的推移和技术的不断进步，这种早期的理解逐渐无法全面涵盖数字经济丰富多样的发展态势，数字经济的内涵和外延亟待进一步拓展和深化。

3. 数字经济发展带来的新变化

信息技术的发展日新月异，在各个领域逐渐实现深度渗透，社会经济的数字化程度呈现出迅猛提升的态势。大数据时代的到来成为数字经济发展的关键转折点，促使数字经济一词的内涵和外延发生了意义深远的重大变化。

在内涵方面，数字经济不再局限于互联网与商业的简单结合，而是演变为以数字化的知识和信息作为核心生产要素的经济形态。这意味着知识和信息的数字化形式成为推动经济发展的核心动力源泉,在经济活动中的地位愈发关键。同时,信息通信技术被广泛地有效运用,其作用贯穿于生产、流通、消费等各个经济环节。它已成为提升经济效率、优化经济结构的驱动力,深刻改变着经济运行的方式和效率。

从外延来看,数字经济的范畴得到了极大拓展。它不仅是商业交易层面的概念,而且早已全面涵盖了社会经济生活的各个领域。数字政府、数字社会、数字治理体系建设等构成了数字经济发展不可或缺的重要环境,这些领域的数字化转型为数字经济的蓬勃发展提供了良好的制度保障、社会基础和治理支撑。与此同时,数字基础设施建设以及传统物理基础设施的数字化改造成为数字经济发展的坚实基石。无论是高速稳定的网络通信设施,还是传统交通、能源等基础设施融入数字化元素,都为数字经济的创新发展和广泛应用创造了有利条件,使数字经济能够在更广阔的空间中实现深度融合与拓展。

(二) 数字经济定义的提出过程

1. 国际组织对数字经济的关注

随着数字经济在全球范围内的蓬勃兴起,其对世界经济格局的影响力日益凸显,众多国际组织纷纷将目光聚焦于此,并积极开展相关研究与讨论,力求准确把握数字经济的内涵与发展脉络,为全球数字经济的健康发展提供指引。经济合作与发展组织(OECD)作为国际经济领域的重要组织之一,一直密切关注数字经济的发展动态。早在多年前,OECD 就已着手对数字经济展开深入研究,通过收集和分析大量的数据资料,对数字经济的诸多方面进行了系统梳理。其研究范围涵盖了数字技术对传统产业的渗透与融合、数字经济发展所带来的新商业模式和就业形态变化等多个领域。OECD 的研究成果为各国政府制定相关政策提供了重要的参考依据,有助于各国在数字经济发展浪潮中找准方向,制定符合本国国情的发展战略。

世界银行也在数字经济研究领域发挥了重要作用。世界银行凭借其在全球经济发展领域的广泛影响力和丰富的数据资源,深入探讨了数字经济在不同国家和地区的发展现状及面临的挑战。通过对众多发展中国家和发达国家的案例分析,世界银行揭示了数字经济在促进经济增长、减少贫困、推动社会公平等方面的巨大潜力。同时，世界银行也关注到数字经济发展过程中存在的数字鸿沟问题，即不同国家、地区和人群在数字技术接入和使用方面存在的差距，并提出了一系列有针对性的政策建议，旨在帮助缩小数字鸿沟，促进全球数字经济的均衡发展。

国际货币基金组织（IMF）同样对数字经济给予了高度关注。IMF 从宏观经济稳定和金融体系发展的角度出发，研究数字经济对全球经济和金融格局的影响。随着数字经济的快速发展，新型金融科技应用不断涌现，如数字货币、移动支付、区块链金融等，这些创新应用在提升金融服务效率的同时，也给金融监管带来了新的挑战。IMF 通过对数字经济与金融领域交叉问题的深入研究，为各国关于金融监管政策调整和金融体系稳定提供了重要建议，以确保数字经济背景下金融体系的稳健运行。

2. G20 对数字经济定义的推动

在众多国际组织对数字经济的探索与研究进程中，二十国集团（G20）发挥了至关重要的推动作用，尤其在数字经济定义的明确方面取得了重大突破。2016年9月，在杭州成功举办的 G20 峰会上，通过了具有深远意义的《二十国集团数字经济发展与合作倡议》。该倡议明确指出，"数字经济是指以使用数字化的知识和信息作为关键生产要素、以现代信息网络作为重要载体、以信息通信技术的有效使用作为效率提升和经济结构优化的重要推动力的一系列经济活动"。这一定义的提出，是 G20 各成员国经过深入探讨、广泛交流与充分协商的结果，它凝聚了全球主要经济体对数字经济本质特征和发展规律的深刻理解与共识。

G20 作为全球经济合作的重要平台，汇聚了世界主要经济体的智慧和力量。在数字经济发展的关键时期，G20 能够达成这样一个被广泛认可的数字经济定义，具有多方面的重要意义。一方面，这体现了全球主要经济体对数字经济发展的高度重视，以及在推动数字经济领域国际合作方面的坚定决心。通过明确数字经济的定义，为各国在数字经济领域的政策制定、产业发展规划以及国际合作提供了清晰的指导框架，有助于各国更好地协调行动，形成推动数字经济发展的合力。另一方面，这一定义也为全球数字经济的统计核算和比较分析奠定了基础，使各国能够在统一的概念框架下，对数字经济的规模、结构和发展趋势进行准确衡量和深入研究，从而为进一步推动数字经济的健康、可持续发展提供有力支持。

3. 各国对数字经济定义的研究与实践

除了国际组织在数字经济定义方面的努力，世界各国也充分认识到数字经济对本国经济发展的重要战略意义，纷纷积极开展对数字经济定义的深入研究，并结合本国国情进行实践探索。

自20世纪90年代起，美国就高度重视信息技术的发展及其在经济领域的应用，不断加大在数字技术研发方面的投入。美国商务部从1998年开始发布《浮现中的数字经济》系列报告，这些报告对美国数字经济的发展状况进行了全面、系统的梳理和分析，涵盖了电子商务、数字基础设施建设、数字技术创新等多个关键领域。通过长期的跟踪研究和实践总结，美国逐渐形成了一套符合自身经济发展特点的对数字经济的理解和定义方式，强调数字技术创新在推动经济增长和产业升级中的核心作用，以及数字经济对提升国家竞争力和创造就业机会的重要贡献。

欧盟作为全球重要的经济体之一也在积极推动数字经济的发展，并对数字经济定义进行了深入研究。欧盟从区域一体化发展的战略高度出发，关注数字经济在促进欧洲经济复苏、提升产业竞争力以及推动社会创新等方面的重要作用。欧盟通过制定一系列数字经济发展战略和政策框架，如《数字市场法》《数字服务法》等，明确了数字经济发展的目标、重点领域和政策措施。在对数字经济定义的研究过程中，欧盟注重数字经济与社会、环境等方面的协调发展，强调数字技术在推动绿色经济、可持续发展以及提升社会福祉等方面的积极作用，形成了具有欧洲特色的数字经济发展理念和定义体系。

中国作为世界第二大经济体，近年来在数字经济领域取得了举世瞩目的成就。中国政府将数字经济的发展提升到国家战略的高度，出台了一系列政策措施大力推动数字经济的创新发展。从早期的"互联网+"行动计划到后来的"数字中国"建设战略，中国在数字经济的实践探索中积累了丰富的经验。同时，中国学术界和产业界也积极开展对数字经济定义的研究与讨论。在借鉴国际经验的基础上，结合中国数字经济发展的实际情况，中国对数字经济的定义更加注重数字技术与实体经济的深度融合，强调数字经济在推动传统产业转型升级、培育新兴产业、促进创新创业以及提升社会治理水平等方面的重要作用。2021年12月，国务院印发的《"十四五"数字经济发展规划》明确指出，数字经济是继农业经济、工业经济之后的主要经济形态，是以数据资源为关键要素，以现代信息网络为主要载体，以信息通信技术融合应用、全要素数字化转型为重要推动力，促进公平与效率更加统一的新经济形态。这一定义充分体现了中国数字经济发展的特色和方向，为中国数字经济在"十四五"时期乃至更长时间的持续健康发展提供了重要的理论支撑和实践指导。

（三）数字经济定义提出的意义

1. 为数字经济发展提供理论基础

数字经济定义的明确提出为这一新兴经济形态的发展构建了理论基础，具有重大意义。在学术研究领域，清晰的定义为学者深入探究数字经济的本质特征、内在规律以及发展趋势提供了统一的概念框架和研究起点。以往，由于数字经济概念的模糊性，不同学者从各自的研究视角出发，对数字经济的理解和界定存在较大差异，这在一定程度上导致了学术研究的分散性和重复性，难以形成系统、深入的理论体系。较为明确的数字经济定义使学者能够在共同的研究基础上，开展更加聚焦、深入的学术探讨。通过对数字经济关键生产要素（数字化的知识和信息）、重要载体（现代信息网络）以及核心推动力（信息通信技术的有效使用）等方面的深入研究，进一步揭示数字经济的运行机制、价值创造模式以及与传统经济的相互关系，从而推动数字经济理论的不断丰富和完善。

在学科建设方面，数字经济定义有助于促进相关学科的融合与发展。数字经济涉及信息技术、经济学、管理学、社会学等多个学科领域，其综合性和交叉性特点十分显著。统一的定义使不同学科能够围绕数字经济这一核心主题，整合各自的学科优势，开展跨学科研究。

2. 促进数字经济的统计与核算

准确的统计与核算是深入了解数字经济发展状况、制定科学合理政策的重要前提，而数字经济定义的明确提出为这一工作的顺利开展提供了关键保障。在数字经济定义尚未统一之前,各国对数字经济涵盖范围的理解存在差异,导致在数字经济的统计指标和核算方法上缺乏一致性,这使不同国家和地区之间数字经济数据的可比性较差,难以进行有效的国际比较和趋势分析。有些国家将数字经济仅仅局限于信息通信技术产业本身的发展,而忽略了数字技术与传统产业融合所产生的经济活动;有些国家则在统计数字经济规模时,对一些新兴的数字经济业态和商业模式的界定不够清晰,导致数据存在较大偏差。

随着数字经济定义的逐渐明确,各国能够在统一的概念框架下,制定出更为科学、规范的数字经济统计指标体系和核算方法。以中国为例,根据《数字经济及其核心产业统计分类(2021)》,数字经济产业被清晰地划分为数字产品制造业、数字产品服务业、数字技术应用业、数字要素驱动业和数字化效率提升业五大类。其中,前四大类构成数字产业化部分,是数字经济发展的基础;第五大类为产业数字化部分,体现了数字技术与实体经济的深度融合。这一分类标准为中国数字经济的统计核算提供了明确的指导,使统计部门能够准确界定数字经济活动的范围,收集和整理相关数据,从而全面、准确地反映中国数字经济的规模、结构和发展态势。

在国际层面,统一的数字经济定义也为全球数字经济数据的比较和分析创造了有利条件。通过国际组织的协调和推动,各国在数字经济统计核算方面的标准逐渐趋同,这有助于开展跨国数字经济研究,深入了解不同国家数字经济发展的特点和差异,总结成功经验和教训,为各国制定数字经济发展战略提供参考依据。同时,准确的数字经济统计数据也能够为国际组织制定全球数字经济发展政策、评估数字经济对全球经济增长的贡献提供有力支持,促进全球数字经济的健康、均衡发展。

3. 助力政策制定与产业发展

数字经济定义的清晰界定,为各国政府制定精准有效的政策措施、推动数字经济产业蓬勃发展提供了重要的决策依据。在政策制定方面,明确的定义使政府能够准确把握数字经济的发展重点和关键领域,从而有针对性地出台相关政策。

在产业发展方面,数字经济定义为企业和投资者提供了明确的发展方向和市场信号。企业能够依据定义准确判断自身业务在数字经济产业链中的位置,从而制定合理的发展战略。数字技术应用企业可以围绕数字经济定义中强调的信息通信技术的有效使用,加大在技术应用创新方面的投入,开发出更具竞争力的数字解决方案,为传统产业数字化转型提供有力支持。投资者也能够根据数字经济定义,更好地识别具有发展潜力的数字经济领域和企业,合理配置资金,促进数字经济产业的资源优化配置。同时,数字经济定义的明确还有助于加强产业上下游企业之间的协作与合作,形成完整的数字经济产业链和产业生态。数字产品制造企业与数字技术应用企业可以通过紧密合作,实现产品与技术的深度融合,共同开拓市场,推动数字经济产业发展。

二、数字经济概念演进与发展

在当今信息技术飞速迭代、深度融合的时代背景下,数字经济已成为重塑全球经济格局、驱动社会变革的核心力量。从互联网的广泛普及,到大数据、人工智能、区块链、物联网等新一代信息技术的蓬勃兴起,数字经济正以前所未有的速度和深度渗透到社会经济的各个领域和角落。数字经济的发展并非一蹴而就,其概念经历了漫长且复杂的演进与发展过程。深入探究数字经济概念的演变轨迹,不仅有助于我们精准把握其本质内涵与发展规律,更为推动数字经济高质量发展提供不可或缺的理论支撑,同时也为各国政府制定科学合理的政策、企业进行战略布局与创新发展提供重要的决策依据。

(一)数字经济概念的起源与萌芽(20世纪40—90年代初)

1. 技术基础的形成

20世纪40年代,微电子技术取得了具有里程碑意义的重大突破,这一突破犹如一颗火种,点燃了数字技术发展的燎原之势。随后,第二代晶体管电子计算机和集成电路相继发明问世,人类在知识和信息处理能力方面实现了质的飞跃。计算机的运算速度不断提升,存储容量持续扩大,使数字技术开始逐步渗透到经济生活的各个层面。在企业管理领域,电子数据处理系统的应用,实现了对企业财务、库存等数据的高效管理;在金融领域,数字技术的引入提高了交易处理的速度和准确性。尽管这一时期数字技术尚未引发经济领域的重大变革,但为后续数字经济的发展奠定了坚实的技术基石。

2. 信息经济概念的提出

在 20 世纪 50—60 年代数字技术持续创新的大背景下，1962 年，美国经济学家马克卢普提出了"信息经济"概念。这一概念的诞生，标志着人们开始关注信息在经济发展中的重要作用。当时，数字技术与其他经济部门的交互发展不断加速，信息作为一种关键资源，在生产、流通和消费等环节的价值逐渐凸显。例如，企业通过收集和分析市场信息，能够更精准地把握市场需求，调整生产策略；消费者通过获取产品信息，作出更明智的消费决策。"信息经济"概念的提出，为后续数字经济概念的形成提供了重要的思想源泉和理论铺垫，促使学术界和产业界开始深入思考信息与经济发展之间的内在联系。

（二）数字经济概念的初步形成（20 世纪 90 年代中期至 21 世纪初）

1. 数字经济概念的正式提出

20 世纪 80—90 年代，互联网技术如雨后春笋般迅速发展并日趋成熟。随着互联网的广泛接入，数字技术与网络技术深度融合，全球范围内的网络连接产生了海量数据。这对数据处理能力提出了更高要求，进而催生了云计算、大数据等数字技术的快速发展。与此同时，数字技术快速从信息产业向外扩散，不仅加快了传统部门的信息化进程，还不断催生新的生产要素和商业模式，电子商务便是其中最为典型的应用形式。

在这样的时代背景下，1996 年美国学者唐·泰普斯科特在《数字经济：网络智能时代的前景与风险》一书中正式提出数字经济概念。他强调数字经济是基于数字技术的新型经济形态，数字技术对经济活动具有变革性作用。1998 年、1999 年、2000 年美国商务部先后出版了名为《浮现中的数字经济Ⅰ》《浮现中的数字经济Ⅱ》《数字经济》的研究报告，进一步推动了数字经济概念在全球范围内的传播。此时，数字经济主要被视为数字技术对经济社会的渗透效应，其概念虽然初步形成，但内涵和外延仍相对狭窄，主要聚焦于信息技术在经济领域的应用以及由此产生的新经济现象。

2. 早期数字经济的实践探索与特点

在这一阶段，数字经济的实践探索主要集中在电子商务和数字媒体等领域。电子商务的兴起彻底改变了传统的商业交易模式，消费者可以通过网络便捷地购买商品和服务，商家也能够突破地域限制，扩大市场范围。亚马逊、eBay 等电子商务平台的成功，标志着数字经济在商业领域的应用取得了重大突破。与此同时，数字媒体也得到了快速发展，在线音乐、视频等数字内容的消费市场不断扩大。

早期数字经济呈现出以下显著特点。首先，互联网的普及使信息传播和获取变得更加快捷，打破了传统的时间和空间限制，为经济活动带来了更高的效率。其次，数字技术的应用推动了新商业模式的出现，这些模式具有创新性和灵活性，能够快速适应市场变化。最后，数字经济还开始展现出一定的渗透性，对传统产业的信息化改造起到了积极的推动作用。但在这一阶段，数字经济与实体经济的融合还处于初级阶段。

（三）数字经济概念的发展与完善（21 世纪初至今）

1. 新一代数字技术推动概念拓展

进入 21 世纪，新一代数字技术如人工智能、区块链、物联网等不断涌现并逐渐普及，为数字经济的发展注入了新的强大动力，也促使数字经济概念得到进一步拓展和完善。人工智能技术的应用使生产过程更加智能化、自动化，通过机器学习和深度学习算法，计算机能够模拟人类的思维和决策过程，实现对复杂问题的智能处理。在制造业中，智能机器人的使用可以实现精准生产和 24 小时不间断工作，提高生产效率和产品质量；在金融领域，人工智能技术可用于风险评估、投资决策等，提升金融服务的精准性和效率。

区块链技术以其去中心化、不可篡改等特性，在金融、供应链管理等领域得到广泛应用。在金融领域，区块链技术可用于跨境支付、证券交易等场景，提高交易效率和安全性，降低交易成本；在供应链管理领域，通过区块链技术实现了产品信息的全程追溯，增强了供应链的透明度和可信度。物联网技术则实现了物与物、人与物之间的互联互通，使传统设备具备了智能化感知和控制能力，为智能家居、智能交通等领域的发展奠定了基础。

这些新一代数字技术的应用，使数字经济的内涵从单纯的信息技术应用，扩展到数据驱动、智能化发展的经济模式，其外延也涵盖了更多的产业和领域，数字经济与实体经济的融合更加深入。

2. 国际组织与各国和地区对数字经济定义的明确

随着数字经济在全球经济中的地位日益重要，众多国际组织及各国和地区纷纷加大对数字经济的研究力度，并努力明确数字经济的定义。2016年9月，G20杭州峰会发布的《二十国集团数字经济发展与合作倡议》对数字经济的定义得到了全球主要经济体的广泛认可，为数字经济的发展提供了重要的指导框架。

各国和地区也根据自身的发展情况，对数字经济的定义进行了深入研究和明确。美国强调数字技术创新在推动经济增长和产业升级中的核心作用，注重发展高科技产业和创新型企业。欧盟注重数字经济与社会、环境等方面的协调发展，强调数字技术在推动绿色经济、可持续发展以及提升社会福祉等方面的积极作用。中国在借鉴国际经验的基础上，结合自身数字经济发展的实际情况，将数字经济定义为继农业经济、工业经济之后的主要经济形态，是以数据资源为关键要素，以现代信息网络为主要载体，以信息通信技术融合应用、全要素数字化转型为重要推动力，促进公平与效率更加统一的新经济形态。这一定义充分体现了中国数字经济发展的特色和方向。

3. 数字经济内涵与外延的丰富

在这一时期，数字经济的内涵和外延得到了极大的丰富。从内涵上看，数据作为一种新的关键生产要素，其价值被充分挖掘和重视。数据的爆发增长、海量集聚蕴藏了巨大的价值，通过对数据的采集、存储、分析和应用，企业能够更好地了解市场需求、优化产品设计、提升决策的科学性。同时，全要素数字化转型成为数字经济发展的重要推动力，不仅包括传统产业的数字化转型，还涉及生产、流通、消费等各个环节的数字化变革。

从外延上看，数字经济涵盖的领域更加广泛。除了电子商务、数字媒体等传统领域外，数字金融、数字医疗、数字教育、智慧物流等新兴领域不断涌现。数字金融领域，移动支付、数字货币等创新应用改变了传统金融服务模式，提高了金融服务的便捷性和普惠性；数字医疗领域，远程医疗、电子病历等应用提高了医疗服务的可及性和效率；数字教育领域，在线教育平台的发展为人们提供了更加灵活多样的学习方式；智慧物流领域，通过物联网、大数据等技术实现了物流信息的实时跟踪和智能调度，提高了物流效率和降低了物流成本。

（四）数字经济发展的现状分析

1. 数字经济发展新态势

（1）全球数字经济规模持续扩张

近年来，全球数字经济规模呈现出持续快速增长的态势。根据中国信息通信研究院发布的《全球数字经济白皮书（2024年）》显示，2023年，美国、中国、德国、日本、韩国等5个国家数字经济总量超过33万亿美元，同比增长超8%；数字经济占GDP比重为60%，较2019年提升约8个百分点。产业数字化占数字经济的比重为86.8%，较2019年提升1.3个百分点。2019—2023年，美国、中国数字经济实现快速增长，德国、日本、韩国数字经济持续稳定发展。发展中国家数字经济也呈现出快速发展的趋势，中国数字经济规模达到53.9万亿元人民币，占GDP的比重为42.8%，成为全球数字经济增长的重要引擎之一，在电子商务、移动支付等领域处于世界前列。

（2）数字经济与实体经济深度融合

当前，数字经济与实体经济的深度融合已成为全球经济发展的重要趋势。在制造业领域，数字化、网络化、智能化转型加速推进。企业通过引入工业互联网、大数据、人工智能等技术，实现了生产过程的智能化控制、供应链的优化管理以及产品的个性化定制。德国的"工业4.0"战略通过推动制造业与数字技术的深度融合，打造智能工厂，实现了生产设备的互联互通和生产过程的自动化、智能化，提高了制造业的竞争力。在中国，众多制造业企业积极开展数字化转型，建设智能车间、智能工厂，通过数字化技术实现了生产效率的大幅提升和生产成本的降低。

在农业领域，数字技术的应用也为农业现代化发展带来了新机遇。通过物联网技术，实现了对农业生产环境的实时监测和精准调控，如对土壤湿度、温度、光照等参数的监测，以及对灌溉、施肥等环节的智能控制，从而实现精准农业生产，提高农业生产效率和农产品质量。同时，电子商务平台的发展也拓宽了农产品的销售渠道，促进了农民增产增收。

在服务业领域，数字经济的发展更是带来了深刻变革。在线旅游、在线教育、远程医疗、智慧物流等新兴业态蓬勃发展。在线旅游平台整合了旅游资源，为消费者提供了便捷的旅游预订服务；在线教育平台打破了时空限制，让优质教育资源得以更广泛传播；远程医疗技术实现了医疗专家与患者的远程会诊，提高了医疗服务的可及性；智慧物流通过数字化技术实现了物流信息的实时跟踪和智能调度，提高了物流效率。

（3）数字经济创新应用不断涌现

随着数字技术的不断创新和发展，数字经济领域的创新应用层出不穷。人工智能在自然语言处理、图像识别、智能客服等领域得到广泛应用。智能语音助手可以实现人机自然交互，为用户提供便捷的信息查询和服务；图像识别技术在安防监控、医疗影像诊断等领域发挥着重要作用。区块链技术在金融、供应链管理、政务服务等领域的应用不断拓展。在金融领域，区块链技术可用于跨境支付、证券交易等场景，提高交易效率和安全性；在供应链管理领域，通过区块链技术实现了产品信息的全程追溯，增强了供应链的透明度和可信度。虚拟现实（VR）和增强现实（AR）技术在娱乐、教育、工业设计等领域的应用也逐渐普及。在娱乐领域，VR 游戏、AR 互动体验等为用户带来了全新的沉浸式体验；在教育领域，通过 VR 和 AR 技术可以创建虚拟教学场景，提高教学效果。

2. 数字经济发展的关键要素

（1）技术创新驱动

数字技术的不断创新是数字经济发展的核心驱动力。大数据、人工智能、区块链、物联网等新一代数字技术的突破与应用，为数字经济提供了强大的技术支撑。例如，大数据技术能够对海量数据进行高效存储、管理和分析，挖掘数据背后的价值，为企业决策提供依据；人工智能技术通过机器学习和深度学习算法，实现对复杂问题的智能处理，推动生产和服务的智能化升级；区块链技术的去中心化、不可篡改等特性，为解决信任问题和提高交易效率提供了新的解决方案；

物联网技术实现了物与物、人与物之间的互联互通，构建了智能化的万物互联世界。这些技术的不断创新和融合，推动了数字经济的快速发展和创新应用的不断涌现。

(2) 数据要素支撑

数据已成为数字经济时代的关键生产要素。在数字经济环境下，数据的产生和积累呈现爆发式增长，涵盖了生产、流通、消费等各个环节和领域。通过对数据的采集、存储、分析和应用，企业能够更好地了解市场需求、优化产品设计、提升生产效率、创新商业模式。例如，电商平台通过分析用户的购买行为和偏好数据，实现精准营销和个性化推荐；制造业企业通过对生产数据的实时监测和分析，实现生产过程的优化和质量控制。同时，数据的共享和流通也促进了产业协同发展，推动数字经济生态的完善。数据要素的价值挖掘和合理利用，是数字经济发展的重要支撑。

(3) 政策环境保障

各国政府出台的相关政策对数字经济发展起到了重要的引导和推动作用。政府通过制定产业规划、税收优惠、基础设施建设等政策措施，营造良好的发展环境，鼓励企业创新和数字经济产业的发展。例如，中国政府提出的"数字中国建设"，明确了数字经济发展的目标和方向，加大了对数字基础设施建设的投入，推动了数字技术与实体经济的融合发展；美国政府通过加大对科技研发的投入、完善知识产权保护制度等政策，鼓励企业进行技术创新，保持在数字经济领域的领先地位；欧盟出台了一系列政策法规，促进数字市场的统一和数据的自由流动，推动数字经济的协调发展。政策环境的保障为数字经济的发展提供了有力的支持和引导。

3. 数字经济发展的主要特征

(1) 高创新性

数字经济领域技术更新换代速度极快，创新活动频繁。企业需要不断投入研发，推出新的产品和服务，以满足市场需求和保持竞争力。在智能手机市场，各大厂商每年都会推出大量新机型，功能不断升级，从最初的通话、短信功能，发展到如今具备高清拍照、人脸识别、5G通信等多种先进功能；在互联网领域，短视频平台、社交媒体应用等新的应用和服务不断涌现,改变了人们的生活和社交方式。数字经济的高创新性使企业必须保持敏锐的市场洞察力和强大的创新能力,才能在激烈的市场竞争中立于不败之地。

(2) 强渗透性

数字经济能够渗透各个行业和领域,与实体经济深度融合,对传统产业进行数字化改造和升级。无论是传统制造业、农业,还是服务业,都在数字技术的推动下发生着深刻变革。在制造业,数字技术实现了生产过程的自动化、智能化和个性化定制;在农业,物联网技术实现了精准种植和养殖,提高了农业生产效率和质量;在服务业,数字技术创新了服务模式和业态,如在线旅游、在线教育、远程医疗等。数字经济的强渗透性打破了行业之间的壁垒,促进了产业融合发展,推动了经济结构的优化升级。

(3) 平台化

平台经济是数字经济的重要组织形式。各类平台通过整合资源、连接供需双方,形成了庞大的商业生态系统。平台企业在数字经济发展中发挥着关键作用,它们不仅提供交易场所,还通过数据和技术服务促进生态内企业的协同发展。例如,电子商务平台连接了商家和消费者,为双方提供交易平台和支付、物流等服务;社交媒体平台连接了用户,为用户提供社交互动和信息传播的平台;工业互联网平台连接了企业的生产设备、供应商和客户,实现了生产资源的优化配置和协同制造。平台化的发展模式使数字经济能够实现资源的高效配置和价值的最大化创造。

三、新时代背景下中国数字经济概念

党的十八大以来,中国特色社会主义进入新时代,数字技术的迅猛发展深刻改变着生产生活方式,数字经济成为推动经济社会发展的关键力量。从"互联网+"行动计划到"数字中国建设",从数据被明确为新型生产要素到数字经济核心产业快速崛起,中国在数字经济领域的探索与实践不断深化。深入研究数字经济概念的演进与发展对于理解中国经济转型逻辑、把握未来发展方向具有重要意义。

(一) 新时代中国数字经济概念的政策驱动演进

1. 政策萌芽与初步探索（2012—2015年）

新时代伊始，中国政府敏锐捕捉到数字技术对经济发展的潜力。2012年，《"十二五"国家战略性新兴产业发展规划》将新一代信息技术列为重点发展领域，为数字经济相关产业发展奠定政策基础。2015年，国务院印发《关于积极推进"互联网+"行动的指导意见》，首次提出"互联网+"行动计划，推动互联网与传统产业深度融合。这一阶段，数字经济概念在中国更多地体现为互联网技术对传统产业的赋能，旨在通过技术应用提升产业效率。"互联网+农业"促进农产品电商发展，"互联网+交通"催生网约车新业态。政策的引导使数字经济概念开始从理论探讨走向实践应用，全社会对数字经济的认知逐步加深。

2. 战略确立与体系构建（2016—2020年）

2016年，G20杭州峰会发布《二十国集团数字经济发展与合作倡议》，中国积极参与全球数字经济规则制定，同时加速国内数字经济战略布局。2017年，"数字经济"首次被写入政府工作报告，标志着数字经济正式上升为国家战略。《"十三五"国家信息化规划》《大数据产业发展规划（2016—2020年）》等政策文件相继出台，构建起涵盖技术创新、产业发展、数据治理等多维度的政策体系。这一时期，数字经济概念内涵进一步丰富，数据要素的重要性得到凸显，数字经济被视为以数据为关键生产要素、以现代信息网络为重要载体、以信息通信技术有效使用为推动力的经济活动，产业数字化与数字产业化协同发展的格局初步形成。

3. 深化发展与全面推进（2021年至今）

进入"十四五"时期，中国对数字经济发展的重视程度进一步提升。《"十四五"数字经济发展规划》明确提出，数字经济是继农业经济、工业经济之后的主要经济形态，要加快构建以数据为关键要素的数字经济。2022年，中共中央、国务院发布《关于构建数据基础制度更好发挥数据要素作用的意见》（"数据二十条"），从数据产权、流通交易、收益分配、安全治理等方面进行顶层设计，为数字经济发展提供制度保障。在此阶段，数字经济概念与国家重大战略紧密结合，如数字经济与乡村振兴战略结合，推动农村电商、智慧农业发展；与区域协调发展战略结合，促进数字经济在不同地区均衡布局，数字经济成为推动中国经济高质量发展的核心引擎。

（二）技术创新推动下数字经济概念的内涵拓展

1.5G 技术与万物互联时代的到来

中国在 5G 技术领域的领先发展，为数字经济概念注入新内涵。截至 2023 年底，中国已建成全球规模最大的 5G 网络，5G 基站总数超过 337.7 万个。5G 的高速度、低时延、大连接特性，推动物联网应用广泛落地，实现万物互联。在工业领域，5G+工业互联网助力企业实现设备远程监控、柔性生产；在智慧城市建设中，5G 赋能智能交通、智慧安防等应用，使城市管理更加高效精准。这使数字经济概念从传统的互联网应用拓展到以 5G 为基础的全场景数字化连接，强调物理世界与数字世界的深度融合。

2. 人工智能与智能化转型

中国在人工智能领域的快速发展，推动数字经济向智能化方向演进。中国人工智能专利申请量连续多年位居世界首位，在计算机视觉、自然语言处理等技术领域取得显著成果。人工智能技术在各行业的广泛应用，如智能客服、智能驾驶、智能医疗诊断等，改变了传统生产服务模式。数字经济概念因此更加注重智能化生产、智能化服务，强调通过人工智能技术实现经济活动的自主决策、精准执行和优化升级，提升经济运行效率和质量。

3. 区块链与可信数字经济生态构建

区块链技术在中国的探索与应用，为数字经济概念增添了信任维度。区块链技术在金融领域的应用，如数字货币研发、供应链金融创新，有效解决了交易中的信任和安全问题；在政务领域，区块链用于电子证照、数据共享，提高了政务服务效率和透明度。基于区块链构建的可信数字经济生态，使数字经济概念不仅关注技术应用和经济增长，更强调数据安全、可信交易和价值传递，推动形成更加健康、可持续的数字经济发展模式。

(三) 中国数字经济的实践创新与概念具象化

1. 电子商务与消费数字化升级

中国电子商务发展处于世界领先地位，已成为数字经济实践的重要代表。2023 年，全国网上零售额达 15.42 万亿元，直播电商、社交电商等新模式不断涌现。电子商务的发展不仅改变了消费方式，更带动了物流、支付、大数据分析等相关产业发展。通过电商平台，消费者实现个性化购物，企业实现精准营销和柔性生产，这使数字经济概念在消费领域具象化为数字化消费体验、数据驱动的精准服务和全渠道零售模式。

2. 工业互联网与制造业数字化转型

工业互联网在中国制造业的深入应用推动了产业数字化转型加速。工业互联网平台连接设备、数据和企业，实现生产流程的数字化管理、产业链协同和服务型制造转型。在汽车制造、电子信息等行业，企业通过工业互联网平台实现产品全生命周期管理，提高生产效率和产品质量。这种实践将数字经济概念在工业领域具象为智能化生产体系、网络化协同制造和服务化延伸，重塑了制造业发展模式。

3. 数字政务与治理现代化

中国数字政务建设取得显著成效，推动治理能力现代化。"一网通办""最多跑一次"等改革在全国推广，通过整合政务数据资源，实现政务服务的在线化、智能化。浙江"浙里办"平台实现 98% 以上民生事项和企业事项"掌上办"，极大提高了政务服务效率和群众满意度。数字政务实践使数字经济概念在社会治理领域具象为数据驱动的科学决策、协同高效的政务服务和透明规范的治理体系，彰显了数字经济在提升社会治理效能方面的重要作用。

(四) 中国数字经济概念的特征与影响

1. 概念特征

新时代中国数字经济概念具有鲜明特征。其一，政策引领性强，国家战略与政策体系为数字经济发展指明方向，保障发展的稳定性和可持续性；其二，技术融合度高，多种数字技术交叉应用，推动经济社会全方位数字化转型；其三，应用场景丰富，覆盖生产、生活、治理等各个领域，形成多元化发展格局；其四，发展速度快，在规模增长、技术创新、模式创新等方面均处于世界前列。

2. 经济社会影响

在经济层面，数字经济推动中国经济高质量发展。数字产业化培育了大量新兴产业如云计算、大数据、人工智能产业等。产业数字化提升了传统产业竞争力，促进新旧动能转换。2023年，中国数字经济核心产业增加值占GDP比重达10.3%，对经济增长的贡献率持续提升。在社会层面，数字经济改善了民生福祉，推动教育、医疗等公共服务均等化，创造了大量新就业岗位，同时促进了社会公平与包容发展。

第二节　数字经济的全球发展态势

一、全球数字经济的不同发展阶段

在第四次工业革命浪潮中，数字经济已成为重构全球经济秩序的核心力量。据《全球数字经济白皮书》统计，2023年，我国数字经济规模达到53.9万亿元，较上年增长3.7万亿元，占GDP比重达到42.8%，较上年提升1.3个百分点，增幅扩张步入相对稳定区间。从计算机诞生到人工智能技术爆发，数字经济历经多个发展阶段，每个阶段都伴随着技术创新与经济社会变革的深度互动。

（一）孕育萌芽阶段（20世纪中叶至20世纪90年代初）

1. 关键技术突破的理论逻辑

该阶段的技术突破遵循技术—经济范式理论中"基础科学突破—核心技术创新—产业应用探索"的演进路径。计算机科学领域，图灵机理论（1936）为通用计算机研发提供理论基础，1946年ENIAC的诞生标志着计算技术从理论构想向工程实践的跨越。集成电路技术的发展遵循摩尔定律，1958年德州仪器公司发明集成电路后，芯片集成度每18~24个月翻番，推动计算机硬件性能呈指数级增长。通信技术方面，香农信息论（1948）确立了信息传输的数学模型，AR-PANET（1969）采用分组交换技术突破传统电路交换局限，TCP/IP协议（1982）的标准化则构建了全球互联网络的技术基石。这些技术突破形成"计算—存储—通信"三位一体的技术架构，为数字经济发展奠定基础。

2. 早期数字产业的形成机制

基于产业生命周期理论，该阶段数字产业处于导入期，呈现高研发投入、低市场渗透率特征。计算机制造业形成"主机—终端"架构，IBM System/360（1964）实现计算机系统的标准化与模块化，推动行业从定制化生产向规模化制造转型。半导体产业形成"设计—制造—封装"垂直分工体系，英特尔4004微处理器（1971）的推出，标志着芯片产业进入微处理器时代。软件产业开始从硬件中剥离，1975年微软公司成立，通过操作系统授权模式开创软件商业化先河。早期电子商务以EDI技术为核心，1979年通用汽车建立的电子数据交换系统，实现企业间订单、发票等业务数据的自动化传输，但受限于专用网络高昂成本，仅在汽车、零售等大型企业间应用。

3. 经济影响的实证分析

根据世界银行数据，1970—1990年全球信息通信技术（ICT）产业年均增长率8.2%，显著高于同期GDP增速。技术扩散效应促使劳动生产率提升，美国制造业通过计算机辅助设计（CAD）技术应用，产品设计周期缩短40%。但该阶段数字经济占全球GDP比重不足5%，其经济影响主要体现在对传统产业的局部改造。制度创新方面，1980年美国《拜杜法案》确立了高校科研成果转化机制，加速技术创新与产业发展的融合。

（二）成长扩张阶段（20世纪90年代初至21世纪初）

1. 互联网商业化的技术经济范式转换

互联网商业化标志着数字经济从技术驱动转向市场驱动，形成"网络效应—

平台经济—商业模式创新"的新范式。万维网技术（1991）通过超文本标记语言（HTML）和统一资源定位符（URL），将互联网从专业领域推向大众市场。1995年网景浏览器发布，使互联网用户数从1600万户激增至1999年的2.4亿户。电子商务平台突破交易时空限制，亚马逊采用"长尾理论"构建全品类商品销售模式，1997—2000年营收年均增长率达317%。互联网搜索引擎通过PageRank算法（1998）实现信息的高效检索，雅虎、谷歌等公司构建的广告竞价系统，开创"免费服务+广告变现"的盈利模式。

2. 数字内容产业的生态构建

数字内容产业呈现"技术赋能—内容生产—价值变现"的生态体系。数字音乐领域，MP3格式（1993）压缩技术推动音乐数字化，Napster（1999）的P2P分享模式引发版权争议，最终催生出iTunes（2003）的付费下载模式。数字影视产业因H.264视频编码标准（2003）实现高清视频网络传输，Netflix于2007年推出流媒体服务，改变传统影视发行模式。电子出版行业借助PDF格式（1993）和Kindle阅读器（2007）实现内容数字化，2000—2010年全球电子书市场规模增长12倍。网络游戏形成"虚拟经济—社交网络—增值服务"的商业模式，《魔兽世界》（2004）同时在线用户峰值达1200万户，虚拟物品交易规模突破百亿美元。

3. 数字经济的规模效应与产业重构

联合国贸易和发展会议（UNCTAD）数据显示，2000年全球互联网经济规模达1.3万亿美元，占GDP比重提升至4.2%。数字技术对传统产业的渗透引发"创造性破坏"，美国传统唱片业因数字音乐冲击，实体唱片销量从2000年的7.8亿张降至2010年的1.3亿张。但同时催生新产业形态，如在线旅游平台Expedia（1996）重构旅游产业链，2005年全球在线旅游市场规模达1600亿美元。数字经济发展推动劳动力市场结构变化，软件开发、网络营销等数字职业岗位需求年增长率超过15%。

（三）深度融合阶段（21世纪初至2020年）

1. 移动互联网的生态革命

移动互联网实现"终端—网络—应用"的深度融合，形成"随时随地在线"的新经济形态。智能手机出货量从2007年的1.15亿部增长至2020年的14.7亿部，触摸屏、传感器等技术创新推动人机交互革命。3G/4G网络的普及使移动数据流量年均增速达60%，为移动应用提供基础。移动社交平台通过"弱关系—内容推荐—社交裂变"模式实现用户增长，微信用户数从2011年推出到2018年突破10亿户。移动支付借助NFC、二维码等技术，改变支付场景，2020年中国移动支付交易规模达432.1万亿元，占社会消费品零售总额的86.8%。

2. 大数据、云计算与物联网的协同创新

该阶段数字技术呈现"数据—算力—算法"三位一体的协同创新特征。大数据技术通过Hadoop分布式文件系统（HDFS）和MapReduce计算框架，实现PB级数据处理，全球数据总量从2010年的1.2ZB增长至2020年的64.2ZB。云计算产业形成IaaS、PaaS、SaaS三层架构，亚马逊AWS市场份额长期保持在30%以上，2020年全球云计算市场规模达3714亿美元。物联网技术遵循"感知—传输—控制"架构，全球物联网设备连接数从2010年的120亿增长至2020年的310亿，工业物联网通过OPCUA协议实现设备互操作性，推动智能制造发展。

3. 产业数字化的转型路径

产业数字化呈现"技术渗透—流程再造—模式创新"的演进路径。农业领域，精准农业通过卫星遥感、无人机技术实现变量施肥，美国农业无人机使用量年均增长45%。制造业中，工业互联网平台GEPredix连接超1000万台设备，预测性维护使设备停机时间减少50%。服务业数字化催生新商业模式，在线教育平台Coursera注册用户超1亿户，推动知识传播模式变革。据麦肯锡测算，2020年全球产业数字化增加值达15万亿美元，占数字经济总量的68%。

（四）智能变革阶段（2020年至今）

1. 人工智能的技术突破与应用拓展

人工智能发展进入"大模型—多模态—通用智能"新阶段。深度学习算法 Transformer 架构（2017）的提出，推动自然语言处理与计算机视觉技术突破，GPT-3（2020）参数量达 1750 亿，在文本生成、代码编写等任务中展现类人智能。人工智能在医疗领域通过卷积神经网络（CNN）分析医学影像，肺结节检测准确率达 97%；在交通领域，Waymo 自动驾驶里程突破 2000 万英里；在制造业，机器学习算法优化生产调度，使生产效率提升 20%。人工智能芯片产业形成 GPU、TPU、NPU 等专用芯片架构，英伟达 A100 芯片算力达 624TFLOPS，支撑大规模模型训练。

2. 数字经济新形态的价值创造逻辑

新形态数字经济呈现"虚实融合—生态协同—价值共创"特征。共享经济从 C2C 模式向 B2B2C 模式升级，Uber-Freight 通过智能匹配系统优化货运资源配置，使卡车空驶率降低 20%。零工经济借助区块链技术实现任务确权与薪酬结算，Upwork 平台 2023 年交易额达 45 亿美元。区块链在供应链金融领域应用，通过智能合约实现应收账款融资，蚂蚁链帮助中小微企业融资成本降低 30%。元宇宙构建"数字孪生—虚拟原生—混合现实"空间，Roblox 平台 2021 年日活跃用户达 4300 万户，虚拟资产交易规模突破 50 亿美元。

3. 全球经济格局的数字化重构

数字经济重构全球价值链，形成"技术标准—数据主权—平台垄断"的新竞争维度。在半导体领域，台积电掌握 7nm 以下先进制程技术，占据全球晶圆代工市场 54% 份额。数据跨境流动引发治理博弈，欧盟《通用数据保护条例》（GDPR）确立数据属地原则。平台经济形成垄断效应，全球市值前十企业中数字平台企业占 7 席。数字贸易规则制定成为国际竞争焦点，CPTPP 协议首次纳入数字贸易条款，推动形成新的国际经济秩序。

（五）小结

从技术层面看，数字经济发展呈现从单点突破到系统创新的演进规律；从产业层面看，经历从独立产业到融合生态的形态转变；从经济影响看，实现从局部改造到全局重构的范式跃迁。未来，随着量子计算、6G通信、脑机接口等技术的突破，数字经济将向更深层次发展，推动生产方式向智能化、绿色化转型，国际经济竞争焦点将集中于数字技术标准、数据资源控制与数字治理规则制定。各国需构建技术创新体系、完善数字基础设施、加强国际合作，以应对数字经济发展带来的机遇与挑战。

二、全球数字经济时代到来的背景与驱动因素

（一）技术基础：新一代信息技术的成熟与融合

数字经济的蓬勃发展离不开新一代信息技术的成熟与融合，其中人工智能、大数据、云计算、物联网和区块链等技术发挥着关键作用，共同为数字经济提供了坚实的技术支撑，推动产业变革和商业模式创新。

人工智能作为当今最具活力和变革性的技术之一，正深刻改变着数字经济的发展格局。通过机器学习、深度学习等技术手段，人工智能能够对海量数据进行高效分析和处理，实现智能化决策和预测。在制造业领域，人工智能技术被广泛应用于生产过程的优化和质量控制。例如，德国的西门子公司利用人工智能算法对生产线上的设备运行数据进行实时监测和分析，提前预测设备故障，从而实现预防性维护，大大降低了生产中断的风险，提高了生产效率和产品质量。在服务业中，人工智能驱动的智能客服能够快速响应客户咨询，提供24小时不间断服务，显著提升客户满意度。像阿里巴巴的智能客服"阿里小蜜"，每天能够处理数以百万计的客户咨询，有效减轻了人工客服的压力。

大数据技术的发展为数字经济提供了丰富的数据资源和强大的数据处理能力。随着互联网的普及和物联网设备的广泛应用，数据量呈爆炸式增长。大数据技术能够对这些海量、多样、高速的数据进行收集、存储、分析和挖掘，从中提

取有价值的信息，为企业决策提供有力支持。以电商行业为例，淘宝、京东等电商平台通过对用户浏览、购买、评价等行为数据的分析，深入了解用户需求和偏好，实现精准营销和个性化推荐。根据用户的历史购买记录，电商平台能够向用户推荐符合其口味的商品，提高用户购买转化率和平台销售额。此外，大数据在金融风险评估、城市交通管理、医疗健康等领域也发挥着重要作用，助力各行业实现数据驱动的创新发展。

云计算为数字经济提供了灵活、高效、低成本的计算资源和存储服务。企业无须构建庞大的本地数据中心，只需通过互联网接入云计算平台，即可按需获取计算能力、存储空间和软件服务，大大降低了企业的信息化建设成本和运维难度。亚马逊的 AWS、微软的 Azure 和阿里云等云计算平台在全球范围内拥有大量用户。许多初创企业和中小企业借助云计算平台快速搭建业务系统，实现业务的快速上线和扩展。同时，云计算还支持多租户模式，多个企业可以共享云计算资源，提高了资源利用率，促进了资源的优化配置。

物联网实现了物与物、物与人之间的互联互通，将物理世界与数字世界紧密融合，为数字经济创造了更多的应用场景和价值。在智能家居领域，通过物联网技术，各种家居设备如智能灯泡、智能门锁、智能家电等可以相互连接和交互，用户可以通过手机等终端远程控制家居设备，实现智能化的生活体验。在工业领域，工业物联网将生产设备、传感器、控制系统等连接起来，实现生产过程的实时监控、远程操作和智能化管理。例如，通用电气的 Predix 工业互联网平台通过收集和分析工业设备的运行数据，实现设备的优化维护和生产效率的提升。物联网还在智能交通、智能农业、智能医疗等领域有着广泛的应用，推动各行业向智能化、自动化方向发展。

区块链技术以其去中心化、不可篡改、可追溯等特性，为数字经济提供了安全、可信的价值传递和数据共享解决方案。在金融领域，区块链技术被应用于跨境支付、供应链金融、数字货币等场景。例如，跨境支付通常需要经过多个中间机构，流程烦琐、成本高且效率低。而基于区块链的跨境支付系统可以实现点对点的直接支付，去除中间环节，降低支付成本，提高支付速度和安全性。在供应链管理中，区块链技术可以记录产品从原材料采购、生产加工、物流运输到销售的全过程信息,确保信息的真实性和不可篡改,提高供应链的透明度和信任度,消费者可以通过区块链查询产品的溯源信息,了解产品的真实来源和质量情况。

这些新一代信息技术并非孤立存在,而是相互融合、协同发展,共同推动数字经济的创新发展。例如,人工智能与大数据的融合,使人工智能模型能够基于海量数据进行更精准的训练和学习,提高其智能水平和应用效果;物联网与云计算的融合,实现了物联网设备数据的实时上传和存储,并借助云计算的强大计算能力对数据进行分析和处理,为物联网应用提供支持;区块链与物联网的结合,为物联网设备之间的安全通信和数据共享提供了保障,增强了物联网系统的可信度和安全性。

(二)市场需求:消费者与企业的数字化需求增长

随着数字技术的飞速发展,消费者和企业的数字化需求呈现出迅猛增长的态势,成为推动数字经济发展的重要市场动力。

从消费者层面来看,数字化产品和服务已融入日常生活的方方面面,成为不可或缺的部分。在通信领域,智能手机的普及使人们能够随时随地进行信息交流、获取资讯和享受娱乐服务。据统计,截至2024年,全球智能手机用户数量已超过50亿,人们通过手机进行社交、购物、支付、学习、娱乐等活动。以中国为例,移动支付的便捷性改变了人们的消费习惯,支付宝和微信支付等移动支付平台的交易规模持续增长,2023年中国第三方移动支付交易规模达到527.1万亿元,同比增长10.5%。在娱乐领域,在线视频、音乐、游戏等数字化娱乐服务受到消费者的热烈追捧。流媒体平台Netflix在全球拥有超过2亿订阅用户,人们可以通过互联网随时随地观看各种影视节目。短视频平台抖音在全球范围内也拥有庞大的用户群体,其丰富多样的短视频内容满足了用户碎片化的娱乐需求。在教育领域,在线教育的兴起打破了时间和空间的限制,为消费者提供了更加灵活和个性化的学习方式。疫情期间,在线教育市场迎来爆发式增长,如学而思网校、猿辅导等在线教育平台的用户数量大幅增加,学生可以通过网络参加各种课程学习,获取优质的教育资源。

消费者对数字化产品和服务的需求不仅体现在数量上的增长,还体现在对品质和个性化的追求上。消费者期望数字化产品和服务能够提供更加便捷、高效、个性化的体验。例如，智能家居产品的出现满足了消费者对智能化生活的需求，通过手机 App 可以远程控制家电设备、监控家庭安全等。智能音箱如亚马逊的 Echo 和百度的小度智能音箱等，不仅可以播放音乐、查询信息，还能通过语音交互控制其他智能家居设备，为消费者带来了更加智能化、便捷的生活体验。在电商购物中，消费者希望电商平台能够根据自己的浏览和购买历史，精准推荐符合自己需求和偏好的商品，提高购物效率和满意度。

从企业层面来看，为了在激烈的市场竞争中提升竞争力，企业加快了数字化转型的步伐。数字化转型有助于企业优化生产流程、提高生产效率、降低成本、提升产品质量和服务水平，从而更好地满足市场需求。在制造业领域，企业通过引入数字化技术实现智能化生产。德国的工业 4.0 战略推动了制造业的数字化转型，企业利用物联网、大数据、人工智能等技术实现生产设备的互联互通和生产过程的实时监控，实现生产的智能化和自动化。宝马汽车的工厂通过数字化技术实现了生产流程的高度自动化和智能化，能够根据客户订单快速调整生产计划，实现个性化定制生产，大大提高了生产效率和产品质量。在服务业领域，企业借助数字化技术创新服务模式，提升服务质量和客户体验。金融行业通过数字化转型推出了网上银行、移动支付、智能投顾等服务，方便了客户的金融交易。招商银行的手机银行 App 提供了丰富的金融服务功能，用户可以通过手机随时随地办理转账汇款、理财投资等业务，极大地提高了服务效率和便捷性。零售企业通过数字化技术实现线上线下融合，打造全渠道零售模式。沃尔玛通过数字化转型，将线上电商平台与线下门店相结合，实现了库存共享、线上下单线下取货等服务，为消费者提供了更加便捷的购物体验。

企业的数字化需求还体现在对数字化营销和客户关系管理的重视上。企业通过数字化营销手段，如社交媒体营销、搜索引擎优化、内容营销等，能够更加精准地触达目标客户，提高营销效果和转化率。根据市场研究机构的数据，企业在数字化营销上的投入逐年增加，2023 年全球数字化营销支出达到了 4800 亿美元，预计到 2026 年将增长至 6400 亿美元。同时，企业利用客户关系管理系统（CRM）对客户数据进行分析和管理，深入了解客户需求和行为，实现客户的精准营销和个性化服务，提高客户满意度和忠诚度。Salesforce 是全球知名的 CRM 软件提供商，许多企业通过使用 Salesforce 的 CRM 系统，实现了客户关系的有效管理和营销效果的提升。

消费者和企业数字化需求的增长相互促进，共同推动了数字经济的发展。消费者对数字化产品和服务的需求促使企业加大数字化创新和转型的力度，提供更多满足消费者需求的产品和服务；而企业的数字化转型和创新又进一步激发了消费者的数字化需求，推动数字经济市场规模的不断扩大和创新发展。

（三）政策支持：各国政府的战略布局与政策推动

在全球数字经济快速发展的浪潮中，各国政府纷纷认识到数字经济对于国家经济增长、产业升级和国际竞争力提升的重要性，积极进行战略布局并出台一系列政策措施，为数字经济的发展提供了坚实的政策保障和强大的推动力。

在战略布局上，美国政府发布了一系列具有前瞻性的政策文件，明确数字经济在国家发展战略中的核心地位。例如，美国发布的《国家网络战略》，将数字经济相关的网络安全、技术创新等纳入国家战略层面进行考量，强调通过扩大政府购买、增加研发投入以及对私人部门实施减税政策等举措，刺激 5G、人工智能、量子计算等新一代通信技术和前沿领域的发展。拜登政府更是将 5G、人工智能、量子计算等列为重点支持领域，加大资金投入和政策扶持力度，旨在保持美国在全球数字经济领域的领先地位，推动数字技术在各行业的深度应用，促进产业创新和经济增长。

欧盟为推动数字经济发展，提出了"单一数字市场"战略，致力于打破成员国之间的数字壁垒，整合区域内的数字资源，促进数字经济的协同发展。通过该战略，欧盟在数字基础设施建设、数字服务市场开放、数据流动与保护等方面制定了统一的规则和标准，为数字经济企业在欧盟范围内的发展创造了更加公平、开放和便利的市场环境。同时，欧盟计划投入大量资金用于扩大数字基础设施投资，支持成员国建设高速宽带网络、数据中心等数字基础设施，提升区域整体的数字承载能力。此外，欧盟还启动了"欧洲云计划"和欧洲数据基础设施等倡议，加强数据共享和处理能力，推动云计算、大数据等数字技术的创新应用，促进数字经济的创新发展。

英国在脱欧后积极布局数字经济，推出了《英国数字战略》，目标是打造全球领先的数字经济。英国政府通过增加政府采购规模，引导市场资源向数字经济领域倾斜，促进数字技术产品和服务的应用与推广。设立数字基础设施投资基金，为数字经济基础设施建设提供资金支持，提升网络覆盖率和传输速度，保障数字经济发展的网络需求。在监管方面，英国注重通过有效监管促进电信业竞争，防止市场垄断，为数字经济的发展营造公平竞争的市场环境，激发市场活力和创新动力。

中国高度重视数字经济的发展，将其上升为国家战略。党的十九大报告深刻阐述了中国数字经济发展的新方略，强调坚持促进数字经济和实体经济融合发展，加快新旧发展动能接续转换，打造新产业新业态。近年来，中国相继出台了一系列政策文件，从数字产业化、产业数字化、数字化治理和数据价值化等多个维度，全面推动数字经济的发展。在数字产业化方面，《"十四五"信息通信行业发展规划》《5G应用"扬帆"行动计划》等政策的实施，加速了数字产业化进程，增强了数字技术创新能力和产业竞争力；在产业数字化方面，《数字乡村发展行动计划（2022—2025年）》《"十四五"智能制造发展规划》等政策，促进了数字技术与农业、工业和服务业的深度融合，提升了经济发展的质量和效率，推动了产业升级转型；在提升数字经济治理体系的现代化能力方面，《法治政府建设实施纲要（2021—2025年）》《网络信息内容生态治理规定》等政策，建立健全了与数字时代相匹配的监管体系，推动了公共服务的数字化转型；在数据价值化方面，《关于构建更加完善的要素市场化配置体制机制的意见》《"数据要素 X"三年行动计划（2024—2026年）》等政策，推动了数据要素价值的全面释放和规范化管理。此外，"十四五"以来，各省相继出台数字经济发展规划，加强对数字经济的战略引导，形成了较为完善的数字经济国、省二级政策体系，从区域分布来看，京津冀、长三角、珠三角、川渝经济圈等成为数字经济发展的先导区域，中西部地区和东北地区也根据自身优势，积极推动数字经济发展，实现差异化、特色化发展。

除上述国家和地区外，其他国家和地区也纷纷出台相关政策支持数字经济发展。韩国围绕半导体制造发布发展战略，加大对半导体产业的研发投入和政策扶持，提升在全球半导体领域的竞争力，半导体产业作为数字经济的核心基础产业，其发展带动了韩国数字经济相关产业链的协同发展；新加坡出台政策鼓励金融科技发展，打造区域金融科技中心，通过税收优惠、资金支持、人才培养等政策措施，吸引了众多金融科技企业落户新加坡，促进了金融科技的创新应用和数字金融服务的发展，提升了新加坡在全球数字金融领域的影响力。各国政府通过制订战略规划、出台政策措施，从基础设施建设、技术创新、产业发展、市场环境营造等多个方面，为数字经济的发展提供了全方位的支持和保障，推动全球数字经济进入快速发展的新阶段。

三、全球数字经济发展现状剖析

（一）数字经济的规模与增长速度

近年来，全球数字经济规模呈现出迅猛增长的态势，已成为推动世界经济发展的关键力量。从区域角度来看，不同地区的数字经济规模和增速存在显著差异。发达国家凭借其先进的技术、完善的基础设施和成熟的市场机制，在数字经济发展方面占据领先地位。发展中国家的数字经济虽然整体规模相对较小，但增速强劲，展现出巨大的发展潜力。以越南为例，据越通社2024年2月7日消息，越南数字经济占GDP比重约18.3%，年均增速超20%，是GDP增速的3倍，位居东南亚第一。在电子商务方面，越南2024年电子商务零售收入250亿美元，同比增长约20%，跻身全球电商增长最快国家前十；在数字金融领域，越南年均非现金支付增长50%以上；在数字平台发展上，越南数字平台浏览量首次超过20%，达25.25%，同比增长5.62%，成为本土数字平台用户数量较高国家之一。越南通过加大对数字基础设施建设的投入，积极推动数字技术在各行业的应用，吸引了大量国际投资和技术，促进了数字经济的快速发展。

全球数字经济对经济增长的贡献日益显著。数字经济通过提高生产效率、创新商业模式、创造新的就业机会和拓展市场空间等方式，为全球经济增长注入了强大动力。在生产效率提升方面，数字技术的应用使企业能够实现生产过程的自动化、智能化和精细化管理，降低了生产成本，提高了产品质量和生产效率。德国的工业4.0战略推动了制造业的数字化转型，企业利用物联网、大数据、人工智能等技术实现生产设备的互联互通和生产过程的实时监控，生产效率大幅提高；在商业模式创新方面，数字经济催生了共享经济、零工经济、平台经济等新型商业模式，打破了传统产业的边界，创造了新的商业机会和价值增长点。如共享出行平台优步（Uber）和滴滴出行，通过整合闲置的交通资源，为用户提供便捷的出行服务，同时也为车主创造了额外的收入来源；在就业机会创造方面，数字经济不仅创造了软件开发、数据分析、网络安全等新兴职业，还为传统行业的从业者提供了新的就业方向和技能提升机会。根据国际劳工组织的报告，数字经济的发展为全球创造了大量的就业岗位，尤其是在发展中国家，数字经济成为吸纳就业的重要渠道；在市场空间拓展方面，数字经济打破了地域限制，使企业能够更便捷地进入全球市场，扩大销售范围和客户群体。跨境电商的发展让中小企业能够直接参与国际贸易，拓展海外市场，促进了全球贸易的增长。

全球数字经济规模持续扩大，增长速度迅猛，不同地区的数字经济发展呈现出各自的特点和优势。数字经济对全球经济增长的贡献愈发突出，成为推动世界经济发展的核心动力之一。在未来，随着数字技术的不断创新和应用，数字经济有望继续保持高速增长态势，为全球经济发展带来更多机遇和变革。

（二）主要国家和地区的数字经济发展战略与实践

在全球数字经济蓬勃发展的浪潮中，各国和地区纷纷制定契合自身发展需求的数字经济发展战略，在技术创新、市场应用和规则制定等方面展开积极探索与实践，呈现出各具特色的发展态势。

1. 美国

在技术创新方面，美国政府高度重视基础研究和前沿技术研发，持续加大对人工智能、量子计算、5G等关键技术领域的投入。通过政府资助、税收优惠等政策措施，鼓励高校、科研机构与企业开展深度合作，形成了产学研协同创新的良好生态。例如，美国政府对人工智能研发的投入逐年递增，支持高校开展人工智能基础理论研究，企业则专注于技术应用和产品开发，使美国在人工智能算法、芯片等核心技术方面取得了众多突破性成果。谷歌旗下的 DeepMind 公司开发的 AlphaGo 在围棋领域战胜人类顶尖棋手，展示了美国在人工智能技术上的强大实力；英伟达公司在人工智能芯片领域占据主导地位，其研发的 GPU 芯片广泛应用于深度学习、自动驾驶等领域，为人工智能技术的发展提供了强大的算力支持。

在市场应用方面，美国数字经济企业展现出强大的创新活力和市场拓展能力。以互联网科技巨头为例，亚马逊在电子商务领域不断创新商业模式，通过建立完善的物流配送体系、推出云计算服务（AWS）等举措，不仅成为全球最大的电商平台之一，还在云计算市场占据领先地位，为全球企业提供了高效、灵活的云计算解决方案；苹果公司凭借其卓越的产品设计和创新能力，在智能手机、平板电脑等移动终端领域树立了行业标杆，其 iOS 操作系统和应用生态系统吸引了大量开发者和用户，推动了移动互联网应用的繁荣发展；谷歌则在搜索引擎、人工智能、自动驾驶等领域持续深耕，其搜索引擎市场份额长期位居全球第一，为用户提供了便捷的信息检索服务，在自动驾驶领域的研发也取得了显著进展，引领了行业发展方向。

在规则制定方面，美国积极主导全球数字经济规则的制定，通过双边、多边贸易协定等方式，将自身的数字经济发展理念和规则输出到全球。例如，在《美墨加协定》（USMCA）中，美国推动了数字贸易规则的制定，包括数据跨境流动、数字产品待遇、电子认证和电子签名等内容，试图构建有利于美国数字经济企业拓展国际市场的规则体系。此外，美国还在世界贸易组织（WTO）等国际组织中，积极推动数字贸易议题的谈判，试图在全球数字经济规则制定中发挥主导作用。

2. 中国

中国在数字经济发展方面也取得了举世瞩目的成就，形成了具有中国特色的发展战略和实践路径。在技术创新方面，中国加大对数字技术研发的投入，在 5G、人工智能、大数据、区块链等领域取得了一系列重要成果。在 5G 技术领域，中国企业积极参与国际标准制定，推动 5G 技术的研发和商用进程。华为作为全球领先的通信设备制造商，在 5G 技术研发和专利申请方面处于世界前列，其5G基站设备和解决方案已在全球多个国家和地区得到广泛应用，为全球5G网络建设作出了重要贡献；在人工智能领域，中国企业和科研机构加大研发力度，在人脸识别、语音识别、自然语言处理等应用技术方面取得了显著进展。百度的人工智能平台"百度大脑"集成了多项先进的人工智能技术，为众多行业提供了智能化解决方案，推动了人工智能技术在各行业的应用和普及。

在市场应用方面，中国庞大的人口基数和广阔的市场空间为数字经济的发展提供了得天独厚的条件。电子商务、移动支付、共享经济等数字经济新业态、新模式在中国蓬勃发展，深刻改变了人们的生产生活方式。阿里巴巴旗下的淘宝、天猫等电商平台汇聚了海量的商家和商品，成为全球最大的电子商务交易平台之一，通过大数据分析和精准营销，为商家和消费者提供了高效的交易服务；支付宝和微信支付等移动支付平台的普及，使中国在移动支付领域处于世界领先地位，人们可以通过手机随时随地进行支付、转账、理财等金融活动，极大地提高了支付效率和便捷性，促进了数字经济的发展；共享经济模式在中国也得到了广泛应用，共享单车、共享汽车、共享办公等共享经济业态不断涌现，提高了资源利用效率，为人们的生活带来了便利。

在规则制定方面，中国积极参与全球数字经济规则的讨论和制定，提出了符合自身发展利益和国际社会共同利益的数字经济治理理念和规则建议。中国倡导构建网络空间命运共同体，主张在数字经济发展中坚持多边参与、多方参与，发挥政府、国际组织、互联网企业、技术社群、民间机构、公民个人等各种主体作用，建立相互信任、协调有序的合作关系。同时，中国加强国内数字经济法律法规和政策体系建设，为数字经济的健康发展提供制度保障。例如，出台了《中华人民共和国网络安全法》《中华人民共和国数据安全法》《中华人民共和国个人信息保护法》等法律法规，规范了数字经济发展中的网络安全、数据安全和个人信息保护等问题，营造了良好的数字经济发展环境。

3. 欧盟

欧盟作为全球重要的经济体，在数字经济发展方面也制定了一系列战略和政策。在技术创新方面，欧盟加大对数字技术研发的支持力度，通过"地平线欧洲"等科研计划，推动人工智能、大数据、云计算等关键技术的创新发展。同时，欧盟注重加强数字基础设施建设，提升数字经济发展的支撑能力。例如，欧盟计划在2030年前实现高速宽带网络和5G网络的全面覆盖，为数字经济的发展提供高速、稳定的网络环境。

在市场应用方面，欧盟积极推动数字技术在各行业的应用，促进产业数字化转型。欧盟鼓励企业开展数字化创新，提高生产效率和产品质量。在制造业领域，欧盟推动工业4.0战略的实施，通过数字化技术实现生产过程的智能化和自动化；在农业领域，欧盟推广精准农业技术，利用传感器、无人机等设备实现农业生产的精准化管理，提高农业生产效率和农产品质量。

在规则制定方面，欧盟在数据保护、隐私保护等领域制定了严格的规则和标准，引领了全球数字经济规则制定的潮流。《通用数据保护条例》（GDPR）的实施，对企业的数据收集、存储、使用和共享等行为进行了严格规范，加强了对个人数据的保护，为全球数据保护立法提供了重要参考。此外，欧盟还在数字服务税、数字市场竞争等方面制定了相关政策和法规，旨在营造公平、竞争的数字经济市场环境。

主要国家和地区在数字经济发展战略与实践方面各有特色和优势，在技术创新、市场应用和规则制定等方面的探索和实践，不仅推动了本国和地区数字经济的快速发展，也为全球数字经济的发展提供了有益的经验和借鉴。在未来的发展中，各国和地区应加强交流与合作，共同推动全球数字经济的健康、可持续发展。

（三）数字经济的产业分布与行业结构

数字经济在全球范围内呈现出独特的产业分布与行业结构，深刻改变着传统产业格局，推动新兴产业崛起，成为经济发展的新引擎。在产业分布上，数字经济主要集中在互联网、信息技术、电子商务等领域，这些领域凭借先进的技术和创新的商业模式，成为数字经济发展的核心驱动力。

互联网行业作为数字经济的重要载体，已渗透到社会生活的各个角落，涵盖了社交网络、搜索引擎、在线娱乐、数字媒体等多个细分领域。以社交网络为例，Facebook、微信、微博等社交平台连接了全球数十亿用户，成为人们沟通交流、信息传播和社交互动的重要场所，通过广告投放、增值服务等商业模式创造了巨大的经济价值。搜索引擎领域，谷歌、百度等公司凭借强大的搜索技术和算法，为用户提供精准的信息检索服务，占据了互联网流量的重要入口，其广告收入也在不断增长。在线娱乐领域，电子游戏、在线视频、音乐流媒体等业务蓬勃发展。全球电子游戏市场规模持续扩大，2023年全球游戏市场收入达到2000亿美元，腾讯、网易等游戏公司在全球游戏市场占据重要地位；Netflix、爱奇艺等在线视频平台通过提供丰富的影视内容和个性化的推荐服务，吸引了大量付费用户，改变了传统的影视娱乐消费模式。

信息技术产业是数字经济的技术支撑，包括软件开发、硬件制造、云计算、大数据、人工智能等细分领域。软件开发行业为各行业提供定制化的软件解决方案，满足企业和个人在办公自动化、业务管理、数据分析等方面的需求。微软、甲骨文等软件巨头在操作系统、数据库管理系统等领域占据主导地位，而中国的用友、金蝶等软件企业在企业管理软件领域也取得了显著进展。硬件制造领域，英特尔、英伟达、台积电等公司在芯片制造和设计方面处于领先地位，为计算机、智能手机、人工智能设备等提供核心硬件支持。云计算市场发展迅速，亚马逊的AWS、微软的Azure、阿里云等云计算平台为企业提供灵活的计算资源和存储服务，降低了企业的信息化建设成本。大数据和人工智能技术的发展为信息技术产业注入了新的活力，企业通过对海量数据的分析和挖掘，实现精准营销、智能决策和自动化生产。例如，电商企业利用大数据分析消费者的购买行为和偏好，实现个性化推荐，提高用户购买转化率；制造业企业借助人工智能技术实现生产过程的智能化控制，提高生产效率和产品质量。

电子商务作为数字经济的重要应用领域，近年来发展迅猛，改变了传统的商业交易模式。全球知名的电商平台如亚马逊、阿里巴巴、京东等，通过搭建线上交易平台，整合供应链资源，为消费者提供丰富的商品选择和便捷的购物体验。2023年，全球电子商务零售交易额达到5万亿美元，占全球零售总额的比重不断上升。这些电商平台不仅促进了商品的流通，还带动了物流、支付、金融等相关产业的发展。物流行业通过引入数字化技术，实现物流信息的实时跟踪和智能调度，提高了物流效率；支付行业借助移动支付技术，实现了便捷的在线支付，推动了无现金社会的发展；金融行业为电商企业和消费者提供供应链金融、消费信贷等金融服务，促进了电商业务的发展。

数字经济也在不断向传统产业渗透和融合，推动传统产业的数字化转型，提升产业竞争力。在制造业领域，数字技术的应用实现了生产过程的智能化、自动化和信息化。工业互联网通过将生产设备、传感器、控制系统等连接起来，实现生产数据的实时采集和分析，优化生产流程，提高生产效率和产品质量。德国的西门子公司利用工业互联网平台，实现了对全球工厂的远程监控和管理，生产效率提高了20%以上。汽车制造业通过引入数字化设计、智能制造等技术，实现了汽车的个性化定制和高效生产。特斯拉在电动汽车生产中广泛应用人工智能和自动化技术，其生产效率和产品质量在全球汽车行业处于领先地位。

在农业领域，数字经济的发展推动了智慧农业的兴起。通过物联网、大数据、人工智能等技术，实现了农业生产的精准化管理。传感器可以实时监测土壤湿度、温度、养分等信息，根据作物生长需求自动灌溉、施肥，提高农业生产效率，减少资源浪费。无人机在农业植保、农田监测等方面的应用，也提高了农业生产的智能化水平。例如，中国的极飞科技公司利用无人机进行农田测绘和植保作业，为农户提供高效、精准的农业服务。

在服务业领域，数字经济的融合创新催生了许多新业态、新模式。在线教育打破了时间和空间的限制，为学生提供了丰富的学习资源和个性化的学习体验。疫情期间在线教育市场迎来暴发式增长，学而思网校、猿辅导等在线教育平台的用户数量大幅增加。远程办公借助视频会议、在线协作工具等技术，实现了员工在家办公，提高了工作效率和灵活性。钉钉、腾讯会议等远程办公软件在疫情期间得到广泛应用，满足了企业和组织的远程办公需求。共享经济模式在出行、住宿、办公等领域的应用，提高了资源利用效率，为消费者提供了更加便捷、经济的服务。共享单车、共享汽车、共享办公等共享经济业态不断涌现，改变了人们的出行和办公方式。

在数字经济的发展过程中，新兴产业也不断崛起，成为经济增长的新亮点。区块链技术作为一种分布式账本技术，具有去中心化、不可篡改、可追溯等特点，在金融、供应链管理、政务服务等领域具有广阔的应用前景。在金融领域，区块链技术被应用于跨境支付、数字货币、供应链金融等场景，提高了交易效率和安全性。在政务服务领域，区块链技术可以实现政务数据的共享和安全交换，提高政务服务的效率和公正性。

虚拟现实（VR）和增强现实（AR）技术为用户带来了沉浸式的体验，在游戏、教育、医疗、工业设计等领域得到应用。在游戏领域，VR游戏为玩家提供了更加真实、沉浸式的游戏体验，受到玩家的喜爱；在教育领域，AR技术可以将虚拟的教学内容与现实场景相结合，提高学生的学习兴趣和学习效果；在医疗领域，VR和AR技术可以用于手术模拟、康复训练等，提高医疗服务的质量和效率；在工业设计领域，VR和AR技术可以帮助设计师进行产品设计和展示，提高设计效率和创新能力。

数字经济在产业分布上呈现出核心领域集中发展、向传统产业广泛渗透的特点，行业结构不断优化，新兴产业不断涌现。数字经济的发展不仅推动了产业升级和创新，也为经济增长注入了新的动力，对全球经济格局产生了深远影响。在未来，随着数字技术的不断创新和应用，数字经济将继续保持快速发展的态势，为各行业的发展带来更多机遇和变革。

（四）数字经济发展面临的挑战与问题

尽管数字经济展现出强大的发展潜力和活力，但在其快速发展的进程中，也面临着一系列严峻的挑战与问题，这些问题不仅影响着数字经济的健康可持续发展，也对社会经济秩序和个人权益产生了深远影响。

数据安全与隐私保护问题日益突出，成为数字经济发展的重大隐患。随着数字经济的发展，数据作为关键生产要素，其价值不断凸显，数据的收集、存储、传输、使用和共享等环节也日益频繁和复杂。这使数据面临着诸多安全风险，如数据泄露、篡改、滥用等。近年来，数据泄露事件频发，给个人和企业带来了巨大损失。2017年美国信用报告机构Equifax发生数据泄露事件，约1.43亿美国消费者的个人信息被泄露，包括姓名、社会安全号码、出生日期、地址等敏感信息，这一事件不仅导致Equifax面临巨额的法律赔偿和声誉损失，也让众多消费者的个人隐私和财产安全受到严重威胁。这些数据安全事件不仅损害了用户的利益，也削弱了公众对数字经济的信任，阻碍了数字经济的发展。

隐私保护同样面临着巨大挑战。在数字经济时代，个人信息的收集和使用无处不在，消费者在使用各种数字服务时，往往需要提供大量的个人信息。然而，一些企业在收集和使用个人信息时，存在着不规范、不透明的行为，甚至存在滥用个人信息的情况。部分互联网企业在用户注册时，通过冗长复杂的隐私政策条款，以隐蔽的方式获取用户的授权，从而过度收集用户信息；一些企业还将收集到的用户信息进行二次售卖，获取经济利益，严重侵犯了用户的隐私权利。随着人工智能、大数据等技术的发展，数据的分析和挖掘能力不断增强，个人隐私面临着更大的威胁。通过对大量数据的分析，企业和机构可以获取用户的行为习惯、兴趣爱好、消费偏好等详细信息，甚至可以预测用户的未来行为，这使个人隐私在数字经济环境下变得更加脆弱。

数字鸿沟的存在阻碍了数字经济的均衡发展，加剧了社会不平等。数字鸿沟主要体现在不同国家、地区、人群之间在数字技术的接入、使用和数字素养等方面存在的差距。从国际层面看，发达国家在数字经济发展方面具有明显优势，拥有先进的数字基础设施、技术创新能力和高素质的数字人才，而发展中国家在这些方面相对滞后。据国际电信联盟（ITU）的数据显示，截至2023年，全球仍有近3亿人未接入互联网，其中大部分集中在非洲、亚洲和拉丁美洲的发展中国家。这些国家缺乏必要的数字基础设施建设资金和技术能力，无法为民众提供高速、稳定的互联网接入服务，导致民众难以享受到数字经济带来的发展机遇。在非洲，互联网普及率仅为40%左右，许多偏远地区甚至没有网络覆盖，这使当地居民无法参与电子商务、在线教育、远程医疗等数字经济活动，进一步拉大了与发达国家之间的经济差距。

在国内，不同地区之间也存在着明显的数字鸿沟。经济发达地区如东部沿海地区，数字基础设施完善，数字经济发展迅速，而中西部地区和农村地区的数字基础设施建设相对薄弱，数字经济发展水平较低。在我国，东部地区的互联网普及率超过80%，而西部地区的互联网普及率仅为60%左右；农村地区的宽带接入速度和稳定性也远低于城市地区。这种数字鸿沟不仅限制了中西部地区和农村地区的经济发展，也导致了区域发展不平衡加剧。在人群层面，不同年龄、性别、收入和教育水平的人群之间也存在数字鸿沟。老年人、低收入群体和受教育程度较低的人群在数字技术的使用上存在较大困难，难以适应数字经济时代的发展需求。老年人由于对数字技术的接受能力较弱，在使用智能手机、移动支付等数字服务时往往面临诸多障碍，难以享受到数字经济带来的便捷；低收入群体由于缺乏购买数字设备和支付网络费用的能力，也无法充分参与数字经济活动，进一步加剧了社会不平等。

数字经济市场中不公平竞争现象时有发生，影响了市场的健康发展和创新活力。一些大型数字平台企业凭借其庞大的用户基础、数据资源和技术优势，在市场中占据主导地位，形成了垄断或寡头垄断的市场格局。这些企业通过不正当手段排挤竞争对手，限制市场竞争，损害了其他企业和消费者的利益。部分数字平台企业利用自身的市场优势地位，对平台上的商家进行不合理的收费、限制商家的经营自主权，甚至通过"二选一"等排他性条款，强迫商家只能在其平台上开展业务，排除其他平台的竞争；一些互联网巨头企业通过大规模的并购活动，收购潜在的竞争对手，消除市场竞争威胁，阻碍了行业的创新和发展。谷歌在搜索引擎市场占据了主导地位，通过算法操纵搜索结果，将自己的产品和服务排在搜索结果的前列，而将竞争对手的产品和服务排在后面，从而排挤竞争对手，损害了市场的公平竞争环境。

不公平竞争还体现在数字经济领域的知识产权保护不足，一些企业的创新成果容易被抄袭和模仿，打击了企业的创新积极性。在数字经济时代，技术创新和商业模式创新层出不穷，但知识产权保护制度却相对滞后，难以有效保护企业的创新成果。一些小型创新企业在投入大量资源进行技术研发和商业模式创新后，其创新成果很快被大型企业抄袭和模仿，由于缺乏有效的知识产权保护手段，这些小型企业往往难以获得应有的回报，从而抑制了市场的创新活力。在移动应用市场中，一些热门应用的创意和功能常常被其他企业抄袭，导致市场上出现大量同质化的应用，不仅浪费了社会资源，也阻碍了行业的创新发展。

数字经济发展面临的数据安全、隐私保护、数字鸿沟和不公平竞争等问题，需要政府、企业和社会各方共同努力，采取有效措施加以解决。政府应加强监管，完善相关法律法规，加大对数据安全和隐私保护的力度，推动数字基础设施建设，缩小数字鸿沟，维护市场公平竞争秩序；企业应增强社会责任意识，加强数据安全管理和隐私保护，积极参与数字基础设施建设和数字技术普及，遵守市场竞争规则，推动行业创新发展；社会各界应加强对数字经济的宣传和教育，提高公众的数字素养和安全意识，形成良好的数字经济发展环境，共同促进数字经济的健康、可持续发展。

（五）小结

数字经济的兴起是多种因素共同作用的结果，具有深刻的时代背景和强大的驱动力量。

在技术层面，新一代信息技术的成熟与融合为数字经济提供了坚实的技术支撑。人工智能、大数据、云计算、物联网和区块链等技术相互交织、协同创新，广泛应用于各个领域，推动了产业的智能化、数字化和网络化转型。例如，人工智能在制造业中的应用实现了生产过程的优化和质量控制，大数据技术为企业决策提供了有力支持，云计算降低了企业信息化建设成本，物联网实现了物理世界与数字世界的深度融合，区块链技术则为数字经济提供了安全、可信的价值传递和数据共享解决方案。

在市场需求方面，消费者和企业数字化需求的增长成为数字经济发展的重要动力。消费者对数字化产品和服务的依赖程度不断提高，从通信、娱乐到教育、购物等领域，数字化服务已成为日常生活不可或缺的部分，且对品质和个性化的追求日益凸显。企业为提升竞争力，加快数字化转型步伐，在生产、管理、营销等环节广泛应用数字技术，实现降本增效、创新服务模式和提升客户体验。

政策支持也是数字经济发展的重要保障。各国政府纷纷出台战略规划和政策措施，加大对数字经济的支持力度。美国通过一系列政策刺激数字技术创新，保持在全球数字经济领域的领先地位；欧盟提出"单一数字市场"战略，推动区域内数字经济协同发展；中国将数字经济上升为国家战略，出台一系列政策促进数字经济与实体经济融合发展，形成了较为完善的数字经济政策体系。

当前，全球数字经济规模持续扩大，增长速度迅猛，已成为世界经济发展的关键力量。不同国家和地区的数字经济发展呈现出各自的特点和优势，发达国家凭借其先进的技术和完善的基础设施占据领先地位，发展中国家虽整体规模较小，但增速强劲，展现出巨大潜力。在产业分布上，数字经济集中在互联网、信息技术、电子商务等领域，并不断向传统产业渗透融合，推动传统产业数字化转型，同时催生了一系列新兴产业，如区块链、虚拟现实等。然而，数字经济发展也面临诸多挑战，如数据安全与隐私保护问题日益突出，数字鸿沟加剧了社会不平等，数字经济市场中不公平竞争现象时有发生，这些问题亟待解决。

数字经济对全球经济和社会发展产生了深远影响。在经济增长方面，数字经济通过提高生产效率、创新商业模式、创造新的就业机会和拓展市场空间等方式，为经济增长注入强大动力。在产业结构调整方面，推动传统产业数字化转型，促进新兴产业崛起，优化产业结构，提升产业竞争力。在社会变革方面，改变了人们的生活方式、工作方式和社交方式，提高了社会运行效率和公共服务水平，但也带来了就业结构调整、数字鸿沟等社会问题。

全球数字经济时代的到来是不可阻挡的历史潮流，数字经济已成为推动全球经济和社会发展的核心力量。尽管面临诸多挑战，但随着技术的不断进步、政策的持续完善和国际合作的深入开展，数字经济有望实现更加健康、可持续的发展，为人类创造更加美好的未来。

第三节　数字中国建设

一、数字中国的提出：时代浪潮下的战略抉择

在信息技术飞速发展的 21 世纪，数字技术以前所未有的速度和广度重塑着全球经济、社会与政治格局。数字中国建设的提出，正是中国在这一时代浪潮中立足自身发展需求、把握全球发展趋势作出的重大战略抉择。这一战略不仅深刻影响着中国未来的发展走向，也为全球数字经济发展与数字治理提供了中国方案。

(一) 数字中国提出的时代背景

1. 全球数字化浪潮的推动

进入 21 世纪，以互联网、大数据、人工智能、区块链等为代表的新一代信息技术迅猛发展，全球数字化进程加速推进。云计算技术的成熟让数据存储和计算能力实现了质的飞跃，企业和个人能够以更低成本获取强大的计算资源；大数据技术的兴起使海量数据的收集、分析和应用成为可能，为各行业的精准决策提供了有力支撑；人工智能在图像识别、自然语言处理等领域的突破，更是让机器能够模拟人类智能，完成复杂的任务；区块链技术凭借其去中心化、不可篡改等特性，在金融、供应链等领域展现出巨大的应用潜力。

在全球范围内，各国纷纷将数字化作为国家发展的重要战略方向。美国早在 20 世纪 90 年代就提出了"信息高速公路"计划，奠定了其在全球信息技术领域的领先地位；欧盟推出"单一数字市场战略"，旨在打破内部数字壁垒，提升欧盟整体数字竞争力；日本也制定了一系列数字战略，推动数字技术与实体经济深度融合。全球数字化浪潮的兴起，为中国的发展带来了新的机遇与挑战，中国必须积极融入这一浪潮，才能在国际竞争中占据一席之地。

2. 国内经济社会发展的内在需求

改革开放以来，中国经济取得了举世瞩目的成就，但也面临着一系列发展难题。传统产业发展模式逐渐遭遇瓶颈，资源环境约束日益趋紧，产业结构亟须优化升级。同时，随着人民生活水平的提高，人们对高质量产品和服务的需求不断增加，对公共服务的便捷性、高效性也提出了更高要求。

在这样的背景下，数字技术成为推动经济社会转型发展的关键力量。数字技术能够赋能传统产业，通过智能化改造、数字化升级，提高生产效率，降低生产成本，推动传统产业向高端化、智能化、绿色化方向发展。在农业领域，利用物联网技术实现精准种植、养殖，提高农产品质量和产量；在工业领域，工业互联网平台整合产业链上下游资源，实现生产过程的智能化管理和协同制造。此外，数字技术还能够催生新产业、新业态、新模式，如电子商务、共享经济、在线教育、远程医疗等，为经济增长注入新动力。同时，数字技术在政务服务、社会治理等领域的应用,能够提高政府行政效率,增强社会治理的精准性和有效性,提升人民群众的获得感和幸福感。

3. 国家网络安全与主权维护的迫切需要

随着数字化程度的不断加深,网络空间已经成为继陆、海、空、天之后的第五疆域,网络安全上升到国家安全的战略高度。全球网络空间安全形势日益严峻,网络攻击、数据泄露等威胁层出不穷。在国际上,部分国家利用自身在信息技术领域的优势,对其他国家进行网络监控、数据窃取和网络攻击,严重威胁着他国的网络安全和国家主权。

中国作为网络大国,拥有庞大的网民数量和丰富的数字经济业态,网络安全问题尤为突出。保障网络安全,维护国家网络主权,成为中国必须面对的重要课题。"数字中国建设"的提出,旨在加强国家网络安全保障体系建设,提升网络安全防护能力,构建自主可控的信息技术体系,确保国家关键信息基础设施安全,维护国家网络主权和安全。

(二) 数字中国建设的重要意义

1. 推动经济高质量发展

数字中国建设的实施,为中国经济高质量发展提供了强大动力。一方面,数字技术与实体经济的深度融合,能够促进传统产业转型升级。通过引入数字化技术和智能化设备,传统制造业能够实现生产过程的自动化、智能化,提高产品质量和生产效率,降低能耗和污染。例如,汽车制造企业利用大数据分析消费者需求,实现个性化定制生产;钢铁企业通过物联网技术对生产设备进行实时监控和维护,提高设备利用率和生产稳定性。

另一方面,数字技术催生了大量新兴产业和数字经济新业态。电子商务的蓬勃发展改变了传统的商业模式,线上购物成为人们日常生活的重要组成部分;移动支付的普及提高了支付效率,推动了金融服务的创新;人工智能、区块链等技术的应用,在金融科技、智能制造、医疗健康等领域创造了新的市场需求和商业机会。数字经济的发展不仅为经济增长注入了新动能,还带动了就业结构的优化和升级,创造了大量高技能、高收入的就业岗位。

2. 提升社会治理现代化水平

数字中国建设有助于提升社会治理的精细化、智能化水平。在政务服务领域，通过建设一体化在线政务服务平台，实现了政务服务"一网通办"，让数据多跑路、群众少跑腿，大大提高了政府办事效率和服务质量。许多地方政府推出了"互联网+政务服务"模式，居民可以通过手机 App 或政务网站办理户籍、社保、医保等业务，无须再到多个部门奔波。

在社会治理方面，利用大数据、人工智能等技术能够实现对社会问题的精准监测和预警。通过对海量社会数据的分析，政府可以及时发现社会治安、公共卫生、环境保护等领域的潜在风险，提前采取应对措施，提高社会治理的预见性和主动性。同时，数字技术还能够促进公众参与社会治理，通过社交媒体、网络平台等渠道，公众可以更加便捷地表达意见和建议，参与公共事务决策，推动社会治理从政府主导的单一模式向多元主体协同共治的模式转变。

3. 促进公共服务均等化

数字中国建设的推进，为实现公共服务均等化提供了新的途径。在教育领域，通过在线教育平台，优质教育资源能够突破地域限制，传播到偏远地区和农村地区，让更多学生享受到高质量的教育。"国家中小学智慧教育平台"汇聚了大量优质课程资源，为城乡学生提供了公平的学习机会；在医疗领域，远程医疗技术的应用能够让基层患者享受到大城市专家的诊断和治疗服务，缓解了医疗资源分布不均的问题。同时，数字技术在文化、就业、社会保障等领域的应用，也能够提高公共服务的可及性和便利性，缩小城乡、区域之间的公共服务差距，促进社会公平正义。

4. 增强国家竞争力与国际话语权

在全球数字化竞争日益激烈的背景下，数字中国建设的实施有助于提升中国的国际竞争力。通过加强数字技术创新和应用，中国在 5G 通信、电子商务、移动支付等领域已经取得了世界领先地位，形成了具有国际竞争力的数字产业集群。同时，中国积极参与全球数字治理，提出了一系列数字治理理念和方案，如"构建网络空间命运共同体"等，为全球数字治理贡献中国智慧和中国方案。数字中国建设的推进，将进一步增强中国在全球数字经济和数字治理领域的话语权，提升中国的国际影响力。

（三）数字中国建设的深远影响

1. 对国内经济社会的全面变革

数字中国建设的实施将引发国内经济社会的全面变革。在经济领域，数字技术将重塑产业结构和商业模式，推动生产要素的优化配置和高效利用，促进经济发展方式从要素驱动向创新驱动转变。在社会领域，数字技术将改变人们的生活方式和社交模式，加速信息传播和知识共享，推动社会文明进步。同时，数字技术的广泛应用也将对法律、伦理、隐私保护等方面提出新的挑战，需要不断完善相关法律法规和制度体系，以适应数字时代的发展需求。

2. 对全球数字经济发展的推动作用

中国作为全球第二大经济体和数字经济大国，数字中国建设的推进将对全球数字经济发展产生重要推动作用。中国庞大的市场规模和丰富的应用场景为数字技术创新提供了广阔的试验田，许多数字技术创新成果从中国走向世界，为全球数字经济发展提供了新的思路和解决方案。同时，中国积极推动"一带一路"数字经济合作，加强与共建国家在数字基础设施建设、电子商务、数字技术人才培养等方面的合作，促进全球数字经济的均衡发展，缩小数字鸿沟。

3. 对国际数字治理格局的重塑

数字中国建设的实施，将推动中国在国际数字治理领域发挥更加重要的作用，重塑国际数字治理格局。中国倡导构建开放、公平、非歧视的数字发展环境，主张尊重各国网络主权，加强国际合作，共同应对网络安全、数据隐私保护等全球性问题。通过积极参与国际数字治理规则制定，中国将推动建立更加公正合理的国际数字治理体系，为全球数字经济的健康发展创造良好的制度环境。

二、数字中国相关的政策框架

在数字化浪潮席卷全球的当下，数字中国建设已成为推动我国经济社会发展、提升国家竞争力的核心战略。数字技术的迅猛发展正在重塑生产生活方式与全球经济格局，为我国实现高质量发展与现代化建设提供强大动力。政策框架作为数字中国建设的顶层设计与行动指南，其重要性不言而喻。合理且完善的政策框架，不仅能够引导资源的高效配置，加速数字技术创新与应用，还能营造良好的数字生态，保障数字中国建设稳步推进。

（一）数字中国建设整体布局规划

1.《数字中国建设整体布局规划》的核心内容

2023年2月，中共中央、国务院印发的《数字中国建设整体布局规划》（以下简称《规划》），为数字中国建设绘制了宏伟蓝图，明确了"2522"的整体框架，成为数字中国建设的核心指引。

夯实数字基础设施和数据资源体系"两大基础"，是数字中国建设的根基。一方面，要打通数字基础设施大动脉，加快5G网络与千兆光网协同建设，深入推进IPv6规模部署和应用，推进移动物联网全面发展，大力推进北斗规模应用。系统优化算力基础设施布局，促进东西部算力高效互补和协同联动，引导通用数据中心、超算中心、智能计算中心、边缘数据中心等合理梯次布局。另一方面，需畅通数据资源大循环，构建国家数据管理体制机制，健全各级数据统筹管理机构。推动公共数据汇聚利用，建设公共卫生、科技、教育等重要领域国家数据资源库。释放商业数据价值潜能，加快建立数据产权制度，开展数据资产计价研究，建立数据要素按价值贡献参与分配机制。

推进数字技术与经济、政治、文化、社会、生态文明建设"五位一体"深度融合，全面赋能经济社会发展。在数字经济领域，培育壮大数字经济核心产业，推动数字技术和实体经济深度融合，支持数字企业发展壮大；在数字政务方面，加快制度规则创新，强化数字化能力建设，提升数字化服务水平；在数字文化建设方面，要大力发展网络文化，推进文化数字化发展，提升数字文化服务能力；在数字社会建设方面，旨在促进数字公共服务普惠化，推进数字社会治理精准化，普及数字生活智能化；在数字生态文明建设方面，则推动生态环境智慧治理，加快数字化绿色化协同转型。

强化数字技术创新体系和数字安全屏障"两大能力",为数字中国建设提供关键支撑。构筑自立自强的数字技术创新体系,需健全关键核心技术攻关新型举国体制,强化企业科技创新主体地位,加强知识产权保护。筑牢可信可控的数字安全屏障,要切实维护网络安全,完善网络安全法律法规和政策体系,增强数据安全保障能力。

优化数字化发展国内国际"两个环境",营造良好的数字生态。建设公平规范的数字治理生态,完善法律法规体系,构建技术标准体系,提升治理水平,净化网络空间。构建开放共赢的数字领域国际合作格局,统筹谋划数字领域国际合作,拓展数字领域国际合作空间,积极参与国际规则构建。

2. 规划目标与阶段性任务分解

《规划》制定了清晰的目标与阶段性任务。到 2025 年,基本形成横向打通、纵向贯通、协调有力的一体化推进格局,数字中国建设取得重要进展。数字基础设施实现高效联通,数据资源规模和质量显著提升,数据要素价值有效释放,数字经济发展质量效益大幅增强,政务数字化智能化水平明显提升,数字文化建设跃上新台阶,数字社会精准化、普惠化、便捷化成效显著,数字生态文明建设取得积极进展,数字技术创新实现重大突破,应用创新全球领先,数字安全保障能力全面提升,数字治理体系更加完善,数字领域国际合作打开新局面。

到 2035 年,数字化发展水平进入世界前列,数字中国建设取得重大成就。数字中国建设体系化布局更加科学完备,经济、政治、文化、社会、生态文明建设各领域数字化发展更加协调充分,有力支撑全面建设社会主义现代化国家。

为实现这些目标,《规划》将任务细化分解到各个领域与阶段。在数字基础设施建设方面,明确了 5G 网络、千兆光网、算力基础设施等的建设进度与布局要求;在数字经济发展上,制订了数字产业集群培育、数字技术与实体经济融合的具体行动计划;在数字政务领域,设定了制度规则创新、数字化服务水平提升的阶段性指标等。通过这些具体的任务分解,确保数字中国建设有序推进,目标逐步实现。

（二）数字基础设施建设政策

1. 网络基础设施

（1）5G 与千兆光网协同建设政策

为加速 5G 网络与千兆光网协同建设，我国出台了一系列政策。在频谱资源分配上，工业和信息化部合理规划 5G 频段，保障 5G 网络建设的频谱需求。同时，鼓励基础电信企业加大对 5G 和千兆光网建设的资金投入，通过财政补贴、税收优惠等政策，降低企业建设成本。例如，对参与 5G 和千兆光网建设的企业，在一定期限内减免部分增值税与所得税。

在建设布局上，政策引导企业优先在城市核心区域、产业园区、重点商圈等对网络需求旺盛的区域进行建设，提升网络覆盖的精准度与有效性。在深圳的南山科技园通过政策支持，实现 5G 网络和千兆光网的全覆盖，为园区内的高新技术企业提供了高速、稳定的网络环境，有力推动了企业的创新发展。

此外，政策还鼓励企业开展技术创新，提升 5G 和千兆光网的技术性能与服务质量。支持企业研发新型基站设备、光通信设备，提高网络的传输速率、稳定性与可靠性。通过这些政策举措，我国 5G 与千兆光网协同建设取得显著成效，截至 2024 年底，我国 5G 基站数累计超过 300 万个，千兆光纤网络覆盖家庭超过 2 亿户。

（2）IPv6 规模部署和应用推进政策

在推进 IPv6 规模部署和应用方面，国家互联网信息办公室等多部门联合发力，制订了详细的 IPv6 规模部署行动计划，明确各阶段的目标与任务。要求基础电信企业、互联网企业等全面推进 IPv6 改造，提升网络设备、服务器等对 IPv6 的支持能力。

在网络改造资金支持上，设立专项基金，对积极开展 IPv6 改造的企业给予资金补助。同时，通过政策引导，推动金融机构为企业提供 IPv6 改造的专项贷款，降低企业融资成本。在应用推广方面，鼓励互联网应用服务提供商加快 IPv6 应用的开发与部署，对首批完成 IPv6 应用改造的企业给予政策奖励，如优先推荐参与各类政府信息化项目等。

经过政策推动，我国 IPv6 规模部署和应用取得重大突破。截至 2024 年，我国 IPv6 活跃用户数超过 8 亿，IPv6 网络流量占比不断提升，在互联网、物联网等领域得到广泛应用，为数字中国建设提供了强大的网络地址资源支撑。

（3）移动物联网全面发展支持政策

为促进移动物联网全面发展，工业和信息化部等部门出台多项支持政策。在产业培育上，培育一批移动物联网产业示范基地，对入驻基地的企业给予土地、税收等方面的优惠政策。鼓励企业加大在移动物联网芯片、模组、设备等关键领域的研发投入，通过研发补贴、创新奖励等方式，激发企业创新活力。

在应用场景拓展方面，政策引导移动物联网在工业制造、农业生产、交通运输、医疗卫生等领域的应用。如在工业领域，支持企业利用移动物联网技术实现设备远程监控、生产流程优化；在农业领域，推动移动物联网在智能灌溉、精准施肥、农产品溯源等方面的应用。通过这些政策引导，移动物联网应用场景不断丰富，产业规模持续扩大。截至 2024 年底，我国移动物联网连接数超过 30 亿，成为全球最大的移动物联网市场。

2. 算力基础设施

（1）"东数西算"工程相关政策举措

"东数西算"工程作为我国优化算力基础设施布局的重大战略，国家发展改革委等多部门出台了一系列政策举措。在算力枢纽建设上，确定了京津冀、长三角、粤港澳大湾区、成渝、内蒙古、贵州、甘肃、宁夏等八大算力枢纽，并出台土地、能源等配套支持政策。如内蒙古算力枢纽，当地政府为数据中心建设提供充足的土地资源，并在能源供应上给予优先保障，确保数据中心稳定运行。

在数据中心建设标准方面，制定了严格的绿色节能标准，鼓励数据中心采用高效制冷、余热利用等技术，降低能耗。对符合绿色节能标准的数据中心给予电价优惠等政策支持。同时，加强东西部算力枢纽之间的网络传输通道建设，提升网络传输速度与稳定性，降低数据传输时延。通过这些政策举措，"东数西算"工程稳步推进，东西部算力资源实现高效互补和协同联动。

（2）数据中心梯次布局与绿色发展政策

除"东数西算"工程外，我国还出台了数据中心梯次布局与绿色发展政策。

在梯次布局上，根据不同地区的经济发展水平、能源资源状况、市场需求等因素，引导通用数据中心、超算中心、智能计算中心、边缘数据中心等合理布局。在一线城市及周边地区，重点布局对实时性要求高的边缘数据中心和智能计算中心；在能源丰富的西部地区，布局大规模的通用数据中心和超算中心。

在绿色发展方面，要求数据中心提高能源利用效率，降低 PUE（电源使用效率）值。对 PUE 值低于一定标准的数据中心，给予税收减免、财政补贴等奖励。同时，鼓励数据中心采用可再生能源，如太阳能、风能等，提升能源绿色化水平。通过这些政策，我国数据中心布局更加合理，绿色发展水平不断提升。

3. 应用基础设施

(1) 传统基础设施数字化、智能化改造政策

为推动传统基础设施数字化、智能化改造，住房和城乡建设部、交通运输部等多部门出台相关政策。在城市建设领域，鼓励对城市道路、桥梁、供水、供电、供气等基础设施进行数字化改造，安装传感器、智能控制系统等设备，实现基础设施的实时监测与智能管理。如在上海的智能交通项目中，通过在道路上安装大量传感器，实时采集交通流量、车速等数据，利用智能交通系统进行交通信号优化，有效缓解了城市交通拥堵。

在交通运输领域，推动铁路、公路、港口等基础设施的智能化升级。支持高速公路建设智能收费系统、智能监控系统，提高交通运输效率与安全性。在能源领域，鼓励电网进行数字化改造，建设智能电网，实现电力的精准调配与高效利用。通过这些政策，传统基础设施的数字化、智能化水平得到显著提升，为数字中国建设奠定了坚实基础。

(2) 新兴应用基础设施建设扶持政策

对于云计算、大数据、人工智能等新兴应用基础设施建设，我国给予大力扶持。在云计算方面，对建设大型云计算数据中心的企业给予资金补贴，支持企业提升云计算服务能力。鼓励企业开展云计算技术创新，研发具有自主知识产权的云计算操作系统、分布式存储系统等核心技术。

在大数据领域，支持建设大数据交易平台、大数据分析平台等基础设施。对入驻平台的企业给予税收优惠、数据资源共享等政策支持，促进大数据产业发

展。在人工智能方面，建设人工智能算力中心、人工智能开放创新平台等基础设施，为人工智能企业提供算力支撑与技术服务。通过这些扶持政策，我国新兴应用基础设施建设快速发展，为数字经济创新发展提供了有力保障。

（三）数据资源管理与发展政策

1. 数据资源体系建设

（1）国家数据管理体制机制构建政策

构建国家数据管理体制机制是数据资源体系建设的关键。国家数据局等部门积极推动相关政策制定与实施。在管理机构设置上，明确各级数据统筹管理机构的职责与权限，加强数据管理的统筹协调。建立国家、省、市、县四级数据管理体系，确保数据管理工作的全面覆盖与有效执行。

在数据管理流程规范方面，制定数据采集、存储、传输、使用、共享等全流程的管理规范与标准。要求各部门、各企业按照统一标准进行数据管理，提高数据质量与安全性。同时，建立数据质量评估机制，定期对数据进行质量评估，对不符合标准的数据进行整改。通过这些政策举措，我国数据管理体制机制逐步完善，为数据资源的有效开发利用奠定了制度基础。

（2）公共数据汇聚利用与重要领域数据资源库建设政策

为推动公共数据汇聚利用，国家出台了一系列政策。要求政府部门打破数据壁垒，实现公共数据的跨部门、跨层级共享。建立公共数据开放平台，将交通、医疗、教育、社保等领域的公共数据依法向社会开放，鼓励企业和社会机构对公共数据进行开发利用，创新数据应用场景。

在重要领域数据资源库建设方面，重点建设公共卫生、科技、教育等国家数据资源库。通过政策引导，整合各部门、各地区的相关数据，建立统一的数据标准与管理规范，提升数据资源的规模与质量。如在公共卫生数据资源库建设中，整合了疾病预防控制中心、医院、卫生监督机构等的数据，为重大公共卫生事件防控、疾病监测等提供了有力的数据支持。

2. 数据要素市场培育

(1) 数据产权制度建立相关政策探索

数据产权制度是数据要素市场培育的核心问题。我国积极开展数据产权制度建立的政策探索。在数据产权界定上，研究制定数据产权归属的原则与标准，明确数据采集者、加工者、使用者等各方的数据权利与义务。通过立法调研、政策试点等方式，探索适合我国国情的数据产权制度。

在数据产权保护方面，加强数据产权的法律保护，制定相关法律法规，打击数据侵权行为。建立数据产权纠纷解决机制，为数据产权纠纷提供有效的解决途径。同时，鼓励企业通过技术手段，如区块链技术，对数据产权进行确权与保护，提高数据产权保护的效率与安全性。

(2) 数据资产计价与分配机制政策框架

构建数据资产计价与分配机制政策框架是促进数据要素市场化的重要举措。在数据资产计价方面，开展数据资产计价研究，探索适合我国的数据资产计价方法与模型。鼓励第三方评估机构开展数据资产评估业务，制定数据资产评估标准与规范，提高数据资产计价的科学性与公正性。

在数据要素按价值贡献参与分配机制上，明确数据要素参与分配的原则与方式。支持企业建立内部数据要素分配制度，根据数据在生产经营中的贡献，对数据提供者、开发者、使用者等进行合理分配。同时，探索建立数据要素市场的二次分配机制，通过税收、财政转移支付等手段，调节数据要素分配中的收入差距，促进数据要素分配的公平与效率。

（四）数字经济发展政策

1. 数字产业培育

(1) 促进数字产业高质量发展政策举措

为促进数字产业高质量发展，工业和信息化部等部门出台了一系列政策举措。在产业创新方面，推进原创性数字技术攻关，聚焦人工智能、关键软件、工业互联网等重点领域，培育一批创新成果转化平台，助力科技成果产业化。支持企业加大研发投入，对研发费用给予加计扣除等税收优惠政策。

在产业协同方面，实施数字产业优质企业培育工程，建立多层次、分阶段、递进式企业培育体系，培育一批具有产业链控制力的生态主导型企业。开展数字产业集群梯度培育行动，打造一批具有国际竞争力的数字产业集群。加强产业链上下游企业的协同合作，建立产业联盟、供应链合作机制等，提高产业协同创新能力与竞争力。

在国际合作方面，充分发挥"一带一路"、G20等国际合作机制作用，推动构建金砖国家数字产业生态合作网络，加强与世界各国在技术、标准、人才等领域的国际合作交流。鼓励企业"走出去"，在海外设立研发中心、生产基地等，拓展国际市场。

（2）数字产业集群打造与企业发展支持政策

在数字产业集群打造上，各地政府根据自身产业基础与优势，出台针对性政策。如杭州以其互联网产业优势，打造了云计算与大数据产业集群。政府通过提供产业园区、资金扶持、人才优惠等政策，吸引了阿里巴巴、网易等一批龙头企业入驻，带动了一大批上下游企业集聚发展。

在企业发展支持政策方面，对数字产业领域的中小企业给予融资支持，通过设立产业基金、开展知识产权质押融资等方式，解决中小企业融资难问题。对新成立的数字企业，给予一定期限的税收减免与场地租金补贴，降低企业运营成本。同时，建立企业服务机制，为企业提供政策咨询、技术支持、市场拓展等一站式服务，助力企业快速成长。

2. 数字技术与实体经济融合

在农业领域，农业农村部等部门出台政策，鼓励数字技术在农业生产、经营、管理、服务等环节的应用。支持建设智慧农业园区，利用物联网、大数据、人工智能等技术实现精准种植、精准养殖。对采用数字技术的农业企业、农民合作社等给予财政补贴与技术培训，提高农业数字化水平。

在工业领域，工业和信息化部大力推进工业互联网建设，支持企业开展数字化转型。通过财政资金支持、政策引导等方式，鼓励企业建设智能工厂、数字化车间，应用工业互联网平台实现生产流程优化、供应链协同管理。对实施数字化转型的企业给予税收优惠、设备购置补贴等政策支持。

在金融领域，中国人民银行等部门推动金融科技发展，鼓励金融机构利用大数据、区块链、人工智能等技术提升金融服务质量与效率。支持金融机构开展数字化金融产品创新，如数字货币试点、智能投顾服务等。加强金融科技监管，制定相关监管规则，保障金融安全与稳定。

在教育领域，教育部实施国家教育数字化战略行动，完善国家智慧教育平台。鼓励学校利用在线教育平台、人工智能教育工具等开展教学活动，推动教育资源均衡发展。对开发优质教育数字化资源的企业与机构给予政策支持与奖励。

在医疗领域，国家卫生健康委等部门推进数字健康发展，规范互联网诊疗和互联网医院发展。支持医疗机构建设智慧医疗系统，实现电子病历共享、远程医疗服务等。通过政策引导，促进医疗大数据的开发利用。

三、我国数字经济区域发展特色分析

在数字技术迅猛发展的时代背景下，数字经济已成为全球经济竞争的新赛道，深刻改变着生产生活方式与经济发展格局。我国高度重视数字经济发展，将其作为推动经济高质量发展的重要引擎。然而，由于各地区在经济基础、资源禀赋、政策环境等方面存在差异，数字经济区域发展呈现出不同特色。

（一）我国数字经济区域发展现状

1. 数字经济规模与结构

近年来，我国数字经济规模持续扩张，2023 年规模达到 53.9 万亿元，GDP 比重达 42.8%，相比 2013 年增长近 20 个百分点，已然成为经济增长的关键驱动力。从内部结构来看，产业数字化占据主导，2023 年规模超 43 万亿元，约为 2017 年的 2 倍，占数字经济比重约 80%，数字产业化占比约 20%。这种结构体现出数字技术对传统产业强大的渗透与改造能力，推动实体经济不断转型升级。产业数字化通过数字技术在农业、工业、服务业等领域的应用，实现生产效率提升、产品创新和商业模式变革；数字产业化则聚焦于数字技术研发、生产与应用，为产业数字化提供技术支撑和创新动力。

2. 区域发展不平衡态势

我国数字经济区域发展呈现出显著的不平衡态势。东部地区数字经济竞争力强劲，多个省市数字经济占 GDP 比重超 50%。长三角、珠三角和京津冀地区，数字经济规模领先全国，产业数字化渗透率高。以广东为例，凭借强大的电子信息制造业基础与旺盛的算力需求，在数字经济诸多领域表现突出。广东拥有华为、腾讯等一批全球知名的数字企业，在 5G 通信、云计算、人工智能等领域具有强大的技术研发和产业应用能力。同时，广东积极推进制造业数字化转型，打造了多个智能工厂和数字化车间，推动传统制造业向高端化、智能化、绿色化方向发展。

而西部地区，除成渝地区外，数字经济发展尚处起步阶段。受地理、经济等因素制约，西部地区数字基础设施建设成本高昂，数字技术与当地产业融合难度较大。例如，在一些偏远地区，网络覆盖不足、信息化人才匮乏，数字技术难以有效应用于农业生产、工业制造等领域，导致数字经济发展滞后。此外，西部地区产业结构相对单一，传统产业占比较高，对数字技术的需求和应用能力有限，也制约了数字经济的发展。

3. 产业融合深化

在产业融合方面，数字经济与三次产业的融合不断深化。2023 年服务业数字经济渗透率最高，达 44.63%，互联网及相关服务企业收入和利润持续攀升，如电商、在线旅游、数字金融等新业态蓬勃发展。以电商行业为例，阿里巴巴、京东等电商平台通过大数据、人工智能等技术，实现精准营销、智能物流和个性化服务，极大地改变了人们的消费方式和生活习惯。在线旅游平台如携程、美团等，利用数字技术整合旅游资源，为消费者提供便捷的旅游预订、攻略查询等服务，推动了旅游业的数字化转型。

工业领域，数字化改造促使制造业向高端化、智能化迈进，高端制造业上市公司数量与收入规模稳步增长。例如，海尔集团通过打造卡奥斯工业互联网平台，实现了从大规模制造向大规模定制的转型，为全球用户提供个性化的产品和服务。该平台整合了产业链上下游资源，实现了生产过程的智能化管理和协同创新，提升了企业的核心竞争力。农业数字化也在有序推进，农村网络零售额和农产品零售额不断上升，智慧农业、农村电商等新模式为农业发展注入新活力。一些地区利用物联网技术实现了农作物生长环境的实时监测和精准灌溉，提高了农业生产效率和农产品质量；农村电商的发展则拓宽了农产品销售渠道，帮助农民增收致富。

4. 区域发展格局

从区域发展格局来看，依据工业和信息化部电子第五研究所发布的《中国数字经济发展指数报告（2024）》，我国地区数字经济呈现三个梯次发展格局。

北京、广东、上海三地数字经济发展指数优势突出，位列第一梯队，这些地区数据要素水平高，资本活力强，数字经济应用水平处于全国前列。北京作为我国的科技创新中心，拥有丰富的科研资源和高端人才，在人工智能、大数据、区块链等前沿技术领域处于领先地位；上海凭借其国际金融中心和航运中心的优势，在数字金融、跨境电商等领域发展迅速。

第二梯队包含重庆、河南等省市，在数字经济发展进程中稳步追赶。重庆依托其雄厚的制造业基础，积极推进工业互联网建设，打造了多个智能制造示范基地；河南作为农业大省，通过发展农村电商和智慧农业，推动农业数字化转型，同时在电子信息产业方面也取得了显著进展。

第三梯队的内蒙古、广西等地，数字经济发展相对滞后，但也在积极探索特色发展路径。内蒙古利用其丰富的能源资源，大力发展数据中心产业，打造全国重要的算力枢纽；广西则依托与东盟国家的地缘优势，推进跨境数字贸易和数字服务合作。

同时，部分重点城市群在数字化协同发展上已取得一定成果。京津冀协同发展战略的推进，夯实了三地数字协同治理基础，多领域数字治理成效初显。例如，在交通领域，通过建立统一的交通信息平台，实现了京津冀三地交通数据的共享和协同管理，提高了交通运行效率；在生态环境领域，利用大数据和物联网技术，实现了京津冀地区生态环境的联合监测和协同治理。数字长三角建设成为长三角一体化高质量发展的核心动力之一，该地区凭借完善的基础设施、丰富的人才科研资源，实现了基建、流通、政务和工业数字化，形成具有国际竞争力的数字产业集群。长三角地区的数字经济企业通过协同创新，在集成电路、生物医药、新能源汽车等领域取得了一系列重大突破，推动了区域产业升级和经济高质量发展。

(二) 我国数字经济区域发展特色总结

1. 区域优势差异显著

东部地区凭借优越的地理位置、雄厚的经济基础和丰富的人才资源，在数字经济发展中占据领先地位，形成了以科技创新和高端服务业为主导的发展特色。西部地区则面临诸多挑战，但部分地区也在探索利用自身资源优势发展特色数字经济，如内蒙古的算力产业、广西的跨境数字贸易等。

2. 产业融合特色鲜明

数字经济与三次产业的融合在不同区域呈现出不同特点。东部地区服务业数字化程度高，新业态新模式不断涌现；工业数字化侧重于高端制造和智能制造；农业数字化则注重品牌建设和电商销售。西部地区在产业融合方面虽起步较晚，但也在结合当地产业特色推进数字化转型，如利用数字技术发展特色农业和资源型工业。

3. 城市群协同发展特色突出

重点城市群在数字经济发展中发挥着引领和示范作用。京津冀、长三角等城市群通过加强区域协同合作，实现了资源共享、优势互补，推动了数字经济的协同发展，形成了具有区域特色的数字产业集群和数字治理模式。

(三) 结论

我国数字经济区域发展取得了显著成就，但区域发展不平衡问题依然突出。不同地区在数字经济规模、结构、产业融合和发展格局等方面存在明显差异，形成了各具特色的发展模式。东部地区在数字经济发展中处于领先地位，西部地区虽发展滞后但潜力巨大；重点城市群在数字化协同发展方面发挥了重要作用，为区域数字经济发展提供了新动力。后续研究可进一步探索缩小区域数字经济发展差距的具体路径，以及如何充分发挥各区域特色优势，实现数字经济的协同高质量发展。

四、数字中国建设的重大意义与深远影响

数字时代的浪潮正以前所未有的速度席卷全球，深刻改变着人类社会的生产生活方式。在这一时代背景下，数字中国建设成为我国把握发展机遇、应对全球竞争的重大战略举措。建设数字中国，对于推动经济高质量发展、提升国家治理效能、促进社会民生改善以及增强文化软实力等方面，均具有不可估量的重大意义。

（一）数字中国驱动经济高质量发展

数字经济已成为全球经济发展的新引擎，而数字中国建设则为我国数字经济的腾飞搭建了坚实的平台。一方面，数字技术与实体经济的深度融合，正重塑传统产业的发展模式。以制造业为例，工业互联网的广泛应用，实现了生产设备的互联互通和生产过程的智能化管理。企业通过对生产数据的实时采集与分析，能够精准把控生产节奏，优化生产流程，有效降低生产成本，提升产品质量和生产效率。在钢铁行业，借助大数据分析可以实现对钢铁生产过程中温度、压力等参数的精准调控，减少次品率，提高能源利用率。同时，数字化转型促使企业加速产品创新，基于对市场数据和用户需求的深度挖掘，企业能够快速开发出更贴合市场需求的个性化产品，增强市场竞争力。

另一方面，数字技术催生了众多新兴产业，拓展了经济发展的新空间。云计算、大数据、人工智能、区块链等前沿技术的发展，孕育出一系列新业态，如数字金融、电子商务、共享经济、智能制造等。这些新兴产业以其创新性、高成长性和高附加值，成为经济增长的新动能。以电子商务为例，我国电商平台的蓬勃发展，打破了时空限制，促进了商品和服务的流通，不仅培育了大量中小企业和创业者，还带动了物流、支付、售后等相关产业的协同发展。2024年"双十一"期间，各大电商平台的销售额再创新高，充分彰显了数字经济的强大活力。相关数据显示，近年来，我国数字经济规模持续快速增长，占GDP的比重不断提高，成为推动经济高质量发展的关键力量。数字中国建设通过完善数字基础设施，优

化数字产业生态,为数字经济的持续繁荣提供了有力保障,推动我国经济在全球竞争中抢占数字经济发展的制高点。

(二) 数字中国提升国家治理效能

在国家治理领域,数字中国建设带来了全新的理念和手段,极大地提升了治理效能。首先,数字技术为政府决策提供了科学依据。通过大数据分析,政府能够全面、准确地掌握社会经济运行状况,及时发现问题和趋势。例如,在城市规划中,利用大数据可以对人口分布、交通流量、产业布局等多方面数据进行综合分析,从而制定出更加科学合理的城市发展规划。在应对公共卫生事件时,大数据技术能够实时监测疫情传播态势,为疫情防控决策提供精准的数据支持,助力科学防控。

其次,数字化手段提高了政府服务效率和质量。电子政务的广泛推行,实现了政务服务的在线化、智能化。群众和企业办事不再需要奔波于各个部门,只需通过政府政务服务平台,即可便捷地办理各类事项,大大节省了时间和精力。"最多跑一次""一网通办"等改革举措在数字技术的支撑下得以有效实施,提高了政府的公信力和群众满意度。此外,数字技术在社会治理中的应用,如智慧安防、智慧环保等,增强了社会治理的精准性和及时性。通过物联网、人工智能等技术,实现对城市安全隐患、环境污染等问题的实时监测和预警,及时采取措施进行处理,保障社会的和谐稳定。

(三) 数字中国促进社会民生改善

数字中国建设与社会民生息息相关,为改善民生福祉带来了诸多便利。在教育领域,在线教育打破了优质教育资源分布不均的瓶颈。通过互联网,偏远地区的学生也能够享受到来自大城市名校的优质课程,实现教育资源的均衡配置。在线教育平台提供了丰富多样的学习资源和个性化学习工具,满足了不同学生的学习需求,促进了教育公平和全民学习型社会的建设。在医疗领域,数字技术推动了医疗服务的创新发展。远程医疗让患者无须长途奔波,即可获得专家的诊断和治疗建议,特别是在偏远地区和基层医疗机构,远程医疗极大地提高了医疗服务的可及性。同时，电子病历系统的普及，方便了医生对患者病情的全面了解和跟踪，提高了医疗服务的质量和效率。

在就业方面，数字经济的发展创造了大量新型就业岗位，如数据分析师、人工智能工程师、电商主播等。这些新兴职业为不同技能和背景的人群提供了更多的就业选择，拓宽了就业渠道。此外，数字技术在养老、交通、住房等民生领域也发挥着重要作用。智慧养老系统通过物联网设备实时监测老年人的健康状况和生活需求，提供贴心的养老服务；智能交通系统通过对交通流量的实时监测和智能调控，缓解交通拥堵，提高出行效率；数字化住房租赁平台让租房信息更加透明、交易更加便捷，改善了居民的居住体验。数字中国建设让人民群众在日常生活中切实感受到数字化带来的便捷与实惠，不断提升人民群众的获得感、幸福感和安全感。

（四）数字中国增强文化软实力

文化是一个国家、一个民族的灵魂。数字中国建设为中华文化的传承、创新与传播提供了新的途径和手段，有助于增强我国的文化软实力。在文化遗产保护方面，数字化技术为文化遗产的永久保存和永续利用提供了可能。通过三维重建、虚拟现实、增强现实等技术，可以对文物古迹进行高精度的数字化采集和存储，即使文物实体遭受自然或人为破坏，也能通过数字副本进行还原和展示。例如，敦煌莫高窟利用数字化技术对洞窟壁画进行采集和展示，让更多人能够足不出户领略到敦煌文化的魅力，同时也减少了实地参观对文物的损害。

在文化创作方面，数字技术激发了创作者的灵感和创造力。数字艺术、网络文学、动漫游戏等新兴文化业态蓬勃发展，丰富了文化产品的供给。创作者借助数字工具可以更加便捷地进行创作、编辑和传播，打破了传统创作模式的限制，催生了许多具有创新性和时代感的文化作品。在文化传播方面，互联网和新媒体平台让中华文化能够迅速传播到全球各地。短视频、社交媒体等平台的兴起，让中国的传统文化、现代艺术、流行文化等以更加生动、有趣的形式走向世界，提升了中华文化的国际影响力。通过数字中国建设，我们能够更好地传承和弘扬中华优秀传统文化，推动文化创新发展，讲好中国故事，提升国家文化软实力，在全球文化交流与竞争中占据更加有利的地位。

(五) 结语

数字中国建设是顺应时代发展潮流、推动我国经济社会发展的必然选择，具有极其重大的战略意义。它在推动经济高质量发展、提升国家治理效能、改善社会民生以及增强文化软实力等方面发挥着关键作用，为实现中华民族伟大复兴的中国梦提供了强大动力和支撑。在未来的发展中，我们应坚定不移地推进数字中国建设，不断深化数字技术在各个领域的应用，充分释放数字红利，让数字中国建设的成果惠及全体人民，为全球数字化发展贡献中国智慧和中国方案。

第二章　经济发展新形态带来的风险

第一节　数字经济发展风险的概念及特征

一、数字经济发展风险的概念

数字经济已成为全球经济发展的重要引擎,深刻改变着生产、生活和治理方式。然而,随着数字经济的快速扩张,其面临的风险也日益凸显。从数据泄露事件频发到网络安全攻击不断升级,无一不严重威胁数字经济的健康发展。这些风险不仅影响数字经济自身的稳定运行,还对实体经济、社会秩序乃至国家安全产生深远影响。研究数字经济发展风险的概念与内涵具有重要的理论与现实意义。

(一) 数字经济发展风险的概念界定

1. 数字经济的定义与范畴

数字经济是以数字化的知识和信息作为关键生产要素,以现代信息网络为重要载体,以信息通信技术的有效使用作为效率提升和经济结构优化的重要推动力的一系列经济活动。这一定义明确了数字经济的三大核心要素:数据要素、信息网络载体及信息通信技术驱动力。从范畴来看,数字经济涵盖数字产业化与产业数字化两大部分。数字产业化包括电子信息制造业、软件和信息服务业、信息通信业等数字相关产业,是数字经济发展的先导产业。产业数字化则是传统产业利用新一代信息技术进行全方位、全角度、全链条的改造过程,通过与信息技术的深度融合,实现传统产业的赋值、赋能。

2. 风险的一般性定义与特征

风险通常被定义为在特定环境和时间段内,某一事件产生不利后果的可能性。风险的特征是客观性、不确定性、潜在性、可测性及双重性。

风险具有客观性，它独立于人的主观意志而存在，不会因人们的主观意愿而消失。不确定性是风险的重要特征，表现为风险发生的时间、地点、形式和影响程度难以准确预测。潜在性是指风险在未转化为实际损失之前，以一种潜在的状态存在，如网络安全漏洞在被黑客攻击利用之前，一直处于潜在风险状态。可测性是指尽管风险具有不确定性，但通过历史数据和科学模型在一定程度上可以对风险发生的概率和可能造成的损失进行估计。此外，风险还具有双重性，既可能带来损失，也可能蕴含着机遇。比如在数字经济领域的技术创新风险，虽然可能导致研发失败，但成功后往往能带来巨大的市场竞争优势。

3. 数字经济发展风险的概念阐释

数字经济发展风险是指在数字经济发展过程中，数字技术的复杂性、数字生态系统的开放性、数字经济活动主体行为的不确定性以及外部环境的动态变化等因素，导致数字经济发展目标难以实现，甚至引发经济、社会、安全等多方面负面效应的可能性。

数字经济发展风险具有与数字经济特征紧密相关的独特性。在数字经济中，数据作为关键生产要素，数据安全风险成为突出问题，一旦数据泄露或被篡改，可能导致企业商业机密泄露、个人隐私侵犯以及市场秩序混乱。数字技术的快速迭代更新，使技术创新风险加剧，企业若不能及时跟上技术发展步伐，就可能在市场竞争中迅速被淘汰。数字经济的跨界融合特性，模糊了传统产业边界，增加了监管难度，引发了合规风险。

（二）数字经济发展风险的内涵分析

根据数字经济发展风险发生的不同领域，对其内涵展开如下分析。

1. 技术风险

（1）技术创新风险

数字经济领域技术创新风险显著。在人工智能领域，算法研发是人工智能技术的核心，但算法创新面临诸多挑战。一方面，算法研发需要大量的资金、技术人才投入以及长时间的研究积累。大型科技公司每年在人工智能算法研发上的投入高达数亿美元。另一方面，算法创新成果具有高度不确定性，研发出的算法可能存在性能瓶颈、伦理争议等问题。在区块链技术创新方面，尽管区块链具有去中心化、不可篡改等优势，但其在实际应用中面临可扩展性难题。比特币区块链的交易处理速度远低于传统金融交易系统，以太坊也曾因网络拥堵导致交易费用飙升，这限制了区块链技术在大规模商业场景中的应用，使企业在区块链技术创新投入上的回报充满不确定性。

（2）技术依赖风险

许多国家和企业在数字经济发展中高度依赖外部技术。在芯片领域，我国部分高端芯片严重依赖进口。中国海关数据显示，2023年我国芯片进口额仍高达2.3万亿元。一旦外部技术供应因政治、贸易摩擦等原因中断，将对我国相关产业造成严重冲击。在操作系统方面，全球桌面操作系统市场主要被 Windows 和 macOS 占据，移动操作系统则以 Android 和 iOS 为主。我国众多软件企业基于这些国外操作系统开发应用，存在着技术受制于人、信息安全隐患等问题。当国外操作系统停止更新支持或存在安全漏洞时，我国企业的软件产品可能面临兼容性问题、安全风险增加等困境，严重影响数字经济产业链的安全稳定运行。

（3）技术替代风险

数字技术更新换代极为迅速，技术替代风险成为企业面临的重要挑战。在智能手机领域，曾经的巨头诺基亚由于未能及时跟上智能手机操作系统的变革，被采用安卓系统的竞争对手超越，市场份额大幅下滑。随着5G技术的普及，传统4G通信设备面临技术替代风险。通信设备制造商若不能及时研发生产适应5G网络建设需求的设备，就会失去市场竞争力。在数字存储领域，固态硬盘（SSD）凭借其高速读写、低功耗等优势，逐渐替代传统机械硬盘。传统硬盘制造商若不能及时转型，将面临被市场淘汰的风险。这种技术替代风险不仅影响企业的市场地位和营利能力，还可能导致相关产业的结构性调整。

2. 数据风险

（1）数据安全风险

数据安全风险贯穿数据的采集、存储、传输和使用全生命周期。在数据采集环节，部分企业存在过度采集用户数据的现象。据相关调查，超过70%的手机应用在安装时申请的权限超出实际功能所需。这些被过度采集的数据一旦泄露，将对用户隐私造成严重侵犯。在存储环节，数据存储系统面临黑客攻击、内部人员违规操作等风险。在数据传输过程中，网络传输的开放性使数据易被窃取或篡改，如通过网络嗅探技术可获取未加密传输的数据。在数据使用环节，数据滥用问题突出，一些企业利用用户数据进行精准营销时，可能侵犯用户的知情权和选择权，引发用户对数据安全的担忧。

（2）数据隐私风险

随着数字经济的发展，个人数据在商业活动中的价值日益凸显，数据隐私风险也随之加剧。消费者在网络购物、社交、在线支付等活动中，会留下大量个人信息。一些企业在未经用户充分授权的情况下，将用户数据共享给第三方，用于广告投放、市场调研等商业活动。例如，某些电商平台将用户的购物偏好、消费金额等数据出售给广告商，导致用户频繁收到精准但可能令其反感的广告推送。此外，数据隐私风险还涉及数据跨境流动问题。不同国家和地区的数据隐私保护法律法规存在差异，当数据跨境传输时，可能因目的国法律监管不足，导致数据主体的隐私权益无法得到有效保障。

（3）数据质量风险

低质量的数据会严重影响数字经济决策的准确性和有效性。数据质量风险主要表现为数据的准确性、完整性、一致性和时效性问题。在一些企业的数据库中，存在数据录入错误的情况，如客户年龄、地址等信息错误，这会导致企业在客户关系管理、市场分析等方面作出错误决策。数据完整性方面，部分数据可能因采集技术限制或系统故障而缺失关键字段，如电商平台的商品销售数据中缺少部分订单的价格信息，使企业无法准确分析销售业绩。数据一致性风险体现在不同数据源的数据可能存在冲突，如企业内部不同部门对同一客户的统计数据不一致，影响企业对客户的整体评估。在时效性方面，随着市场环境快速变化，过时的数据无法反映当前真实情况，如金融市场数据若不能及时更新，基于其作出的投资决策可能导致重大损失。

3. 网络安全风险

(1) 网络攻击风险

网络攻击手段不断演变升级,给数字经济带来巨大威胁。DDOS(分布式拒绝服务)攻击通过控制大量的僵尸网络向目标服务器发送海量请求,导致服务器瘫痪。恶意软件攻击也是常见的网络攻击形式,勒索软件通过加密用户数据,索要赎金。据安全机构报告,2023年全球因勒索软件攻击造成的经济损失超过200亿美元。黑客攻击企业网络,窃取敏感信息的事件也屡见不鲜。黑客入侵金融机构网络盗取客户账号和密码信息,导致客户资金被盗刷,严重损害了金融机构的信誉和客户利益。

(2) 网络漏洞风险

网络系统和软件不可避免地存在漏洞,这些漏洞被攻击者利用则会引发严重安全事件。操作系统漏洞是常见的网络漏洞类型,Windows系统曾多次出现高危漏洞,黑客利用这些漏洞可远程控制用户电脑。应用软件漏洞同样不容忽视,办公软件存在的漏洞可被攻击者利用植入恶意代码,获取用户文档信息。网络设备漏洞也可能导致网络安全问题,路由器、交换机等网络设备若存在漏洞,攻击者可篡改网络配置,实现网络窃听或阻断网络通信。及时发现和修复网络漏洞是防范网络安全风险的关键,但由于软件和网络设备的复杂性,新的漏洞不断被发现,给漏洞管理带来巨大挑战。

(3) 网络基础设施安全风险

网络基础设施是数字经济运行的基石,其安全至关重要。关键信息基础设施,如电力、通信、金融等领域的网络系统,一旦遭受攻击或出现故障,将对整个数字经济生态造成灾难性影响。通信网络基础设施面临光纤被破坏、基站故障等风险,可能导致通信中断。电力网络若受到攻击或发生大面积停电事故,将使数据中心、网络设备等无法正常运行。数据中心作为存储和处理海量数据的核心设施,面临火灾、水灾、硬件故障等物理安全风险,以及网络攻击、电力供应不稳定等网络和能源安全风险。保障网络基础设施的安全稳定运行,是数字经济持续健康发展的重要前提。

4. 市场风险

（1）市场竞争风险

数字经济市场竞争激烈，市场份额争夺异常残酷。头部电商平台凭借品牌优势、用户规模和强大的物流配送体系，占据了大部分市场份额。新进入的电商平台要想在市场中分得一杯羹，面临巨大挑战。在共享出行领域网约车平台之间的竞争曾引发价格战，大量补贴用户以争夺市场份额，部分平台因资金链断裂而倒闭。数字经济领域的市场竞争具有强者恒强的马太效应，领先企业通过不断创新和扩大规模，进一步巩固其市场地位，后发企业则需要付出巨大努力突破市场壁垒，市场竞争风险使众多企业在发展过程中面临生存困境。

（2）市场垄断风险

数字平台的快速发展容易形成市场垄断格局。大型数字平台企业凭借其庞大的用户基础、丰富的数据资源和强大的技术实力，在相关市场中占据主导地位。数字平台企业通过并购竞争对手、设置排他性条款等方式，限制市场竞争，阻碍创新。数字平台的垄断还可能导致消费者权益受损，如平台利用垄断地位提高服务价格、降低服务质量，限制消费者的选择。此外，市场垄断还会影响数字经济的创新活力，抑制中小企业的发展，不利于数字经济市场的健康有序发展。

（3）市场波动风险

数字经济市场受多种因素影响，波动较为频繁。技术创新的快速发展使数字产品和服务的生命周期大幅缩短，市场需求变化迅速。以智能手机市场为例，新机型的推出频率不断加快，消费者对手机性能、功能的需求也在不断变化，手机厂商若不能及时适应市场需求变化，产品就可能滞销。宏观经济环境的变化也会对数字经济市场产生影响，在经济下行时期，消费者的消费能力下降，对数字产品和服务的需求也会相应减少。此外，政策法规的调整、突发事件（如公共卫生事件、自然灾害等）也会引发数字经济市场的波动，如疫情期间线下消费受阻，线上数字经济业务虽有增长，但也面临供应链中断、物流受阻等问题，导致市场不稳定。

5. 法律与监管风险

(1) 法律法规不完善风险

数字经济的快速发展使现有的法律法规难以跟上其发展步伐，存在诸多不完善之处。在数据法律方面，数据权属界定模糊，数据作为一种新型生产要素，其所有权、使用权、收益权等权利归属缺乏明确法律规定。导致在数据交易、共享等活动中，容易引发法律纠纷。在数字平台责任法律方面，对于数字平台在提供服务过程中的责任认定不够清晰。平台上出现虚假信息、侵权行为时，平台应承担何种程度的责任，法律规定存在空白或不明确之处。在新兴数字经济业态如元宇宙、数字货币等领域，法律法规更是严重滞后，缺乏相应的监管规则，使这些领域的发展面临较大的法律不确定性，容易滋生违法犯罪行为。

(2) 监管不到位风险

数字经济的跨界融合、虚拟性和全球性等特点，给监管带来巨大挑战，导致监管不到位风险突出。数字经济涉及多个行业和领域，传统的分业监管模式难以适应数字经济的发展需求，存在监管空白和监管重叠问题。在互联网金融领域，金融科技公司开展的一些创新业务，如网络借贷、数字货币交易等，涉及金融、科技等多个监管部门的职责范围，由于部门间协调不畅，容易出现监管漏洞。数字经济的虚拟性使监管对象和监管行为难以有效识别和追踪，监管部门难以准确掌握企业的实际经营情况和风险状况。此外，数字经济的全球性特点使跨境监管面临诸多难题，不同国家和地区的监管标准和法律制度存在差异，跨境数字经济活动容易逃避监管，引发金融风险跨境传播等问题。

(3) 合规风险

企业在数字经济发展过程中，面临严格的合规要求，合规风险不容忽视。在数据保护合规方面，企业需要遵守众多的数据保护法律法规，如欧盟的《通用数据保护条例》（GDPR）对企业的数据收集、存储、使用和传输等环节提出了严格要求。我国也出台了《中华人民共和国数据安全法》《中华人民共和国个人信息保护法》等法律法规，企业若违反规定将面临巨额罚款等法律后果。在反垄断合规方面，企业需要避免出现垄断协议、滥用市场支配地位等违法行为。企业若被认定存在滥用市场支配地位进行"二选一"等排他性竞争行为，将受到严厉的反垄断处罚。在知识产权合规方面，数字经济领域的知识产权侵权问题较为突出，企业在使用他人知识产权时，若未获得合法授权，可能面临侵权诉讼，损害企业声誉和经济利益。

6. 社会与伦理风险

（1）数字鸿沟风险

数字鸿沟在不同地区、不同群体之间日益凸显。从地区层面来看，我国东部沿海地区数字经济发展较为成熟，互联网基础设施完善，数字技术应用广泛；而中西部地区在数字基础设施建设、数字产业发展等方面相对滞后，导致区域间数字经济发展差距较大。从群体层面来看，老年人、残疾人等特殊群体在数字技术应用方面面临诸多困难。老年人由于对新技术的接受能力较弱，在使用智能手机进行移动支付、在线就医等方面存在障碍，难以充分享受数字经济带来的便利。数字鸿沟的存在不仅影响社会公平，还制约了数字经济的全面普及和可持续发展，使部分地区和群体在数字经济时代逐渐被边缘化。

（2）算法伦理风险

算法在数字经济中广泛应用，但其背后存在诸多伦理问题。算法偏见是常见的算法伦理风险之一，算法可能因数据偏差或设计缺陷，对特定群体产生歧视性结果。一些招聘算法可能因历史数据中存在的性别、种族等偏见，导致对某些群体的就业机会不公平。算法黑箱问题也引发关注，复杂的算法模型的决策过程不易理解和解释，导致在算法决策出现问题时难以确定责任主体。此外，算法操纵风险也不容忽视，一些企业可能利用算法操纵信息推荐，影响用户的决策和行为，如通过算法推送虚假信息、诱导消费等，损害用户利益和社会公共利益。

（3）劳动就业风险

数字经济的发展对劳动就业结构产生深刻影响，带来劳动就业风险。一方面，数字技术的应用使传统岗位被替代，自动化生产线的普及导致大量工厂工人岗位减少，人工智能客服的应用使部分人工客服岗位被取代。另一方面，数字经济创造的新就业岗位对劳动者的技能要求发生了显著变化，需要劳动者具备数字技术、数据分析等新型技能。然而，目前劳动力市场的技能结构调整相对滞后，大量劳动者难以适应新岗位的技能需求，导致结构性失业问题加剧。此外，数字经济中的一些新兴就业形式，如平台经济下的灵活就业，存在劳动权益保障不足的问题，如外卖骑手、网约车司机等灵活就业人员在工作时间、劳动报酬、社会保障等方面缺乏有效保障，影响劳动者的就业稳定性和生活质量。

二、数字经济发展风险的特征

数字经济在现代经济体系中占据着举足轻重的地位，是推动经济增长和产业结构升级的关键力量。从经济增长角度看，数字经济以数据为关键生产要素，凭借互联网、大数据、云计算、人工智能等技术的深度融合与应用，极大地提高了生产效率，创造出新的经济增长点。在产业结构升级方面，数字经济通过新理念、新业态、新模式的全方位融入，推动传统产业数字化转型，促进新兴产业发展。它打破了传统产业的边界，使不同产业之间实现跨界融合，催生出平台经济、共享经济等新业态，推动产业结构向高技术化、高集约化方向演进，加速了产业体系的现代化进程，为经济高质量发展注入强劲动力。相应地，数字经济带来的风险也具有与以往不同的特点。

（一）新经济形态带来的新特征

1. 风险形成基础：技术依赖性与数据核心性

传统经济风险的形成往往围绕实体要素展开，具有明显的物质属性。在工业经济时代，钢铁企业面临铁矿石价格波动风险，其根源在于实体资源的稀缺性与市场供需关系。以 2016—2018 年为例，受全球铁矿石供应格局变化影响，澳大利亚和巴西两大铁矿石出口国产量波动，导致国际市场铁矿石价格从 45 美元/吨飙升至 120 美元/吨，国内钢铁企业生产成本大幅增加，众多中小型钢铁企业因无法承受成本压力而陷入经营困境。风险与实体的生产资料紧密相连是传统经济模式下常见的风险类型。

数字经济风险的形成则深度依赖信息技术与数据。云计算作为数字经济的重要基础设施，其服务稳定性直接影响众多企业的运营。2022 年亚马逊网络服务（AWS）发生区域性故障，导致依赖其服务的 Netflix、Twitch 等大量在线服务中断，全球数百万用户无法正常观看视频、进行游戏直播。据估算，此次故障造成的直接经济损失超过 1 亿美元，还严重损害了企业的用户口碑。这一事件充分暴露了数字经济对技术基础设施的高度依赖，技术的微小故障都可能引发大规模的连锁反应。

数据要素在数字经济中的核心地位，也使数据相关风险成为数字经济特有的挑战。根据 IBM 的研究报告，2023 年全球数据泄露的平均成本达到 445 万美元，较 2020 年增长了 12.7%。精准医疗行业依赖患者的基因数据、健康记录等敏感信息进行疾病诊断和治疗方案制定。然而，一旦这些数据发生泄露，不仅会侵犯患者的隐私权，还可能导致个人基因信息被非法利用，引发严重的伦理和社会问题。

2. 表现形式：虚拟性与复杂性

传统经济风险的表现形式直观且具象，能够通过实体的经济指标和现象进行量化分析。在零售行业，库存积压风险可以通过库存周转率、存货占比等指标清晰反映。例如因对市场流行趋势判断失误，库存周转率从正常的每年 4 次下降至 1.5 次，企业不得不通过大规模打折促销来清理库存，严重影响了企业的利润水平。这种风险通过实体商品的积压和财务数据的变化直接体现出来，易于被企业和市场观察到。

数字经济风险则更多地隐藏在虚拟的数字世界中，具有极强的隐蔽性。深度伪造（Deepfake）技术的出现，使虚假信息传播风险更加难以防范。不法分子利用深度伪造技术制作虚假的政治人物演讲视频、明星代言广告等，这些虚假内容在社交媒体上快速传播误导公众认知。这种虚拟风险借助技术手段，以难以辨别的形式传播，对社会稳定和经济秩序造成了严重威胁。

数字经济的复杂性还体现在其业务模式的多样性和跨界融合性上。元宇宙概念下的虚拟房地产市场，融合了区块链、虚拟现实、人工智能等多种技术，涉及数字资产交易、虚拟社交、虚拟商业等多个领域。在这个新兴市场中，投资者面临智能合约漏洞风险、虚拟资产价格操纵风险、虚拟房地产产权纠纷风险等多种风险。这种多种风险交织的情况，在传统经济领域较为少见，凸显了数字经济风险的复杂性。

3. 传播扩散：快速性与全球性

数字经济风险借助互联网和数字通信技术，能够实现瞬间的全球传播。2021年的 Colonial Pipeline 勒索软件攻击事件，黑客攻击导致美国最大的燃油输送管道被迫关闭，这一消息通过网络迅速传播，引发了美国东海岸地区的燃油抢购潮。在短短 24 小时内，加油站排队加油的车辆排起长龙，部分地区燃油价格上涨超过 20%。此次事件不仅影响了美国国内的能源供应和经济秩序，还引发了全球能源市场的波动，国际原油价格出现大幅震荡。

社交媒体的普及进一步加速了数字经济风险的传播。一条关于企业的负面消息，可能通过微博、推特等社交媒体平台在几分钟内触达数百万用户。这种快速的传播速度和全球性的影响范围，使数字经济风险的防控难度远高于传统经济风险。

4. 应对处理：技术专业性与监管复杂性

传统经济风险的应对主要依赖宏观经济政策和企业自身的经营管理策略。在 2008 年国际金融危机期间，各国政府通过实施量化宽松货币政策、增加政府投资等财政政策，刺激经济复苏。企业则通过优化供应链管理、降低生产成本等方式应对市场需求下降的风险。例如，汽车制造企业通过减少生产线、裁员等措施降低运营成本，度过经济寒冬。这种应对方式更多地基于经济理论和管理经验，对技术专业性的要求相对较低。

数字经济风险的应对需要高度专业化的技术手段。在网络安全领域，人工智能技术被广泛应用于网络攻击检测和防御。谷歌的网络安全团队利用机器学习算法，能够实时分析海量的网络流量数据，识别异常的网络行为，提前防范网络攻击。该技术将网络攻击的检测准确率提高了 30%，有效保障了谷歌服务的安全性。在数据安全方面，同态加密技术允许数据在加密状态下进行计算，无须解密，从而确保数据在使用过程中的安全性。某金融机构采用同态加密技术处理用户的交易数据，在不泄露用户隐私的前提下，实现了数据的共享和分析，提升了业务效率。

数字经济的监管复杂性体现在多个方面。不同国家和地区在数字经济监管政策上存在巨大差异，给跨国企业的合规管理带来挑战。《中华人民共和国数据安全法》《中华人民共和国个人信息保护法》对数据出境管理提出了严格要求,而美国的数据跨境流动监管政策则相对宽松。这种政策差异使跨国科技企业在开展业务时,需要建立不同的合规体系以满足不同国家的监管要求。此外,数字经济的创新速度远超监管政策的制定速度,新型业务模式和技术不断涌现,监管机构往往难以快速跟上创新的步伐。以加密货币市场为例,比特币等加密货币的出现,给传统的金融监管带来了巨大挑战,各国监管机构至今仍在探索如何对其进行有效监管。

(二)数字经济发展过程中主要风险类型及其特征

1. 技术风险的特征

数字经济时代,技术风险呈现出诸多独特特征。技术更新换代极快,如人工智能算法不断迭代,若企业不能及时跟上,就可能被市场淘汰。技术兼容性问题也较为突出,不同平台、系统间的技术壁垒,导致数据难以互联互通,影响资源高效配置。技术垄断现象更是加剧了风险,头部企业凭借技术优势形成垄断,挤压中小企业生存空间,破坏市场公平竞争。技术垄断还可能导致技术进步受阻,影响整个数字经济生态的健康发展,且一旦垄断企业出现技术故障或安全问题,将对整个行业造成巨大冲击。

2. 市场风险的新特点

在数字经济中,市场风险表现出新的特点。供需关系更为复杂多变,线上交易的即时性和广泛性,使需求波动更加频繁和难以预测,企业难以精准把握市场动态,容易出现产能过剩或供应不足的情况。价格波动也更为剧烈,数字平台上的信息透明化虽有助于价格发现,但也可能引发恶意炒作、价格战等行为,导致市场价格异常波动。市场垄断问题愈发严重,互联网巨头凭借数据优势和网络效应,快速扩张市场,形成垄断地位,抬高市场进入门槛,限制竞争,导致资源配置效率降低,损害消费者利益,还可能抑制创新,影响整个数字经济的活力与可持续发展。

3. 安全风险的突出表现

数据泄露是数字经济安全风险的突出表现之一,企业或个人存储的大量敏感数据,一旦被非法获取,可能造成严重的经济损失和隐私泄露。网络攻击手段也日益多样,勒索病毒、DDOS 攻击等频繁发生,对网络系统的稳定运行构成巨大威胁,甚至可能导致关键基础设施瘫痪。隐私保护问题尤为严峻,大数据技术能够精准分析个人行为和偏好,若缺乏有效监管,企业过度收集、使用个人信息,将严重侵犯个人隐私权。数据跨境流动也带来新的安全挑战,不同国家和地区的数据安全法规不同,容易出现监管空白,增加数据泄露和滥用的风险,对国家数据主权和安全构成威胁。

4. 监管风险的挑战

数字经济快速发展,给监管带来了诸多挑战。监管滞后问题较为突出,新兴的商业模式和技术应用层出不穷,而现有法律法规和监管体系难以迅速跟上,导致一些领域存在监管空白或灰色地带。跨境监管也面临巨大困难,数字经济的全球化使数据跨境流动频繁,但不同国家的监管标准、政策法规差异较大,容易出现监管冲突或监管套利行为。法律不完善也是重要问题,针对数字经济的专门法律法规还不够健全,在数据权属、隐私保护、平台责任等方面缺乏明确细致的规定,使在处理相关纠纷时缺乏法律依据,增加了监管的难度和不确定性。

5. 社会风险的特征

数字鸿沟是社会风险的显著特征,数字技术的普及程度在不同地区、不同群体间存在差异,导致一些人无法享受到数字经济发展带来的便利,加剧了社会不平等。就业结构变化也带来了风险,自动化和人工智能技术的应用,使一些传统岗位被取代,而新兴岗位又对技能要求较高,导致部分劳动者面临失业或就业困难。伦理问题同样不容忽视,如人工智能决策的透明度问题、数据滥用引发的道德争议等,这些问题若得不到妥善解决,将影响社会的和谐稳定,甚至引发公众对数字技术的信任危机,阻碍数字经济的进一步发展。

(三) 数字经济发展风险的隐蔽性特征

1. 数据复杂性导致风险难以识别

在数字经济时代,数据量呈爆炸式增长,其来源广泛、类型多样,结构化与非结构化数据交织,数据的复杂程度大幅提升。这种复杂性使数据中隐藏的风险难以被及时发现和识别。一方面,海量数据中蕴含着大量噪声和无效信息,增加了从数据中提取有价值信息和识别风险信号的难度。另一方面,数据的关联性和动态性使风险因素之间相互影响、相互作用,形成复杂的风险网络。传统的数据分析方法和风险识别模型难以应对这种复杂性,无法准确判断风险来源和影响程度,导致企业在面对潜在风险时处于被动地位,难以采取有效的防范措施,增加了数字经济发展的不确定性。

2. 网络匿名性对风险发现的影响

网络匿名性为用户提供了隐匿身份进行活动的可能性,这在一定程度上阻碍了对数字经济发展风险的有效发现和处理。一方面,网络匿名性使一些不法行为更加容易滋生,如网络诈骗、恶意攻击等,行为主体借助匿名身份逃避责任和监管,增加了风险发现的难度。另一方面,匿名性导致信息真实性和可信度难以保证。网络空间中充斥着大量虚假信息和谣言,这些信息混淆视听,干扰了对真实风险信号的判断。监管机构和企业难以通过常规手段获取准确的信息来识别和评估风险,使风险在不知不觉中积累和扩散,一旦爆发,可能造成更大的损失和影响。

3. 技术黑箱增加风险的不确定性

技术黑箱现象在数字经济发展中普遍存在,许多先进技术的内部运行机制和原理复杂难懂,对普通用户和相关企业而言如同黑箱。技术黑箱增加了风险的不确定性和不可控性。一方面,用户和企业难以了解技术内部的潜在缺陷和风险点,一旦技术出现故障或安全问题,可能无法及时有效地应对,造成严重的损失。另一方面,技术黑箱可能导致技术滥用和误用,由于不了解技术的真正功能和适用范围,用户可能会在不知情的情况下作出错误决策,引发风险。而且,技术黑箱还可能加剧技术垄断,头部企业利用技术黑箱形成技术壁垒,妨碍市场竞争,增加市场风险,对整个数字经济的健康发展构成威胁。

(四)小结

数字经济发展风险具有来源独特、全球化传播速度快、高速度演变复杂、隐蔽性强等特点。其风险来源多与技术、数据相关，全球化使风险扩散更广，高速度让风险演变更迅疾，数据复杂性、网络匿名性与技术黑箱导致风险难以识别。这些特征不仅影响经济增长，还威胁社会公平与稳定，是数字经济发展中不可忽视的重要问题。未来对数字经济发展风险的研究，需进一步聚焦于跨学科交叉分析，深入探究技术进步与风险演变的动态关系，加强对新兴领域如人工智能伦理、数据跨境流动风险等的研究，构建更精准的风险预警与评估模型，为数字经济的健康发展提供更科学、全面的理论支撑与实践指导。

三、数字经济安全与数字经济发展风险

（一）数字经济面临的主要安全挑战

1. 数字经济中的常见网络攻击类型

数字经济中，常见的网络攻击类型多样。勒索软件攻击猖獗，黑客加密企业网络索要赎金；DDOS 攻击也不断出现，通过大量请求使目标网络瘫痪；还有网络钓鱼，利用伪装邮件或网站诱骗用户泄露个人信息；以及 SQL 注入攻击，攻击者通过注入恶意代码获取数据库信息。这些攻击给数字经济带来巨大威胁。

2. 数据泄露事件的影响

数据泄露事件对数字经济和企业影响深远。从经济层面看，企业需承担巨额损失；从信誉角度看，客户信任受损，可能导致大批客户流失，像雅虎邮箱泄密后用户大量弃用；还会使企业竞争优势流失，敏感信息被对手获取，企业可能失去创新和业务机会；法律问题也不容忽视，企业可能面临诉讼和罚款风险，进而影响数字经济的健康发展。

3. 数字基础设施的安全隐患

数字基础设施存在诸多安全隐患。网络攻击服务可随时租用，攻击者利用微服务和现成工具发动攻击；漏洞管理困难，Apache Log4j2 组件漏洞等事件频发；供应链风险凸显，供应链中任一环节出问题都可能影响整体安全；勒索攻击与 DDOS 攻击愈演愈烈，威胁着基础设施的稳定运行。这些问题不仅影响企业正常

运营，还可能对国家网络安全、网络空间主权和国家安全造成重大危害。

（二）数字经济安全挑战对经济和社会发展的影响

1. 安全事件对企业和消费者信心的冲击

在数字经济时代，安全事件对企业与消费者信心的影响不容小觑。企业一旦遭遇安全事件，如数据泄露或网络攻击，其品牌形象会在瞬间受损，公众对其信任度急剧下降。消费者对企业的信心也会受到重创，他们担心个人信息被泄露或滥用，从而选择放弃使用该企业的产品或服务，转而投向其他更安全的替代品。这种信心的丧失不仅会影响企业的短期业绩，还可能对企业的长期发展造成难以估量的负面影响，使企业在激烈的市场竞争中处于不利地位。

2. 安全挑战导致的经济和生产力损失

数字经济安全挑战给经济和生产力带来巨大损失。安全事件频发导致企业需要投入大量资金用于修复系统、恢复数据以及应对法律问题等，增加了运营成本。从生产力角度看，企业因网络安全问题导致系统瘫痪或数据丢失，会影响生产进度和工作效率，员工无法正常开展工作，生产力大幅下降。对于整个经济而言，频繁的安全事件会阻碍数字技术的创新和应用，影响相关产业的发展，进而拖累经济增长，对国家经济造成长期负面影响。

3. 数字经济安全对国家安全和国际关系的影响

数字经济安全关乎国家安全与国际关系。数据作为关键资源，其安全性直接关系到国家的政治、经济和军事安全。一旦数据泄露或被恶意利用，可能给国家带来重大损失。在国际层面，数字经济安全成为各国博弈的新焦点，各国在数据跨境流动、网络技术标准等方面存在利益冲突，安全问题可能引发贸易摩擦和国际争端，影响国际关系的稳定与合作。

（三）数字经济发展过程中存在的风险因素

1. 技术快速迭代带来的风险

在数字经济时代，技术快速迭代是一把双刃剑。一方面，它推动了数字经济的迅猛发展，另一方面，也带来了诸多风险。技术的不断更新使企业需要持续投入大量资金进行研发和升级，以保持竞争力，否则就可能被市场淘汰。新技术的不成熟和不确定性，可能导致系统不稳定、数据安全问题频发，增加企业的运营风险。同时，快速迭代的技术还可能加剧数字鸿沟，使不同地区、不同群体之间的差距进一步扩大，影响数字经济的均衡发展。

(1) 人工智能算法的偏见和歧视

在数字经济中，人工智能算法的偏见和歧视问题较为突出。算法训练数据的偏差，导致在应用时可能出现不公平的结果。比如人脸识别技术，在识别不同性别、肤色的人时准确率存在差异，这会对数字经济中的相关业务，如金融信贷、就业招聘等产生影响，使部分群体遭受不公正待遇，限制其在数字经济发展中的机会，还可能加剧社会的不平等，不利于数字经济的公平健康发展。

(2) 物联网设备的漏洞威胁

物联网设备在数字经济中广泛应用，但其漏洞威胁不容忽视。这些设备往往存在弱密码、缺乏安全更新等问题，容易被黑客攻击利用。攻击者可通过漏洞窃取个人隐私数据，甚至控制关键基础设施，如智能交通系统、工业控制系统等，导致业务中断、数据泄露等严重后果，不仅给企业和消费者带来经济损失，还可能对国家安全和社会稳定造成威胁，阻碍数字经济的稳定发展。

(3) 区块链技术的风险

区块链技术在数字经济中具有重要应用潜力，但也面临诸多风险。一方面，区块链技术存在声誉挑战，与加密货币等负面事件关联，影响其应用推广；另一方面，技术上存在不成熟、缺乏可扩展性、互操作性差等问题，且与现有系统集成困难，复杂性高，专业人才匮乏。从企业组织角度看，缺乏良好治理和意识不足也是阻碍其发展的因素。这些风险使区块链技术在数字经济中的应用受到限制，难以充分发挥其优势。

2. 监管滞后对数字经济的风险

监管滞后是数字经济发展中的一大隐患。数字经济的快速发展使新的商业模式和业态不断涌现，而现有的监管体系往往难以跟上其步伐。监管滞后会导致市场秩序混乱，数据垄断、不公平竞争等问题时有发生，损害消费者和其他市场主体的合法权益。缺乏有效的监管还会使数据安全和隐私保护难以得到保障，增加数据泄露和滥用的风险，影响数字经济的健康可持续发展。

（1）监管滞后导致风险增加

数字经济的迅猛发展，使新的商业模式和技术应用层出不穷，而监管体系往往难以跟上这一节奏。当监管滞后于数字经济发展时，市场秩序就容易陷入混乱。数据垄断、不公平竞争等现象频发，损害消费者和其他市场主体的利益。数据安全和隐私保护也难以得到有效保障，数据泄露和滥用的风险大幅增加。缺乏及时、有效的监管，还会让一些不法分子有可乘之机，进行网络诈骗、非法集资等违法犯罪活动，给数字经济带来诸多不稳定因素，阻碍其健康可持续发展。

（2）过度监管对创新的阻碍

过度监管会像一道无形的枷锁，束缚数字经济创新的脚步。严格的准入门槛、烦琐的审批流程，会增加企业的合规成本，使初创企业和小型企业在创新之路上步履维艰。高标准的监管要求，可能让企业不敢轻易尝试新的技术和商业模式，担心触犯监管红线，从而错过市场机遇。过度监管还会抑制市场的自由竞争，降低资源配置效率，使整个数字经济领域缺乏活力，创新动力不足，难以涌现出更多具有颠覆性的新技术和新应用。

（3）国际监管差异的影响

在国际层面，各国对数字经济的监管存在较大差异，这种差异给数字经济全球化带来了诸多挑战。不同国家和地区在数据跨境流动、网络平台管理等方面的政策规定各不相同，导致企业在进行跨国业务时，需要面临复杂的合规要求，增加了运营成本和风险。监管差异还可能引发贸易摩擦，一些国家可能以监管为名，行贸易保护之实，限制其他国家数字企业的进入，阻碍数字资源的自由流动，影响全球数字经济的协同发展，不利于构建统一、开放、竞争有序的数字经济市场。

3. 数字鸿沟对数字经济发展的影响

数字鸿沟是阻碍数字经济发展的重要因素。从企业层面看，不同行业、不同规模的企业之间数字化程度差异巨大，导致资源分配不均，限制了整体数字经济的协同发展。从地区层面看，城市与农村、东中西部地区之间数字基础设施和应用能力差距明显，使数字经济难以在各地区均衡推进，加剧了区域发展不平衡，不利于数字经济的全面布局和整体效益的提升。

（四）数字经济安全与数字经济发展风险的关系

1. 安全挑战引发经济风险

数字经济中的安全挑战，如网络攻击、数据泄露等，会直接引发经济风险。安全事件频发导致企业投入巨额资金应对，增加了运营成本，影响企业营利能力。客户信任受损使业务量下滑，市场份额被竞争对手抢占。企业竞争优势流失，敏感信息泄露让创新成果难以保持。长期来看，安全问题会阻碍数字技术的创新应用，影响相关产业发展，使数字经济增长动力不足，对国家经济造成负面影响。

2. 风险管理对保障安全的重要性

风险管理在保障数字经济安全中起关键作用。通过建立健全预警研判平台，企业能提前洞察潜在风险，及时采取防范措施。构建协同防控体系可整合多方力量，提升整体应对能力。加快国产自主可控替代计划能减少对外技术依赖，增强安全保障。完善公众参与的公共治理机制可调动社会力量，共同维护数字经济安全，加快人才队伍建设则为安全提供智力支持，强化国际合作和法治保障能营造良好发展环境。

3. 安全与风险共同影响发展

安全与风险是数字经济发展中不可分割的两面。安全是发展的基石，缺乏安全保障，数字经济难以持续健康发展。风险则是发展道路上的障碍，如技术风险、监管风险等，会阻碍数字技术的创新应用，影响产业升级。安全与风险相互交织，共同塑造着数字经济的发展轨迹。只有妥善处理安全与风险的关系，才能充分发挥数字经济的潜力，推动其高质量发展，为经济社会发展注入新动力，实现数字技术与实体经济的深度融合。

（五）应对数字经济安全挑战和风险

1. 有效的策略安排

（1）加强数字基础设施安全防护

加强数字基础设施安全防护，需从多方面入手。要建立完善的组织领导体系，落实网络安全责任制，明确首席网络安全官与专门安全管理机构。强化网络安全管理和评价考核制度，加强统筹规划与贯彻。加强关键信息基础设施保护，防范高级化、复杂化网络攻击。利用多维应对策略，构建牢固的安全保护体系，提升整体防护能力，确保数字基础设施的稳定运行，为数字经济安全发展奠定坚实基础。

（2）数据加密和隐私保护技术

数据加密和隐私保护技术至关重要。对称加密算法如 AES、DES，使用同一密钥加密和解密，速度快、效率高。非对称加密算法有 RSA、ECC 等，公钥加密、私钥解密，安全性强。哈希函数可确保数据完整性，消息摘要无法还原原始数据。还有差分隐私技术，通过添加噪声保护数据隐私。这些技术相互配合，能有效保护数据安全，防止数据泄露与滥用，为数字经济中的数据提供坚实保障。

（3）提升公众的数字安全意识

提升公众数字安全意识意义重大，可通过多种途径实现。加大网络安全知识宣传普及力度，通过媒体、社区教育等渠道，让公众了解网络安全威胁与防范方法。开展网络安全技能培训和实践活动，提升公众实际操作能力。制定网络安全行为规范，引导公众规范网络行为，如设置强密码、不随意点击可疑链接等。加强数据安全教育，提高公众对个人信息保护的重视程度，增强自我保护意识，共同营造安全的数字环境。

2. 法律法规在数字经济安全中的作用

（1）现有法律法规的保护作用

我国现有法律法规在保护数字经济安全方面发挥了重要作用。《中华人民共和国数据安全法》作为数据领域基础性法律，筑牢了国家安全基石，确立了数据分类分级管理等基本制度，为数字经济发展保驾护航。《"十四五"数字经济发展规划》也明确强化数字经济安全体系构建,增强网络安全防护能力,提升数据安全保障水平,防范各类风险。还有《中华人民共和国网络安全法》等法律法规,共同构建起保障数字经济安全的法律框架,规范数字经济发展,维护网络空间主权和国家安全。

(2) 立法滞后的影响

立法滞后会给数字经济安全带来诸多不利影响。数字经济发展迅速,新的商业模式和技术不断涌现,而法律法规更新缓慢,难以适应新形势。这会导致数据滥用、隐私泄露等违法行为难以得到有效遏制,市场秩序混乱,损害消费者和其他市场主体的利益,也使企业在面对安全问题时无章可循,增加经营风险,阻碍数字经济的健康可持续发展。

(3) 完善数字经济相关法律法规

为完善数字经济相关法律法规,应加快立法步伐,针对数字经济发展中的新问题,如数据产权界定、新业态监管等,及时出台新的法律法规。加强对现有法律法规的修订和完善,使其更具针对性和可操作性。还要加强国际合作,借鉴国外先进经验,构建更加完善的数字经济法律体系,为数字经济安全发展提供有力保障。

(六) 小结

数字经济将朝着智能化、融合化、协同化、生态化等方向加速发展。数字技术与实体经济深度融合,催生新产业、新业态、新模式。数字基础设施不断完善,数据要素潜能充分释放,赋能千行百业。数字社会与数字政府建设加快推进,数字经济将成为推动经济社会高质量发展的重要引擎,引领全球经济格局重塑。

在数字经济浪潮中,确保安全是实现可持续发展的基石。数字经济的繁荣离不开安全的网络环境、数据保障和隐私保护。只有筑牢安全防线,防止网络攻击、数据泄露等风险,才能保障企业和消费者的合法权益,维护市场秩序,激发创新活力,让数字经济在安全轨道上稳步前行,实现长期健康发展,为经济社会发展持续注入动力,推动数字技术与实体经济深度融合,助力构建新发展格局。

第二节　数字经济发展风险的表现形式

一、数字经济发展风险的表现形式概述

数字经济作为全球经济增长的新引擎，在推动社会变革的同时也孕育着复杂的风险体系，本节从其存在领域及发生机制两个角度对其进行分类。从发生领域来看，这些风险既源于技术本身的缺陷，也涉及数据治理、法律监管、社会伦理及经济结构等多层面的矛盾。从生成机制来看，可以将其分为原生风险和次生风险。我们先从数字经济发展风险发生的七个领域来认识其风险表现形式。

（一）技术风险：基础架构与创新的双重困境

1. 技术实施与迭代的系统性风险

数字经济的底层技术（如云计算、物联网、区块链）高度依赖复杂的信息系统，其实施过程存在显著挑战。企业数字化转型过程中，新旧系统兼容性冲突、技术架构稳定性不足等问题频发，导致系统宕机、数据丢失等事故。例如，2021年某大型电商平台因数据库迁移失误引发交易系统瘫痪，造成数亿元经济损失。此外，技术迭代速度远超传统产业，企业若未能及时跟进（如5G、AI技术升级），将面临技术落后导致的竞争力丧失风险。

2. 网络安全威胁与攻击的常态化危机

数字化依赖网络互联，随之而来的安全漏洞成为"致命弱点"。勒索软件攻击（如WannaCry）、分布式拒绝服务攻击（DDOS）、供应链攻击等新型威胁不断涌现。2022年全球网络安全事件中，超过60%的企业遭受过高级持续性威胁（APT），其中金融、医疗、能源等关键领域成为攻击重灾区。更值得警惕的是，物联网设备的安全漏洞可能被黑客利用，形成"僵尸网络"攻击基础设施，威胁国家安全与社会稳定。

（二）数据安全与隐私风险：数字时代的"达摩克利斯之剑"

1. 数据泄露的"蝴蝶效应"

大数据集中存储与流动的特性，使其成为攻击者的"金矿"。数据泄露事件呈现规模化、高频次特征：2023 年全球平均数据泄露成本已达 450 万美元，且内部威胁（如员工误操作、恶意窃取）占比超 50%。泄露数据经黑市交易后，可能被用于电信诈骗、身份盗窃等犯罪活动，形成"数据—犯罪"产业链。典型案例如某社交媒体平台超 5 亿用户数据泄露，导致全球用户隐私权受侵，企业股价暴跌 30%。

2. 隐私侵犯与算法"黑箱"的伦理困境

过度采集、未经授权的数据分析（如精准营销、用户画像）引发隐私焦虑。算法决策的"黑箱"特性更带来隐性风险：AI 信贷评估可能因历史数据偏见对弱势群体歧视，人脸识别技术滥用导致"全景监狱"担忧。2021 年欧盟对某科技巨头开出 7.46 亿欧元罚款，正是因其违反 GDPR 中"用户知情同意"条款，凸显隐私保护与商业利益的尖锐矛盾。

3. 数据治理的跨国博弈

数据权属界定模糊（如个人数据、企业数据、公共数据的边界）、跨境流动合规性要求差异，加剧治理难度。例如，欧盟 GDPR 对跨境数据传输的严格限制，迫使跨国企业重构数据架构，增加运营成本。同时，数据本地化政策可能削弱全球数据要素流动效率，阻碍数字经济国际化进程。

（三）法律合规与伦理风险：制度滞后与道德冲突

1. 法律体系的"追赶困境"

数字技术发展速度远超立法进程，新兴领域（如元宇宙、NFT、AI 生成内容）存在监管空白。例如，AI 绘画作品的版权归属争议、虚拟货币的法律地位等问题尚未明确，企业创新常陷入"灰色地带"。更严峻的是，各国立法差异（如美国侧重技术中立，欧盟强调严格监管）导致跨国企业面临"合规迷宫"，合规成本占营收比例高达5%~10%。

2. 税务与反垄断的合规压力

数字经济模糊了传统税收边界,跨境电商、数字服务贸易的逃税漏税问题屡见不鲜。2022年某直播平台头部主播因偷逃税款被罚13亿元,折射出平台经济税务监管的严峻性。此外,反垄断成为全球焦点:谷歌、亚马逊因滥用市场支配地位被处以数十亿欧元罚款,中国对互联网巨头"二选一"行为的整治,凸显数字市场公平竞争的迫切性。

3. 伦理边界与"技术向善"的悖论

技术滥用引发伦理争议:自动驾驶"电车难题"、基因编辑技术伦理红线、社交媒体算法操纵舆论等现象,挑战人类价值观。更需警惕的是,算法推荐机制可能形成"信息茧房",加剧社会撕裂;脑机接口、量子计算等前沿技术更可能颠覆人类主体性,带来"技术异化"风险。

(四) 社会与经济模式风险:结构变革中的矛盾激化

1. 就业结构与分配失衡的"数字鸿沟"

自动化、智能化替代人力导致结构性失业,制造业、服务业中低技能岗位加速消亡。同时,平台经济"零工模式"削弱劳动者权益保障,形成"不稳定就业"群体。更深远的是,数据要素垄断加剧财富分配不均,头部科技企业市值膨胀与中小微企业生存困境形成鲜明对比,社会贫富差距扩大风险加剧。

2. 市场竞争失序与"创新扼杀"效应

数字巨头利用数据、资本优势构筑"护城河",通过并购扼杀初创企业,形成"赢者通吃"格局。例如,某搜索引擎公司通过算法优先展示自家产品,挤压第三方竞争空间。这种市场垄断不仅抑制创新,更导致消费者选择权丧失,形成数字经济时代的"新马太效应"。

3. 社会信任危机与舆情风险传导

数据安全事件、算法偏见、伦理争议频发,削弱公众对数字经济的信任。2020年某外卖平台"算法困住骑手"事件引发舆情,导致企业形象崩塌。在社交媒体高度发达的今天，负面舆情可通过网络迅速扩散，形成"信任-品牌-市值"的连锁危机。

（五）组织与人才风险：转型阵痛与能力短板

1. 数字化转型的内部阻力

传统企业数字化转型常面临"组织惰性"：管理层缺乏数字化思维，员工抵触流程变革，部门间数据壁垒难以打破。例如，某制造企业数字化转型因部门利益冲突导致项目停滞，最终错失市场机遇。更深层次的是，企业文化与敏捷型数字化组织的矛盾，成为转型失败的深层原因。

2. 技术依赖与供应链脆弱性

企业过度依赖外部技术服务商（如云服务、AI平台），导致核心技术空心化。一旦供应链中断（如2022年全球芯片短缺），企业将陷入运营瘫痪。此外，第三方服务商的道德风险（如数据窃取、服务中断）同样构成威胁，企业需平衡效率与安全的关系。

（六）资金与投资风险：高投入与回报的不确定性

1. 技术研发的"烧钱游戏"

数字经济核心领域（如AI、芯片）需持续高投入，但技术突破存在高度不确定性。例如，某自动驾驶企业年研发投入超10亿美元，却因技术瓶颈长期亏损。风险投资（VC/PE）在推动创新的同时，也加剧了行业泡沫，部分"伪创新"项目可能引发资本市场的系统性风险。

2. 政策变动与地缘政治风险

数字经济受政策影响显著：数据跨境限制、反垄断执法、税收政策调整等均可直接影响企业营利模式。例如，印度对电商平台的本地化政策迫使亚马逊、阿里巴巴调整业务架构。地缘政治冲突更可能导致技术断供、市场分割，威胁全球产业链安全。

（七）系统性风险叠加：危机传导与复合效应

数字经济风险并非孤立存在，技术漏洞可能引发数据泄露，进而触发合规处罚、品牌危机及市场份额下滑，形成"多米诺骨牌"效应。这种风险传导机制要求企业构建全链条的风险管理体系，从技术、数据、法律、舆情等多维度进行防控。

（八）结语

数字经济的风险管理是一场"动态博弈"：技术进步带来便利的同时，也孕育着新的风险形态；法律监管在平衡创新与秩序中不断演进；社会伦理需在效率与公平间寻找平衡点。唯有通过技术创新赋能风险防控、完善法律法规体系、强化企业责任意识、提升公众数字素养，方能在风险中把握机遇，推动数字经济行稳致远。

二、数字经济的原生风险

数字经济已成为应对经济下行压力的稳定器，新业态新模式蓬勃发展，为稳定经济增长作出重要贡献。然而，数字经济在快速发展的同时也伴随着诸多原生风险。研究其原生风险，对于保障数字经济健康、可持续发展具有重要意义。只有充分认识和把握这些风险，才能采取有效措施进行防范，确保数字经济在推动经济增长、促进社会进步等方面发挥积极作用。

（一）数字经济原生风险的概念

1. 原生风险的定义

原生风险是指事物本身特性或内在机制所固有的风险。任何事物在其存在和发展过程中，都会因自身属性或内部结构而蕴含一定的风险，这种风险与生俱来，难以彻底消除。比如，互联网作为数字经济的重要基础，其开放、互联的特性在带来便利的同时，也使信息泄露、网络攻击等风险成为可能。在数字经济的背景下，数据作为核心生产要素，其海量、高增长率和多样化的特点，使数据在采集、存储、传输和使用等环节极易面临被篡改、窃取等风险。这些都是由数字经济本身的特性所决定的内生风险，伴随着数字经济的发展而存在。

2. 数字经济原生风险的特殊性

数字经济原生风险与传统经济风险有着显著区别。传统经济风险多源于市场供求失衡、宏观经济波动等因素，而数字经济原生风险则更多源于技术、数据等内在因素。在风险传播速度上，数字经济风险借助网络可瞬间扩散，影响范围更广，如数据泄露事件可能在短时间内波及全球用户。在风险表现形式上，数字经济风险更具隐蔽性和复杂性，如算法歧视难以被察觉，却可能对用户权益造成侵害。在风险影响程度上，数字经济风险可能引发连锁反应，对经济、社会造成系统性冲击。不过，两者也存在联系，数字经济与传统经济相互交融，传统经济风险也可能通过数字渠道被放大，同时数字技术也为防范传统经济风险提供了新的手段。

3. 原生风险与次生风险的区别

在数字经济中，原生风险与次生风险有着明显不同。原生风险是数字经济自身特性带来的固有风险，如数据安全问题、技术漏洞等，这些风险从数字经济诞生之初就存在。次生风险则是由原生风险引发或与其他因素结合产生的风险，例如因数据泄露引发的用户个人信息被滥用，进而导致用户遭受诈骗等经济损失。原生风险直接影响数字经济的稳定运行，而次生风险则可能对个人权益、市场秩序、社会稳定等多方面造成危害。原生风险相对较为确定，可通过加强技术手段、完善管理制度等进行防范；而次生风险具有更多不确定性，难以完全预测和控制，需要建立全方位的风险防控体系来应对。

（二）数字经济原生风险的生成

1. 数据安全风险

数字经济时代，数据如同石油般珍贵，但数据安全风险却如影随形。数据泄露事件频繁发生，企业内部数据、个人隐私信息等一旦泄露，可能给企业带来巨额经济损失，损害企业声誉，也使消费者面临个人信息被滥用的风险。网络攻击手段不断升级，勒索软件攻击让企业数据面临被加密、锁定的威胁，不法分子甚至利用网络漏洞侵入关键基础设施，威胁国家安全。数据篡改问题也不容忽视，重要数据被恶意篡改，可能导致决策失误、市场秩序混乱等严重后果。这些数据安全风险，如同一把把达摩克利斯之剑，高悬于数字经济发展之上，严重威胁着数字经济的稳定与安全。

2. 技术风险

技术是数字经济发展的基石，但技术风险同样不容忽视。技术更新迭代速度快，企业若不能及时跟上步伐，可能面临被市场淘汰的风险。以智能手机行业为例，技术创新日新月异，新产品层出不穷，若企业不能持续推出具有竞争力的新技术产品，很快就会被消费者抛弃。技术依赖性风险也较为突出，许多企业过度依赖某一技术或供应商，一旦该技术出现故障或供应商停止合作，企业运营将受到严重影响。人工智能等新兴技术存在伦理风险，如算法歧视问题，可能导致社会不公。此外，技术应用的不确定性也带来风险，新技术在实际应用中可能出现意想不到的问题，对经济和社会造成负面影响，阻碍数字经济的健康发展。

3. 市场风险

在数字经济市场中，平台垄断问题日益凸显。少数大型平台凭借资本优势、数据优势等，形成市场垄断地位，挤压中小企业生存空间，阻碍市场公平竞争。消费者信任度下降也是重要市场风险。数据泄露、虚假宣传等问题频发，使消费者对数字平台产生信任危机，影响消费意愿和消费行为。数字产品和服务质量参差不齐，一些不良商家以次充好，损害消费者权益，进一步降低了消费者对数字市场的信任度。这些市场风险，不仅损害了市场参与者的利益，也破坏了市场秩序，影响数字经济的持续健康发展。

4. 监管风险

数字经济发展迅速，而监管往往滞后于技术发展和市场变化。新的商业模式、技术应用不断涌现，现有的法律法规和监管体系难以有效覆盖，导致一些违法违规行为得不到及时遏制。跨境监管差异问题也较为突出，不同国家和地区在数据保护、隐私政策等方面存在较大差异，给跨境数字贸易带来诸多障碍。例如，欧盟的《通用数据保护条例》(GDPR)对数据保护要求极为严格，而一些国家或地区的相关法规较为宽松，这使企业在进行跨境业务时面临合规难题。监管的不确定性，也增加了企业运营成本和市场风险，对数字经济的全球化发展形成挑战。

（三）数字经济原生风险的影响

1. 对经济增长的影响

数字经济原生风险对经济增长的影响不容小觑。从增长潜力看，数据安全风险使企业不敢大胆创新和拓展业务，技术更新迭代风险让企业投资回报率降低，市场垄断和消费者信任缺失阻碍了市场规模的扩大，监管不确定性则增加了企业运营成本，这些都限制了数字经济的增长空间。在稳定性方面，网络攻击、数据泄露等事件频发，导致企业资产受损、市场波动加剧；技术伦理问题引发的社会争议，可能使相关产业遭受抵制；平台垄断造成的市场失衡，会破坏经济的良性循环。这些原生风险如同悬在头顶的利剑，时刻威胁着数字经济的稳定增长，影响经济的可持续性。

2. 对社会稳定的影响

数字经济原生风险对社会稳定和公共安全构成潜在威胁。网络安全风险方面，网络攻击一旦得逞，关键基础设施可能陷入瘫痪，影响人们的日常生活和社会秩序。数据泄露事件使个人隐私暴露，诈骗、勒索等违法犯罪行为增多，损害公众安全感。算法歧视等伦理问题加剧社会不公，可能引发社会矛盾和冲突。跨境数据流动风险让国家数据主权面临挑战，威胁国家安全。而且，数字经济中的虚假信息传播速度快、范围广，容易误导公众，引发社会恐慌，影响社会稳定和谐。这些风险如不加以防范，将对社会稳定造成严重破坏。

3. 对就业市场的影响

数字经济原生风险给就业市场带来诸多影响。在就业结构上，技术更新迭代快使部分传统岗位迅速消失，而新兴技术岗位又对人才的专业技能和知识水平提出更高要求，导致结构性失业问题加剧。平台垄断使中小企业生存困难，减少就业机会，同时也会使就业市场集中度提高，增加就业的不稳定性。数据安全和隐私保护问题突出，对相关领域专业人才的需求增加，但同时也对从业者的职业道德和技能提出更高标准。在就业质量方面，数字经济中的算法歧视等问题，可能导致部分群体在求职和晋升中受到不公平对待，影响就业质量。

（四）数字经济原生风险的未来挑战

1. 新技术带来的风险

人工智能、5G 等新技术的广泛应用，将为数字经济带来新的风险。在人工智能领域，算法歧视问题可能进一步加剧，随着算法应用的深入，其对社会公平的影响也将扩大。人工智能的自主决策能力若缺乏有效监管，可能导致难以预测的后果。5G 技术的高速度、大容量、低延迟特性，虽然推动了万物互联，但也使网络攻击的潜在危害更大。一旦关键基础设施被攻击，影响范围将更广，恢复难度也将增加。这些新技术在提升数字经济效率的同时，也如同埋下了新的风险种子，需要引起高度重视。

2. 全球化背景下的风险变化

在全球化背景下，数字经济原生风险呈现出新特点和趋势。数据跨境流动日益频繁，不同国家和地区在数据保护、隐私政策等方面的差异，使数据安全风险更加复杂。网络攻击不再局限于单一国家或地区，而是具有全球性特点，一旦发生可能波及多个国家和地区。技术竞争加剧，各国在人工智能、大数据等关键技术领域展开激烈竞争，技术依赖性风险和伦理风险也随之增加。全球化使数字经济的风险传播速度更快、影响范围更广，对风险防控提出了更高要求。

3. 综合风险管理

综合管理数字经济原生风险和次生风险，需采取多方面策略和方法。从国家层面，要加强顶层设计，完善法律法规体系，为数字经济风险防控提供制度保障。从市场层面，建立公平竞争的市场环境，打破垄断，促进中小企业发展，提高市场抗风险能力。从企业层面，提升自身风险意识，加强技术研发和创新，提高数据安全防护能力。从个人层面，增强数字素养，提高对数字风险的识别和防范能力。通过构建多层次、全方位的风险管理体系，实现对数字经济原生风险和次生风险的有效防控。

(五) 小结

上文聚焦数字经济原生风险，深入探讨了其概念、来源、影响及应对策略。数字经济以数字技术为基础，具有数据驱动等特征，其原生风险源于数据安全、技术、市场和监管等方面。这些风险对经济增长、社会稳定和就业市场造成诸多影响，如限制增长空间、威胁公共安全、加剧结构性失业等。应对这些风险，需加强数据安全建设、推动技术创新、完善监管体系以及提升公众参与意识。

数字经济原生风险研究仍有广阔空间。随着人工智能、5G等新技术应用深入，其带来的风险将更加复杂多样，需持续关注新技术风险演变。在全球化背景下，数据跨境流动、技术竞争等问题使风险更具国际性，跨区域风险协同防控将成为重要方向。数字技术与实体经济融合加深，将催生新业态新模式，其潜在风险及应对策略值得深入研究。从多学科交叉视角，综合运用技术、经济、法律等手段，构建全方位、动态化的数字经济风险管理体系，是未来研究的关键所在，以更好地适应数字经济发展需求，防范和化解各类原生风险。

三、数字经济的次生风险

数字经济作为当今世界经济发展的重要驱动力，其蓬勃发展的态势有目共睹。它不仅推动了产业升级、催生了新业态，还为社会生活带来了诸多便利。然而，在数字经济的高速列车疾驰向前之时，次生风险如影随形。研究数字经济次生风险，对于保障其健康可持续发展意义重大。数字经济的根基在于数据与网络，一旦这些关键环节出现问题，所引发的次生风险可能会造成连锁反应，影响经济稳定、破坏社会信任、冲击法律法规体系。只有深入剖析次生风险，才能未雨绸缪，制定有效的防范策略，降低风险发生的概率和可能带来的损失，确保数字经济在安全、稳定的轨道上持续前行，为经济社会发展注入源源不断的动力，让数字经济的红利惠及更广泛的人群。

(一) 数字经济次生风险的概念及生成机制

1. 数字经济次生风险的概念

数字经济具有诸多与传统经济不同的特征。它打破了时空限制，使交易可以在任何时间、任何地点快速进行；资源配置更加高效，能精准匹配供需双方，提高资源利用效率；还具有高度的创新性，不断催生出新业态、新模式，如共享经济、平台经济等。数字经济与传统经济在生产要素、生产载体等方面也存在明显区别，前者以数字化的知识和信息为核心，后者则主要依赖劳动力、资本和土地等传统要素。

次生风险是指由某一主要风险引发的连锁反应或衍生风险。在风险治理领域，降低目标风险的政策可能会带来新的风险，这种新风险即为次生风险。依据目标风险与次生风险的特点及承担风险的人群差异，可将其分为风险抵消、风险转移等类别。

在数字经济背景下，次生风险具有特殊性。数字经济的高度互联性和数据依赖性，使原生风险更容易扩散和蔓延，从而引发次生风险。数字技术的快速迭代和应用，使次生风险更具隐蔽性和不确定性，难以预测和防范。比如数据泄露不仅会造成直接的经济损失，还可能引发消费者对数字平台的信任危机，影响平台的长期发展，甚至对整个数字经济的信誉造成冲击。这种次生风险的传播速度快、影响范围广，对社会经济秩序的稳定构成了严峻挑战，需要引起高度重视。

2. 原生风险引发次生风险的机制

(1) 网络安全事件导致的信任危机

网络安全事件是引发公众对数字经济信任危机的重要因素。一旦发生网络安全事件，如网站被黑客攻击、用户数据被窃取等，公众会感到自己的个人信息安全和财产安全受到了严重威胁。这种不安全感会迅速蔓延，使人们对数字平台产生怀疑，担心自己的数据是否安全、交易是否可靠。2020年京东等多家网站出现大面积网络劫持事件，让许多用户对在线购物产生了顾虑。长期的信任危机会导致用户流失，数字平台难以吸引新用户和保留老用户，进而影响整个数字经济的健康发展。

(2) 数据隐私泄露对消费者信心的影响

数据泄露会大大降低消费者信心，损害市场竞争。当消费者的个人信息被泄露，他们可能会担心自己的隐私被侵犯，财产安全受到威胁，从而对提供服务的企业失去信任。消费者可能会选择放弃使用该企业的产品或服务，转而寻求其他更安全可靠的替代品。这种信任危机不仅会导致企业客户流失，还会在市场上形成不良口碑，影响企业的品牌形象和市场份额，进而破坏公平竞争的市场环境，使整个数字经济市场的活力受到抑制。

(3) 技术故障引发的供应链中断

技术故障极易导致供应链中断，影响经济稳定。在数字经济时代，企业供应链高度依赖数字技术，如云计算、物联网等。一旦关键技术出现故障，供应链中的信息传递、物流调度等环节就会受阻，导致原材料供应、产品生产、运输配送等无法正常进行。这会造成企业生产成本上升、产品交付延迟，甚至引发市场供需失衡，对经济稳定造成严重冲击。

（二）数字经济次生风险的特点

1. 隐蔽性和复杂性

数字经济的次生风险犹如隐匿于暗处的幽灵，其隐蔽性令人难以察觉。各种原生风险交织在一起，相互作用，使次生风险往往隐藏在复杂的技术架构和业务流程之中，难以被轻易识别。比如网络攻击可能潜伏许久，待时机成熟时才引发数据泄露等次生风险，让企业措手不及。其复杂性更是增加了防范的难度，风险的产生、传播和影响涉及多领域、多环节，从技术层面到管理层面，从企业内部到外部环境，各种因素相互关联，形成错综复杂的风险网络，让人难以理清头绪，难以制定有效的防范策略。

2. 连锁性和扩散性

数字经济次生风险具有极强的连锁性和扩散性。一旦某个环节出现问题，风险就会像多米诺骨牌一样迅速扩散至各领域。例如，网络安全事件可能导致用户数据泄露，进而引发消费者信任危机，使数字平台用户大量流失，影响平台运营和营利，还可能波及其他相关行业，如广告、金融等。这种连锁反应不仅速度快，而且影响范围广，会从单一企业扩散到整个产业链，甚至影响到宏观经济稳定和国家安全，对社会经济秩序造成严重的冲击。

3. 不确定性和不可预测性

次生风险的不确定性给数字经济风险管理带来了巨大挑战。数字技术的快速发展和应用，使风险的产生和变化充满变数。新的技术、新的业务模式可能会带来新的风险，而这些风险何时发生、以何种方式发生、会造成多大影响，都是难以预测的。就像人工智能技术的广泛应用，可能会引发数据伦理、就业结构等方面的次生风险，但具体何时会出现这些问题、会出现什么样的问题，目前还无法准确判断。这种不确定性使企业难以制定有效的风险应对策略，增加了风险管理的难度。

（三）数字经济次生风险的影响

1. 对经济稳定的影响

数字经济次生风险会严重扰乱金融市场稳定与经济安全。金融领域高度依赖数字技术，一旦发生网络安全事件或数据泄露，可能导致金融市场信息失真，引发投资者恐慌，造成资产价格剧烈波动。技术故障还可能使金融交易系统瘫痪，影响资金流动与结算，阻碍正常经济活动。供应链中断也会使企业生产成本上升、交货延迟，造成市场供需失衡，进而影响宏观经济稳定，甚至可能引发经济衰退。

2. 对社会信任的破坏

数字经济次生风险对社会信任的破坏不容小觑。数据泄露、网络安全事件等频发，会使消费者对数字平台失去信任，担心个人信息安全与财产安全，进而减少在线消费和交易。企业因次生风险导致的负面舆情，会严重损害其商业信誉，使合作伙伴和投资者产生疑虑，合作关系可能因此破裂。这种信任危机会形成恶性循环，导致整个数字经济的信任基础受到侵蚀，影响社会的和谐与稳定。

3. 对国际经济关系的影响

数字经济次生风险对国际经济关系影响深远。在全球化的今天，数字经济已成为国际经济合作的重要领域。网络攻击、数据泄露等风险,可能导致国家间的数据流通受阻,影响贸易和投资合作。若一国因数字安全问题被其他国家制裁或限制,双方的经济联系会迅速降温。技术依赖性风险还可能使一些国家在关键技术上受制于人,影响其在国际经济中的地位和话语权。不同国家在数字经济治理上的差异和冲突,也会加剧国际经济关系的不确定性,影响全球经济治理体系的构建和运行。次生风险引发的信任危机,使国家间在数字经济领域的合作变得更加谨慎,甚至可能引发贸易保护主义,阻碍全球数字经济的融合发展。

(四) 如何防范数字经济的次生风险

1. 当前防范策略存在的问题

(1) 法律法规的缺陷

在应对数字经济次生风险方面,现有法律法规存在诸多不足。一方面,法律滞后于技术发展速度,数字经济新技术、新业态不断涌现,而相关法律法规的制定和修订却相对缓慢,难以对新兴风险进行及时有效的规范。例如针对人工智能、大数据等领域的次生风险,缺乏具体的法律条文进行约束。另一方面,法律法规的协调性不足,不同部门法之间可能存在冲突或空白地带,在处理复杂的次生风险问题时,难以形成有效的法律合力。而且,国家间数字经济的法律法规差异较大,在跨境数据流动等方面,缺乏统一的标准和规则,增加了国际数字经济合作的难度和风险。

(2) 技术手段的局限性

当前,技术手段在防范数字经济次生风险方面存在局限。首先,技术本身具有局限性,如人工智能技术虽然强大,但也存在算法不透明、数据偏差等问题,可能引发新的次生风险。技术更新迭代快,企业难以持续投入足够的资源进行技术升级,导致安全防护技术滞后于攻击技术。其次,技术应用存在障碍,不同企业、不同地区的技术水平参差不齐,一些中小企业缺乏足够的技术能力和资金支持,难以有效应用先进技术进行风险防范。而且,技术手段往往侧重于事后应对,缺乏有效的风险预测和预警能力,难以在风险发生前进行及时的干预和防范,次生风险一旦爆发,便可能造成严重的损失。

(3) 企业和政府的风险管理问题

企业和政府在次生风险管理中问题不少。企业方面，部分企业风险意识淡薄，对次生风险的潜在危害认识不足，缺乏完善的风险管理体系和应急预案。政府方面，存在监管不到位的情况，监管手段和方式相对落后，难以对快速变化的数字经济进行有效监管。而且，政府和企业之间的信息沟通不畅，企业不愿主动报告风险，政府难以全面掌握风险情况，影响了风险防范的及时性和有效性。

2. 加强数字经济次生风险的防范和应对

(1) 完善法律法规体系

完善法律法规体系对防范数字经济次生风险意义重大。当前，数字经济发展日新月异，而法律法规的滞后性使其难以跟上步伐，导致诸多新兴风险无法得到有效规范。完善法律法规，能为数字经济提供坚实的制度保障，稳定市场预期。地方金融监管立法的加速推进，使地方金融组织监管有法可依，提高了监管权威性和有效性。全国层面也需加快立法步伐，针对人工智能、大数据等领域制定具体法律条文，消除部门法之间的冲突与空白，加强国家间法律法规的协调，为数字经济健康发展筑牢法治基石。

(2) 提升技术防御能力

技术创新是提升数字经济次生风险抵御能力的关键。随着数字技术的不断进步，攻击手段也愈发复杂多变。企业应加大技术研发投入，更新安全防护技术，以应对不断变化的威胁。推动人工智能、大数据等技术在风险防范领域的应用，如利用人工智能进行风险预测和预警，利用大数据分析风险趋势。加强技术人才培养，提升企业技术团队的创新能力，确保技术手段能有效应对各类次生风险，为数字经济安全保驾护航。

(3) 加强企业和政府的协同合作

企业和政府协同合作是应对数字经济次生风险的重要途径。企业作为数字经济的主体，对市场和技术有着敏锐的洞察力，但在风险防范上存在局限性；政府拥有监管和统筹协调的职能，但难以全面掌握企业具体情况。两者应建立良好的沟通机制，企业及时向政府报告风险情况，政府为企业提供政策支持和指导。在应急演练、风险排查等方面开展合作，共同制定应急预案，提升应对次生风险的能力。如福建省应急管理厅与企业联合开展应急救援演练,既检验了企业应对能力,也提升了政府与企业的协同配合能力。

(五) 小结

数字经济作为推动经济社会发展的关键力量,其蓬勃发展的态势与重要地位不言而喻。次生风险作为数字经济发展道路上的潜在阻碍,具有隐蔽性、复杂性等特点,极易引发连锁反应,对经济稳定、社会信任与国际经济关系造成严重影响。防范数字经济次生风险意义重大,需完善法律法规、提升技术防御能力、加强政企协同合作,确保数字经济在安全、稳定的轨道上持续前行。

数字经济前景广阔,潜力无限,将持续为经济社会发展注入新动能。保障其健康可持续发展,离不开各方的共同努力。政府需加强顶层设计,完善政策法规;企业要增强风险意识,提升技术实力;社会公众应提高数字素养,共同营造良好的数字生态。只有各方携手并进,才能让数字经济在稳定与安全中迈向更高层次,为人类文明进步贡献更多力量。

第三节 数字经济发展风险的成因分析

一、技术缺陷与自主性不足引发的数字经济国家安全风险

(一) 数字经济与国家安全的内在联系

数字经济时代,数据成为关键的生产要素,深刻改变着全球经济格局与竞争态势。它打破了传统的地理边界,使信息、资源能在瞬间跨国界流动,让国家间的经济联系更为紧密,同时也带来了前所未有的国家安全挑战。

数字技术广泛渗透到国家的政治、经济、军事等各个领域,一旦关键数据被窃取或核心系统遭攻击,可能引发金融动荡、社会混乱,甚至威胁国家主权与安全。数字经济的健康发展依赖于稳定、安全的网络环境,而网络空间的开放性、

匿名性又增加了风险防控的难度。数据跨境流动、数据权属界定、数字技术自主可控等问题，都成为数字经济时代国家安全必须面对的重要课题。

（二）技术缺陷与自主性不足的概念解析

1. 技术缺陷的定义与类型

技术缺陷是指技术产品、系统或过程中存在的影响其正常运行、达到预期目标或造成潜在风险的问题。它在软件、硬件、网络等各个技术领域都普遍存在。从软件角度看，技术缺陷可能是未实现需求说明书上的功能，或是功能虽实现但存在错误，如计算器小程序缺少除法功能。从硬件层面讲，可能是元器件质量不佳导致设备运行不稳定。网络技术方面，缺陷则表现为网络连接不稳定、数据传输错误等。常见的技术缺陷类型包括：遗漏，规定或预期的需求未体现在产品中；错误，功能实现与需求不符；冲突，不同功能或模块间相互影响；性能问题，如系统运行缓慢、资源消耗过高。这些缺陷不仅会影响技术产品的使用体验，还可能带来安全隐患，甚至造成严重的经济损失。

2. 自主性不足的含义与表现

自主性不足指的是在决策和行动中缺乏独立性和主动性，无法完全依靠自身能力进行判断和选择。在关键核心技术领域，这体现得尤为明显。我国在一些高端芯片、操作系统等核心技术上自主性不足，长期依赖进口。芯片领域，国内虽有一定研发能力，但在制造工艺、关键材料等方面与国外先进水平存在差距，核心技术受制于人。操作系统方面，市场基本被国外产品垄断，国内产品难以形成生态体系。这种自主性不足使我国在相关产业发展中处于被动地位，一旦国际形势变化，可能面临技术封锁的风险，严重影响产业安全和国家安全。

3. 技术缺陷与自主性不足的相互关系

技术缺陷会放大自主性不足带来的风险。当技术存在缺陷时，自主性不足则无法及时自主研发修复技术漏洞，就可能使问题进一步恶化。在网络安全领域，若网络系统存在技术缺陷又缺乏自主的网络安全防护技术，黑客就更容易利用这些缺陷进行攻击，窃取重要数据或破坏关键系统。在智能化作战体系中，支撑技术的固有缺陷，如对数据的过度依赖，若自主性不足，无法开发出独立的数据处理技术，就可能使作战体系在数据被干扰或篡改时陷入瘫痪。两者共同作用，不仅会影响技术的正常应用，还可能危及国家的经济安全、军事安全乃至整体国家安全。

（三）技术缺陷引发的数字经济安全风险

1. 技术缺陷被黑客利用的方式

黑客利用技术缺陷进行网络攻击窃取敏感信息手段多样。在软件层面，常见的栈溢出攻击，黑客通过恶意代码冲破缓冲区界限，劫持程序获取权限。整数溢出攻击则利用整数运算的边界问题，可能导致服务器宕机或被远程控制。空指针攻击是在指针为空时引发的，可使程序崩溃，黑客借此获取系统控制权。网络技术方面，黑客会利用网络协议缺陷，如 TCP/IP 协议中的漏洞，进行中间人攻击、拒绝服务攻击等。黑客通过扫描网络发现存在漏洞的服务器，利用漏洞搭建"跳板"，潜伏一段时间后，对目标服务器发动攻击，窃取数据库内的公民个人信息等敏感数据。

2. 技术缺陷对网络系统稳定性的影响

技术缺陷是导致网络系统功能失效、影响业务连续性的重要因素。硬件方面，设备电源模块损坏、主板芯片受损、使用超年限等问题，都可能造成整机停机，使网络系统无法正常运行。软件上，操作系统或应用软件存在的技术缺陷，如程序错误、性能瓶颈等，会导致系统运行缓慢、卡顿甚至崩溃。网络技术缺陷则可能引发网络连接不稳定、数据传输错误等问题，使网络服务中断。在企业数字化运营中，一旦核心业务系统出现技术缺陷导致的故障，将直接影响业务运转，造成财务损失，甚至损害企业声誉。对于依赖网络服务的行业，如交通、医疗、金融等，技术缺陷引发的网络系统故障会带来更严重的社会影响。

3. 技术缺陷导致的安全事故案例

2024 年 7 月，微软因安全技术企业"众击"公司发布的软件更新出现问题，旗下部分应用和服务出现访问延迟、功能不全或"蓝屏"等问题，全球多国交通、医疗、金融、媒体等行业无法正常运转，凸显了全球互联网基础设施的脆弱性。2017年，"永恒之蓝"勒索病毒利用 Windows 系统漏洞在全球大规模暴发，攻击了150多个国家的数十万台电脑，造成了数十亿美元的损失，许多企业、政府机构的数据被加密，无法正常使用。同年，Equifax 公司因网站软件存在技术缺陷，被黑客入侵，导致1.43亿美国消费者的敏感信息泄露，包括社保号码、出生日期、地址等，严重损害了消费者的隐私安全，也给公司带来了巨大的经济损失和声誉损失。

（四）自主性不足引发的国家安全风险

1. 关键核心技术受制于他国的影响

在当今全球化的经济体系中，关键核心技术受制于他国对国家安全和经济影响深远。从国家安全角度看，一旦核心技术依赖外部供给，在国际局势紧张时就可能面临技术封锁的风险。国家在军事、通信等关键领域陷入被动，甚至威胁到国家主权与安全。在芯片领域，核心技术受制于人导致军事装备、通信设备等的生产将受到严重影响，削弱国家的防御能力。从经济层面讲，关键核心技术依赖进口，会增加企业生产成本，降低产品竞争力，影响产业的健康发展。还会使国家在国际经济竞争中处于不利地位，经济发展受制于人，难以实现可持续发展，甚至可能引发经济危机，对国家的经济安全构成严重威胁。

2. 技术供应链的不安全因素

技术供应链中的漏洞是威胁国家安全与经济稳定的重要因素。开源生态受制于人，开源软件供应链"卡脖子"事件频发。技术供应链涉及产品从设计、开发到交付的各个环节，任何一个环节出现漏洞都可能被恶意攻击者利用。攻击者通过植入恶意代码、窃取敏感信息等方式，破坏关键信息基础设施的正常运行，影响国民生计，对国家安全造成严重危害，导致经济稳定受到冲击，甚至引发社会动荡。

3. 自主创新能力不足的后果

自主创新能力不足会严重削弱国家竞争力。在全球创新竞争日益激烈的背景下，缺乏自主创新能力意味着无法及时推出具有竞争力的新产品和服务，难以满足市场不断变化的需求，导致企业在国际市场上失去竞争优势。自主创新能力不足还意味着难以掌握核心技术，只能依赖技术引进和模仿，在技术发展上受制于人，无法形成自己的技术优势。这会导致国家在国际分工中处于低端环节，产业发展受限，经济效益低下。而且缺乏自主创新能力还会影响国家的科技发展水平，使国家在科技领域的竞争力下降，难以在国际科技竞争中占据有利地位，进而影响国家的整体实力和影响力。

(五) 技术缺陷与自主性不足共同加剧的安全挑战

1. 技术缺陷放大自主性不足的风险

技术缺陷犹如漏洞之门，而自主性不足则让这道门难以紧闭，使安全风险被进一步放大。出现智能电网领域传感器的技术缺陷致使无法准确采集数据的情况时，在缺乏自主的监测与修复技术的前提下，黑客可能利用这些缺陷入侵系统，篡改数据或破坏设备，导致大面积停电，影响社会稳定与国家安全。在金融系统方面，支付平台若存在算法缺陷与没有自主的核心安全技术两大问题，一旦被攻击者发现，就会引发资金被盗、用户信息泄露等严重后果，损害国家金融安全与民众利益。

2. 自主性不足导致对技术缺陷的忽视

自主性不足导致在技术研发和应用过程中，更容易忽视技术缺陷的存在。国有企业在技术革新中，试错空间有限，一旦实验失败就难以获得再次支持，所以对于一些潜在的技术缺陷缺乏深入探索与发现。民营企业则可能因资金和人才限制，在引进技术时，无法对技术进行全面评估，忽视其中的缺陷。这些被忽视的缺陷，在后续使用中可能引发各种安全问题，给国家经济和社会稳定带来隐患。

3. 两者共同作用下的新挑战

在技术缺陷与自主性不足共同作用下，国家安全面临诸多新挑战。在军事领域，关键武器装备若存在技术缺陷，而自主性不足无法及时修复，在实战中可能影响作战效能，危及国家安全。人工智能技术的快速发展，带来新的安全风险，若缺乏自主可控的核心技术，无法有效应对 AI 滥用、数据安全等问题，可能被敌对势力利用，对国家政治、经济、社会等多方面构成威胁。在国际竞争中，技术缺陷与自主性不足会使国家处于劣势，难以掌握发展主动权，影响国家的长远发展和国际地位。

（六）小结

技术缺陷与自主性不足是威胁数字经济安全的重要因素。技术缺陷为黑客攻击提供了可乘之机，导致数据泄露、系统瘫痪等问题；自主性不足使关键核心技术受制于人，技术供应链面临风险，两者共同作用加剧安全挑战。数字经济安全关乎国家经济命脉、社会稳定乃至主权安全，必须高度重视。

数字经济将持续快速发展，5G、人工智能等新技术广泛应用，将带来更多安全风险。网络攻击手段将更加复杂多样，针对关键基础设施和新兴领域的攻击会频繁发生。数据跨境流动、数据权属界定等问题日益突出，对数据安全保护提出更高要求。提升技术自主性是应对挑战的关键，需加强自主技术研发，突破"卡脖子"技术，实现科技自立自强。同时要完善网络安全法规制度，提升国家网络防御能力，加强国际合作，共同应对全球性安全挑战，为数字经济健康发展保驾护航。

二、技术依赖与标准化伴生的数字经济市场风险

数字技术为各国带来了实现跨越式发展的机遇，在世界经济复苏中扮演着重要角色。在此背景下，研究数字经济中由技术依赖与标准化伴生的风险，具有重要意义。它有助于我们洞察数字经济发展的潜在挑战，为制定相关政策、促进数字经济健康可持续发展提供理论依据和实践指导，助力全球经济在数字浪潮中稳健前行。

数字经济在全球不同地区的发展存在明显差异。从区域发展水平来看，美洲、欧洲等发达地区的数字经济较为成熟。美国拥有强大的数字技术实力和完善的数字经济生态系统。欧洲各国也在积极推进数字化转型，在数字技术研发和应用方面取得了显著成果。而亚洲、非洲等发展中地区，数字经济发展相对滞后，

但也呈现出快速增长的趋势。中国作为亚洲数字经济的代表,近年来,数字经济规模迅速扩大,在电子商务、移动支付、人工智能等领域取得了举世瞩目的成就。印度、东南亚等国家的数字经济也在快速发展,但与发达国家相比,在数字基础设施建设、数字技术研发等方面仍有较大差距。从数字鸿沟角度来看,发达国家与发展中国家之间、城乡之间、不同群体之间在数字技术的获取、使用和能力方面存在较大差距。这种差距不仅影响了数字经济的均衡发展,也加剧了全球经济的不平等现象。

(一)技术依赖与标准化在数字经济中的作用与影响

1. 技术依赖的形成与影响

(1) 技术依赖的形成原因

在数字经济时代,企业对特定技术形成依赖有着多方面原因。从技术层面看,数字技术发展迅速,云计算、大数据、人工智能等关键技术具有强大的功能和优势,能为企业带来效率提升、成本降低等显著效益,企业为了保持竞争力,自然会倾向于采用这些先进技术。从市场层面来说,在数字经济市场中,领先企业往往掌握了核心技术,其他企业为了与其合作或竞争,不得不依赖这些技术以实现互联互通。从成本角度考虑,企业在引入新技术时需投入大量资金和人力进行设备购置、人员培训等,一旦投入便希望能在较长时间内通过该技术获取收益,这也使企业对技术产生依赖。数字技术的更新迭代速度快,企业为了不被市场淘汰,只能持续跟进,不断加深对技术的依赖程度。

(2) 技术依赖对市场的影响

技术依赖极易导致市场垄断和竞争失衡。当少数企业掌握关键数字技术后,凭借技术优势,能更高效地生产产品或提供服务,吸引大量用户,迅速扩大市场份额,形成市场垄断。这些企业可能利用技术壁垒,提高行业进入门槛,使潜在竞争者难以进入市场,导致市场竞争不充分。技术依赖还会使中小企业在竞争中处于劣势,它们因缺乏资金和技术实力,难以获取和掌握先进技术,只能依附于大企业,使用其提供的技术解决方案,从而丧失自主发展能力,进一步加剧市场垄断。在技术依赖的背景下,大企业可能通过技术捆绑、价格歧视等手段,挤压中小企业生存空间，使市场资源过度集中，造成竞争失衡，影响数字经济的健康可持续发展。

(3) 技术依赖对创新的影响

技术依赖会抑制数字经济的创新活力。企业过度依赖现有技术，容易形成思维定式，忽视对新技术的探索和研发，导致创新动力不足。而且为了维持现有技术体系的稳定，企业可能不愿意投入资源去尝试具有创新性的技术和产品，使创新活动受到限制。技术依赖还可能导致企业创新路径固化，在面对新的市场需求和技术变革时，难以快速调整创新方向，错失创新机遇，从而影响整个数字经济领域的创新活力和发展潜力。

2. 标准化在数字经济中的作用

(1) 标准化促进技术兼容性

在数字经济领域，标准化是提升数字产品兼容性和互操作性的关键。数字产品种类繁多，若缺乏统一标准，不同产品间的通信和协作将十分困难。标准化通过制定统一的技术规范、数据格式和接口标准，使不同企业、不同系统的数字产品能够相互识别、交流和协作。就像国家标准化管理委员会发布的 GB/T 32855.2-2020 和 GB/T 20720.2-2020 两项标准，为制造业企业提供了互操作能力的实践基础，确保了企业控制系统集成中的对象和属性能够有效对接。标准化让数字产品不再孤立，极大提升了资源的利用效率，促进了数字经济生态的协调发展。

(2) 标准化对市场竞争的影响

标准化对市场竞争的影响具有两面性。一方面，标准化能够促进市场竞争。它降低了产品间的差异，减少了消费者的选择成本，使新企业更容易进入市场，增加了市场的活力。另一方面，标准化也可能导致技术垄断和创新抑制。少数企业或利益集团可能通过主导标准制定，将自身技术专利融入标准中，形成技术壁垒，排斥竞争对手，从而垄断市场，获取超额利润。而且统一的标准虽然能够规范市场，但也可能限制了企业的创新空间，企业为了符合标准，可能会放弃一些具有创新性的技术和产品，导致市场缺乏创新活力，影响数字经济的长期发展。

(3) 标准化制定过程中的问题

数字经济中标准化制定存在诸多问题。首先，数字经济标准体系尚未出台。

标准体系是特定标准化对象按内在逻辑联系而构建形成的有机整体，能够对标准化工作提供科学指导，并提升标准化工作的系统性、科学性和全面性。目前全国尚未出台统一的数字经济标准体系，数字经济标准化工作不够规范且进展较为缓慢。其次，数字经济标准缺乏有效供给。一方面，数字经济缺少能够引领产业发展的关键标准；另一方面，部分已发布的标准存在内容交叉重复、指标要求不统一等问题，难以满足数字经济快速发展的需要。最后，标准制定与产业需求存在脱节现象，标准制定周期长，难以跟上数字技术快速发展的步伐，影响了标准的实用性和时效性。

（二）技术依赖与标准化伴生的市场风险

1. 市场风险的影响

（1）市场垄断的形成机制

在数字经济领域，技术依赖与标准化相互交织，共同催生了市场垄断。当企业高度依赖某些关键技术时，这些技术往往成为市场进入的重要门槛。新进入者若无法掌握这些技术，便难以在市场中立足，而掌握关键技术的企业则可凭借技术优势迅速扩大市场份额，形成市场垄断。标准化进一步强化了这一过程，领先企业或利益集团通过主导标准制定，将自身技术专利融入标准，使标准成为其技术垄断的合法外衣。符合标准的技术和产品得以在市场中广泛流通，不符合标准的则被排斥在外。这种标准化与技术依赖的结合，不仅提高了技术壁垒，也增加了资金壁垒，新企业需投入大量资金才能达到标准要求，导致市场进入成本大幅增加，最终使少数掌握关键技术和标准的企业形成市场垄断，阻碍了市场竞争的公平性和多样性。

（2）对创新生态系统的影响

技术依赖与标准化对数字经济的创新生态系统影响深远。技术依赖使企业过度聚焦于现有技术的应用和优化，忽视了新技术和新方法的探索，限制了企业的创新视野和思路。长期依赖现有技术还可能导致企业创新能力的退化，使其在面对新的市场需求和技术变革时反应迟钝，错失创新机遇。标准化虽在一定程度上规范了市场，但也可能抑制创新活力。统一的标准为产品和技术设定了框架，企业为了符合标准，可能会放弃那些具有创新性但不符合当前标准的技术和产品，导致市场缺乏创新元素。而且，标准化的制定周期较长，难以跟上数字技术快速发展的步伐，当新的创新成果出现时，可能因不符合现有标准而难以推广，影响了整个数字经济创新生态系统的活力和发展速度。

（3）对消费者权益的影响

技术依赖与标准化对消费者权益存在诸多损害。在技术依赖方面，企业为了维持对关键技术的依赖，可能会忽视消费者需求的多样性和个性化，导致产品和服务同质化严重，消费者难以获得满足自身特殊需求的产品。而且技术依赖可能使企业过度追求技术先进性，忽略了产品的稳定性和安全性，给消费者带来使用风险。标准化则可能导致企业利用标准进行价格歧视，如大数据杀熟现象，企业通过收集和分析消费者数据，对不同消费者制定不同的价格策略，使消费者在不知情的情况下支付更高的价格，损害了消费者的公平交易权。标准化还可能使企业将更多精力放在符合标准上，而忽视了产品的质量和创新，导致消费者难以获得高质量、创新的产品和服务，影响了消费者的选择权和满意度。

2. 市场风险生成的原因

（1）技术依赖带来的市场风险

技术依赖给数字经济市场带来了诸多风险。首先是技术更新风险。数字技术发展日新月异，更新迭代速度极快。企业如果不能及时跟上技术更新的步伐，其原有的技术和设备可能会迅速过时，导致投资损失和市场竞争力下降。

其次是技术安全风险。关键数字技术一旦出现安全漏洞或遭受攻击，可能会给企业带来巨大的经济损失和声誉损失。例如数据泄露事件，不仅会造成用户隐私泄露，还可能导致企业面临法律诉讼和监管处罚。

最后是技术垄断风险。少数企业或国家掌握核心数字技术后，可能会形成技术垄断，抬高技术使用成本，限制其他企业的发展空间，导致市场失去活力，影响整个数字经济的健康发展。

（2）标准化带来的市场风险

标准化在带来便利和效益的同时，也伴随着一定的市场风险。一方面，标准化可能导致市场垄断。少数企业或利益集团可能通过主导标准制定，将自身技术专利融入标准中，形成技术壁垒，排斥竞争对手，从而垄断市场，获取超额利润。

另一方面，标准化可能抑制创新。统一的标准虽然能够规范市场，但也可能限制了企业的创新空间。企业为了符合标准，可能会放弃一些具有创新性的技术和产品，导致市场缺乏创新活力，影响数字经济的长期发展。

(3) 技术依赖与标准化交织产生的市场风险

技术依赖与标准化交织在一起，会进一步放大数字经济市场的风险。当企业对依赖的技术进行标准化时，可能会形成路径依赖，使企业难以摆脱对特定技术的依赖。一旦该技术出现问题，企业将面临更大的风险。

技术依赖与标准化还可能引发连锁反应。在数字经济生态系统中，各个环节紧密相连，一个环节的技术问题或标准变化可能会迅速波及整个生态系统，导致市场出现波动和不稳定。例如关键技术的更新可能会要求整个产业链的相关企业进行相应的调整，如果调整不及时或不充分，可能会引发产业链的断裂和市场的混乱。

(三) 应对技术依赖与标准化伴生的数字经济市场风险的策略

1. 加强技术创新，降低技术依赖风险

为了应对技术依赖带来的市场风险，企业应加强技术创新，提升自主创新能力。企业要加大研发投入，建立完善的研发体系，培养高素质的研发人才，积极开展基础研究和应用研究，努力突破关键核心技术，减少对外部技术的依赖。

政府也应出台相关政策，支持企业技术创新。可以通过税收优惠、财政补贴、科技项目支持等方式，鼓励企业开展技术创新活动，营造良好的创新环境，推动整个数字经济领域的技术进步。

2. 完善标准化体系，防范标准化市场风险

完善标准化体系是防范标准化市场风险的关键。要建立公正、透明、开放的标准制定机制，广泛听取各方意见，避免少数企业或利益集团垄断标准制定。要加强标准的前瞻性研究，及时跟踪数字技术的发展趋势，制定具有前瞻性的标准，引导企业创新发展。

同时要加强对标准的监督和管理，确保标准的有效实施。对于违反标准的行

为，要依法进行处罚，维护市场的公平竞争秩序。还要积极参与国际标准制定，提升我国在国际标准化领域的话语权。

3. 构建多元化技术生态，应对技术依赖与标准化交织风险

构建多元化技术生态是应对技术依赖与标准化交织风险的有效途径。企业要避免对单一技术的过度依赖，积极探索和应用多种技术，构建多元化的技术体系，提高自身的抗风险能力。

政府应鼓励和支持不同技术之间的融合创新，推动形成开放、协同、共享的技术创新体系，促进数字经济生态系统的健康发展。同时要加强国际合作与交流，积极引进国外先进技术和经验，与其他国家共同应对数字经济市场风险，推动全球数字经济的可持续发展。

(四) 结论与展望

前文围绕技术依赖与标准化伴生的数字经济市场风险展开深入研究。数字经济规模庞大且增长迅速，其发展离不开技术依赖与标准化。两者在推动数字经济高效运行、产业发展的同时，也带来了诸多市场风险。技术依赖使企业面临技术更新、安全及垄断风险，标准化则可能导致市场垄断与创新抑制。技术依赖与标准化交织，更会催生市场垄断、破坏创新生态系统、损害消费者权益。通过典型案例剖析，进一步揭示了这些风险的危害。为应对这些风险，需加强技术创新、完善标准化体系、构建多元化技术生态。政府还应制定反垄断政策、促进技术创新竞争、加强消费者权益保护，以保障数字经济健康可持续发展。

数字经济将持续高速发展，数字技术与实体经济融合将更深入。数字化转型对经济体系、社会体系的影响，数据驱动决策与商业模式创新，以及国际合作与政策框架构建，都将成为重要研究方向。需关注新兴技术带来的新风险与挑战，加强跨学科研究，探索如何在全球范围内实现数字经济的协同发展，促进公平竞争与创新，推动数字经济朝着开放、包容、普惠、平衡、共赢的方向迈进，为全球经济增长注入新动力。

三、算法黑箱给个人带来的潜在歧视风险

(一) 算法黑箱的定义与特征

1. 算法黑箱的概念

算法黑箱是指那些内部运作机制和决策过程对外界隐藏、无法被用户或外部人员理解和解释的算法系统。从控制论角度看，黑箱理论原本指不分析系统内部结构，仅从输入端和输出端分析系统规律的理论方法。在算法领域，这一概念被引申为对算法内部运作无法窥知的状况。不同算法的黑箱属性强度不同，规则驱动的算法基于人工规则，过程相对透明；数据驱动的算法运行复杂，难以人为干预，是当下主流，也是算法黑箱的主要体现。

2. 算法黑箱的主要特征

算法黑箱的核心特征是不透明与难解释。不透明意味着其内部数据处理、决策制定等过程如同暗箱操作，外界无法知晓。难解释则表示即使知道算法的输入输出，也无法理解其内部是如何根据输入得出输出结果的。这源于算法的复杂性，如深度学习算法经过大量数据训练后形成的模型，其内部参数和权重关系错综复杂，人类难以用简单逻辑去描述和解释。这种不透明与难解释使算法黑箱在应用中可能带来诸多不确定性和风险。

3. 算法黑箱与算法透明度的区别

算法黑箱与算法透明度截然不同。算法黑箱是算法内部机制对外不可见、不易理解的状态，像一个封闭的盒子，人们只能看到输入和输出，却不知其中发生了什么。而算法透明度则要求算法的运作过程、决策依据等能够被清晰理解和解释，让人们可以知晓算法是如何基于输入数据得出结果的。算法透明度强调的是开放、可解释，能使用户和监管者更好地了解算法行为，评估其公正性和合理性，避免算法黑箱可能带来的偏见和歧视等问题。

4. 算法黑箱在人工智能中的应用

在人工智能领域，算法黑箱应用广泛。在推荐算法方面，像"今日头条"等

平台利用算法黑箱对用户浏览行为等数据进行分析，实现精准内容推送，却让用户难以知晓推荐逻辑。在金融风控领域，信贷评估算法黑箱根据复杂模型判断个人信用，决定贷款额度和利率，其决策过程不透明。在医疗领域，诊断算法黑箱可辅助医生分析病情，但医生和患者难以理解其判断依据。在自动驾驶中，算法黑箱根据传感器数据作出驾驶决策，其决策过程也难以解释，这些都给个人带来了潜在的风险和不确定性。

（二）算法黑箱对个人潜在歧视风险的具体领域

1. 就业招聘中的歧视风险

在就业招聘领域，算法黑箱极易导致性别或种族歧视。由于算法训练数据往往来自历史招聘记录，若这些记录中存在性别或种族偏见，算法便会将其习得并延续。例如，某些算法在筛选简历时，可能因过往数据中男性在某一岗位占比高，就更倾向于选择男性求职者，使女性遭受不公。同样若算法发现某一岗位员工多为白人，就可能降低对其他种族求职者的评估分数。这种基于历史偏见的算法决策，让求职者在不知情的情况下因性别、种族等因素被排除在外，严重损害了他们的平等就业机会，加剧了就业市场的歧视现象。

2. 信用评估中的歧视风险

在信用评估方面，算法黑箱对低收入群体影响颇深。许多信贷机构利用算法黑箱进行信用评分，而这些算法所依赖的数据和模型往往存在偏见。算法可能会将低收入群体的居住区域、消费习惯等与信用状况不直接相关的因素纳入评估体系，导致他们即使信用记录良好，也因这些非关键因素被判定为高风险群体，从而获得较低的信用评分或被拒贷。这种情况使低收入者在申请贷款、信用卡等金融产品时处于不利地位，进一步加剧了他们的经济困境。而且，由于算法黑箱的不透明性，低收入群体难以知晓自己被拒贷或评分低的具体原因，无法进行有效的申诉和维权，使得他们在金融领域的权益受到严重侵害，加剧了社会的不公平。

3. 医疗诊断中的歧视风险

医疗诊断领域，算法黑箱的歧视性后果不容忽视。医疗诊断算法依赖大量历史数据进行训练,若这些数据中存在对某些群体的偏见,如对特定种族或性别的疾病发病率、治疗成功率等有错误的统计,算法就可能将这些偏见融入诊断过程中。比如在某些地区,算法可能因历史数据中某一种族心血管疾病发病率较低,而在实际诊断时对该种族患者的心血管疾病症状给予较低的关注度,导致误诊或延误治疗。这种基于偏见的算法诊断,会使患者无法得到及时、准确的治疗,不仅损害了患者的健康权益,还可能加剧医疗资源分配的不公平,使原本就处于弱势的群体在医疗领域面临更大的风险。

4. 教育推荐中的歧视风险

算法黑箱确实在一定程度上加剧了教育领域的贫富差距。在线教育平台利用算法为学生推荐学习资源和课程,但算法的训练数据多来源于用户的使用习惯和消费记录。这就导致贫困家庭的学生因接触优质教育资源的机会较少,在算法推荐中很难获得与富裕家庭学生同等质量的学习资源。而且,算法可能会根据学生的消费能力推荐不同档次的教育产品,使贫困学生被局限于较低水平的学习内容,从而在教育起点和过程中都处于不利地位,进一步拉大了教育差距,影响了教育公平。

(三) 算法黑箱导致个人歧视的机制和原因

1. 数据偏差对算法公平性的影响

数据偏差是算法不公的源头之一。人工智能算法基于数据驱动,数据若存在偏差,结果必然失之偏颇。历史数据往往记录着社会的偏见,如就业数据中某些岗位男性占比较多、医疗数据里特定种族疾病发病率被低估等。这些有偏数据被算法学习后,就会将偏见内化为算法逻辑。在信用评估中,若训练数据里低收入群体贷款违约率被高估,算法便会据此给该群体打上高风险标签,导致他们贷款困难。数据偏差使算法在决策时,无形中对不同群体区别对待,严重破坏了算法的公平性,给个人带来歧视风险。

2. 算法偏见在黑箱中的形成

算法偏见在算法黑箱中形成有着复杂原因。一方面,算法设计者本身可能存在无意识的偏见，他们在选择数据、设定算法目标时，会不自觉地将个人或社会的刻板印象融入其中。比如在教育推荐算法设计时，若设计者认为富裕家庭学生更需要优质资源，就可能在算法中给予倾斜。另一方面，算法黑箱的不透明性为偏见提供了滋生空间。算法在复杂的数据学习和模型训练过程中，可能自动从有偏数据中提取出歧视性模式，而外界难以察觉和干预。在医疗诊断算法中，基于有偏的历史数据，算法可能会对某些种族或性别的疾病诊断给予不同重视，这种偏见在黑箱内部不断强化，最终影响诊断结果的公正性，对患者造成歧视。

3. 缺乏可解释性加剧歧视问题

算法缺乏可解释性会使歧视问题愈发严重。当算法作出歧视性决策时，由于其内部运作不可知，受影响者无法了解决策的具体依据。比如求职者因算法歧视被拒，却不知是因为性别、种族还是其他不合理因素。这种不明所以的状态，让受害者难以维权，也无法促使算法进行改进。而且，缺乏可解释性使监管者无法有效监督算法的公正性，算法歧视得以在暗处持续存在并加剧。在信贷领域，低收入者被拒贷却不知缘由，无法证明是算法偏见作祟，只能被动接受不公结果，进一步固化了社会歧视，使弱势群体在算法主导的社会中更加边缘化。

（四）算法黑箱对个人权益和机会的影响

1. 就业机会的不平等

在就业领域，算法黑箱致使就业机会的天平严重失衡。招聘算法常以历史数据为依托，若过往招聘存在偏见，算法便将其延续。比如某些算法因历史数据中特定岗位男性占比高，就更偏好男性求职者。算法还会依据求职者的社交网络、教育背景等数据构建画像，若数据存在偏差，像对某些学校或社交群体的评价失之偏颇，就会影响求职者的评估结果。而且，算法决策的不透明性让求职者无法知晓自己被拒的真实原因，无法针对歧视进行申诉，只能被动接受不公，使就业市场的歧视问题在算法黑箱的掩护下愈发隐蔽且难以解决，导致部分群体在求职路上步履维艰。

2. 个人财务安全的影响

算法黑箱对个人财务安全构成诸多威胁。在信贷领域，黑箱算法可能基于有偏数据评估信用,将低收入者等群体误判为高风险,使他们在贷款时面临高利率或被拒贷的困境,影响其正常的资金周转和财务规划。而在金融投资方面,算法黑箱根据复杂模型进行投资决策,投资者难以理解其决策逻辑,一旦算法出错或存在潜在偏见,就可能导致投资损失。而且,算法的不可解释性使金融机构在出现问题时难以向用户说明情况,用户也无法有效维护自身权益。算法黑箱还可能被不法分子利用,通过分析用户数据实施精准诈骗,进一步危害个人财务安全,让用户在复杂的算法世界中面临更大的财务风险。

3. 社会排斥和边缘化

算法黑箱易使部分人陷入社会排斥与边缘化的境地。对于一些弱势群体,算法可能因数据偏差等因素,在服务推荐、资源分配等方面给予不公平对待。如在信息获取上,算法根据用户行为推送内容,使一些人长期接触片面、消极的信息,形成"信息茧房",加剧认知局限。在社会资源分配方面,算法若偏向于特定群体,就会让其他群体被边缘化。这些被排斥的边缘群体,在社会互动和资源获取中处于劣势,逐渐与主流社会脱节,社会地位不断下滑,难以获得平等的发展机会和应有的社会尊重,进一步固化了社会的分层结构。

(五) 审视算法黑箱带来的歧视问题及如何防范风险

1. 从法律角度审视算法黑箱

算法黑箱显然与公平公正原则背道而驰。公平公正要求决策过程公开透明,结果无偏见,可算法黑箱内部运作不可知,决策依据不明。从就业到医疗,算法可能因历史数据偏差,将性别、种族等不相关因素纳入考量,对不同群体区别对待。比如招聘算法可能因历史数据中某岗位男性多,就更青睐男性求职者。这种基于偏见的决策,在黑箱掩护下持续,让部分群体在不知情中遭受不公,严重违背了公平公正的伦理要求,使社会资源分配失衡,加剧了群体间的矛盾与不平等。

现有法律在规制算法歧视方面存在不足。对于算法黑箱带来的歧视,虽有部分法律涉及个人信息保护、数据安全等,但针对性不强,难以全面有效应对算法歧视问题。在算法设计、使用等环节，缺乏详细具体的规范来明确各方责任和义务，导致算法歧视发生后，受害者维权困难，算法设计者和使用者也易逃避责任。而且，法律更新滞后于算法技术发展，对新兴的算法歧视形式缺乏有效应对，亟待完善相关法律，构建更全面的规制体系，以保障个人在算法时代免受歧视侵害。

算法黑箱无疑侵犯了个人权利。一方面，它侵犯隐私权。算法为精准推送等服务，大量收集用户数据，在黑箱状态下，用户不知数据如何被收集、使用，甚至可能被用于歧视性决策，个人隐私处于裸奔状态。比如医疗算法收集患者健康数据，若无严格保护机制，数据可能被滥用。另一方面，算法黑箱侵犯平等权。在就业、信贷等领域，算法可能因数据偏差等因素，对不同群体给予不同待遇，使部分人在机会获取上处于劣势，无法享有平等权利。这种对个人权利的侵犯，不仅损害个人利益，还破坏社会公平正义，影响社会的和谐稳定。

2. 降低算法黑箱潜在歧视风险的解决方案

增强算法透明度是降低歧视风险的关键一步。算法设计者应公开算法的设计逻辑、关键参数、数据来源等，让用户和监管者能了解算法如何运作。在招聘场景中，将筛选简历的算法规则、评估标准等公示出来，使求职者知晓自己被选中的依据。还可引入第三方机构对算法进行审计，评估其是否存在歧视性，确保算法公正。提高算法透明度，能让算法从暗箱操作走向阳光运行，减少因不透明带来的偏见和歧视，使个人免受算法黑箱的不公平对待，维护自身权益。

加强监管和完善法律法规对解决算法黑箱歧视问题至关重要。政府应建立专门的算法监管机构，负责对算法设计、使用等环节进行全面监督，制定严格的算法标准和规范，明确算法设计者、使用者的责任和义务。对于存在歧视性问题的算法，要依法严厉处罚，形成威慑力。完善相关法律法规，填补算法领域的法律空白，针对算法歧视问题制定专门的法律条款，明确算法歧视的定义、认定标准、责任承担等，为受害者维权提供法律依据，让算法在法律的框架内规范运行，保障个人在算法时代免受歧视侵害。

倡导公平算法和建立伦理准则是降低算法黑箱歧视风险的重要举措。算法设计者在开发算法时，要秉持公平公正的价值观，避免将个人或社会的偏见融入算法。要综合考虑算法应用场景中的各种因素，确保算法决策对不同群体无歧视。行业应建立统一的算法伦理准则，明确算法设计、使用的基本原则和规范，引导企业和个人遵循伦理要求。对于违反伦理准则的行为，要进行谴责和处罚，形成良好的行业风气。通过倡导公平算法和伦理准则，推动算法行业健康发展，让算法更好地服务社会，而不是成为歧视的工具。

提升个人数字素养有助于个人应对算法歧视。个人要增强对算法的了解，学习算法的基本原理和应用场景，知晓算法可能存在的偏见和风险。提高信息甄别能力，不盲目相信算法推荐的结果，学会从多渠道获取信息，避免陷入"信息茧房"。要注重保护个人隐私，不随意在网络中泄露个人信息，防止个人信息被算法滥用。当遭遇算法歧视时，要勇于维权，通过合法途径争取自己的权益。只有个人数字素养提升了，才能在算法时代更好地保护自己，减少因算法黑箱而遭受的歧视。

（六）小结

算法黑箱问题极为严重，其给个人带来的潜在歧视风险无处不在。在就业领域，可能因算法黑箱使求职者遭受性别、种族歧视；在信用评估方面，低收入群体易被误判为高风险；在医疗诊断中，患者或因算法偏见被误诊；在教育推荐方面，贫富差距进一步拉大。这些问题不仅损害个人权益，更破坏社会公平，加剧群体矛盾，对社会和谐稳定构成威胁，必须引起高度重视并加以解决。

四、跨境数据流动语境下公私主体对国家安全的威胁

（一）跨境数据流动的全球趋势及其对国家安全的影响

1. 跨境数据流动的规模和增长趋势

在全球化和数字化浪潮推动下，跨境数据流动规模不断扩大、增长态势迅猛。随着云计算、大数据、人工智能等技术的快速发展，各国和地区对数据的依赖度不断加深，跨境数据流动规模仍在持续扩大，成为全球经济发展的重要驱动力。

2. 跨境数据流动活跃的行业和领域

当下，跨境数据流动在诸多行业和领域极为活跃。金融行业为满足跨境交易、风险管理等需求，大量数据在不同国家和地区间流动。科技领域如人工智能、云计算等，数据跨境是技术研发、服务提供的基础。制造业跨国企业为协调生产、供应链管理，也频繁进行数据跨境传输。生物医药行业在药物研发、临床试验等方面，对跨境数据流动依赖度较高。教育领域国际交流合作增多，也促使相关数据跨境流动。这些行业和领域通过跨境数据流动，实现了资源优化配置，推动了自身发展。

3. 跨境数据流动对国家主权和安全的具体影响

跨境数据流动对国家主权和安全影响深远。一方面，数据已成为国家核心竞争力，关系到经济命脉与科技发展，重要数据的跨境流动可能被别国利用，影响本国经济发展和技术创新。另一方面，数据跨境流动使国家面临网络攻击风险增加，一旦关键数据被窃取或篡改，可能导致基础设施瘫痪、社会秩序混乱。而且，数据跨境还可能泄露国家机密和敏感信息，威胁政治安全。

（二）公主体在跨境数据流动中对国家安全的威胁

1. 政府在跨境数据流动监管中面临的挑战

政府在监管跨境数据流动时，面临着诸多棘手问题。数据体量庞大、类型多样，且增长迅速，让监管难以全面覆盖。数据的法律属性识别与分类困难，不同国家和地区对个人数据、重要数据等的定义和标准不同，增加了监管的复杂性。跨境数据流动涉及多方利益主体，包括不同国家和地区的政府、企业和个人，协调各方利益、制定统一监管政策难度极大。技术发展日新月异，新的数据传输和存储技术不断涌现，政府监管技术难以跟上，使监管存在漏洞。而且，全球数据治理规则尚不完善，各国和地区政策存在分歧，也给政府监管带来了外部压力。

2. 监管滞后或不足导致的数据泄露和安全风险

监管滞后或不足会引发严重的数据泄露和安全风险。在一些国家和地区，相关法律法规尚未完善，对数据跨境流动的规范存在空白，使一些企业在数据传输过程中缺乏约束，容易造成数据泄露。监管标准不明确或不统一，导致企业在执行时无所适从，增加了数据安全的风险。监管力度不足，对违规行为的处罚力度不够，难以起到有效的威慑作用，使一些企业心存侥幸，忽视数据安全。而且，监管手段落后，无法有效监测和追踪数据跨境流动的全过程，一旦发生数据泄露，难以及时采取措施进行补救，给国家和地区安全带来巨大隐患。

3. 公主体在国际数据治理合作中的障碍

公主体在国际数据治理合作中，存在不少障碍。不同国家和地区的数据安全理念和利益诉求存在差异，一些国家和地区更注重数据自由流动以促进经济发展，而另一些国家和地区则更强调数据安全，这导致在制定国际数据治理规则时难以达成一致。各国和地区数据保护水平和监管能力参差不齐，发达国家在技术和监管方面具有优势，而一些发展中国家则相对薄弱，这也影响了合作的深入。数据跨境流动涉及执法、司法等多个领域，各国和地区在这些领域的法律法规存在差异，合作过程中容易出现法律冲突，而且国际数据治理缺乏有效的协调机制，难以形成统一的行动方案，影响了合作的效率和效果。

（三）私主体在跨境数据流动中对国家安全的威胁

1. 企业为追求利益忽视数据安全

在商业利益的驱动下，部分企业将盈利置于数据安全之上，导致数据安全保护被严重忽视。一些企业为降低运营成本，不愿投入充足资源用于数据安全防护，忽视对关键数据加密存储、传输过程中的安全防护措施建设。员工数据安全意识培训不到位，员工在处理数据时操作不当或因疏忽导致数据泄露的风险大增。部分企业为快速拓展业务，对合作伙伴的数据安全审查流于形式，使数据在跨境传输过程中存在巨大安全隐患，一旦合作伙伴数据防护能力不足，就可能引发数据泄露事件，给国家安全带来威胁。

2. 个人在数据跨境传输中的风险行为

个人在数据跨境传输中常存在诸多不安全行为。许多人缺乏数据安全意识，随意在公共 Wi-Fi 等不安全的网络环境下传输重要数据，极易被黑客截获。一些人为了方便，将个人数据存储在境外云盘等服务中，而对境外云盘服务提供商的数据安全保护措施缺乏了解，使数据面临泄露风险。还有部分人参与网络兼职等活动，在不知情的情况下协助他人将数据非法传输至境外，或者在社交媒体等平台上过度分享个人信息，导致个人信息被境外机构收集利用，进而可能对国家安全造成潜在威胁。在数据跨境流动日益频繁的背景下，个人这些不安全的行为，为数据安全带来了极大的挑战。

3. 网络犯罪和黑客攻击利用跨境数据流动

网络犯罪和黑客攻击常利用跨境数据流动进行不法活动。跨境数据流动为黑客提供了更多的攻击路径和机会，他们可通过攻击数据传输链路，截获重要数据。黑客还可能利用企业在跨境数据传输中的安全漏洞，入侵企业网络系统，窃取敏感数据。一些网络犯罪分子利用跨境数据流动的监管难度，与境外不法分子勾结，进行数据窃取、贩卖等犯罪活动。跨境数据流动的复杂性，使黑客在实施攻击后，更容易逃避法律追责，给国家安全带来了极大的隐患，严重威胁着国家政治、经济、社会等多方面的安全。

（四）跨境数据流动对国家安全的具体威胁

1. 对国家政治安全的威胁

在跨境数据流动中，数据的自由流通可能成为影响国家政权稳定的潜在因素。数据的跨境流动还可能成为意识形态渗透的渠道，境外势力利用社交媒体等平台传播其价值观和思想观念，对本国的意识形态安全构成威胁。

2. 对国家经济安全的威胁

数据作为数字经济时代的关键生产要素，其跨境流动对国家经济稳定和关键产业影响重大。跨境数据流动不畅会阻碍国际贸易和投资，导致企业成本上升、效率下降，影响国家经济稳定。关键产业的核心技术和商业数据若在跨境流动中被泄露或窃取，将削弱国家的产业竞争力，使国家在国际贸易中处于不利地位。各国对数据的保护力度不断加强，跨境数据流动政策成为国际经贸规则中的前沿议题，对国家经济安全的重要性不言而喻。

3. 对国家军事安全的威胁

数据流动对国家军事安全的影响不容小觑。军事领域高度依赖数据，军事机密如作战计划、武器装备研发数据等，一旦在跨境流动中被泄露或窃取，将使国家军事战略暴露在对手面前，削弱军事优势。网络安全方面，跨境数据流动为黑客提供了更多攻击路径，他们可利用数据传输过程中的漏洞，入侵军事网络系统，篡改数据或破坏系统正常运行。

4. 对国家社会安全的威胁

数据流动对社会秩序和公众利益的影响同样显著。个人数据的跨境流动可能导致数据泄露，进而引发诈骗、勒索等违法犯罪活动，危害公众的人身和财产安全。社会公共安全数据如交通、医疗、能源等领域的敏感信息，若在跨境流动中被恶意利用，可能引发社会恐慌、破坏社会秩序。数据跨境流动还可能使国家在应对突发事件时处于被动，影响社会公共服务的正常提供，威胁社会稳定。

（五）国际社会应对跨境数据流动安全挑战的现有制度

1. 现有国际法律和协议对跨境数据流动的规范

在国际层面，关于跨境数据流动的规范已有一定基础。《安全港协议》曾是美欧间的重要协议，将美国企业自律与欧洲充分保护制度结合，让参与企业能在美欧间顺利传输数据。欧盟《通用数据保护条例》则实施严格的个人数据保护制度，要求向第三方国家传输数据时，该国需提供充分保护，或通过标准合同条款等机制保障数据安全。《全面与进步跨太平洋伙伴关系协定》和《区域全面经济伙伴关系协定》也涉及数据流动规则，允许数据跨境自由流动并设安全例外。这些法律和协议在一定程度上为跨境数据流动提供了规范框架，但面对日益复杂的数据流动形势，仍存在诸多局限。

2. 各国和地区在数据治理政策上的分歧

各国和地区在数据治理政策上分歧明显。欧盟注重数据保护与隐私安全，制定了严格的《通用数据保护条例》，强调数据本地化存储，以保护个人数据不受侵犯。美国则更看重数据自由流动，认为数据流动是促进经济发展和技术创新的关键，对数据跨境限制较少。日本在数据治理上追求平衡，既注重数据安全，又希望通过数据流动促进经济增长。发展中国家往往在数据保护技术上相对薄弱，更倾向于加强数据保护，防止数据被滥用。这些分歧导致在国际数据治理规则制定时，难以形成统一意见，影响了跨境数据流动的全球治理进程。

3. 国际合作在应对数据安全威胁方面的障碍

国际合作在应对数据安全威胁方面障碍重重。不同国家的数据安全理念和利益诉求差异大，一些国家强调数据自由流动以发展经济，而另一些国家更注重数据安全保护。各国数据保护水平和监管能力参差不齐，发达国家在技术和监管上有优势，发展中国家则相对薄弱。数据跨境涉及执法、司法等领域，各国法律法规存在差异，容易出现法律冲突。国际数据治理缺乏有效协调机制，难以形成统一行动方案。还有一些国家推行数据霸权主义，以国家安全为由对他国实施数据封锁，阻碍了国际合作的开展。

4. 国际合作应对跨境数据流动的成功案例

国际社会在应对跨境数据流动方面也有成功案例。2020年，中国与新加坡达成"数字丝绸之路"合作协议，在数据跨境流动方面建立了互信机制，促进了两国数字贸易的发展。欧盟与日本在2019年达成数据保护互认协议，双方认定彼此的数据保护体系达到充分保护水平，实现了数据在欧盟与日本间的自由流动，无须额外审批。这种互认机制在保护数据安全的同时，降低了企业合规成本，促进了经济合作。国际刑警组织在打击网络犯罪方面也发挥了重要作用，通过国际合作，破获了多起涉及跨境数据窃取的案件，维护了全球数据安全。

(六) 加强国家安全、应对威胁的对策建议

1. 完善法律法规，提升监管能力

完善法律法规是应对跨境数据流动威胁的关键。需加快构建跨境数据流动法律法规体系，明确数据分类分级标准，细化数据跨境传输、存储、使用等环节的法律规范。针对不同行业和领域，制定具有针对性的数据跨境流动监管规则。赋予监管部门更多执法权限和手段，提高对违法违规行为的处罚力度，形成强有力的法律威慑。通过法律明确公主体与私主体在数据跨境流动中的权利和义务，确保各方依法依规开展数据处理活动，提升整体监管能力，筑牢数据安全防线。

2. 提升技术防护，增强数据安全保障

技术防护是保障数据安全的重要支撑。企业应加大技术研发投入，采用先进的加密技术，对敏感数据进行加密处理，确保数据在传输和存储过程中不被窃取。利用防火墙、入侵检测系统等网络安全设备，构建多层次的安全防护体系，有效抵御外部攻击。建立数据备份和恢复机制，防止数据丢失或被破坏。加强对数据访问的权限控制，根据员工职责和权限设置不同的访问级别，防止内部人员非法访问和泄露数据。通过持续的技术创新和应用，提升数据安全防护水平，为跨境数据流动提供坚实的技术保障。

3. 加强国际合作，共同应对安全挑战

跨境数据流动涉及多国利益，加强国际合作势在必行。各国应秉持开放、包容、互利、共赢的原则，加强在数据安全领域的沟通与协调。推动建立统一的数据跨境流动国际规则，平衡数据自由流动与数据安全保护的关系。深化在数据安全技术研发、执法司法等方面的合作，共同打击网络犯罪和数据窃取行为。通过开展数据保护互认、建立国际数据治理协调机制等方式，促进数据安全有序流动，实现各国在数字经济时代的共同发展。

五、垄断地位滥用情况下平台企业对市场竞争的阻碍

(一) 平台经济的兴起与平台企业的重要性

1. 平台经济的定义与特点

平台经济是依托互联网平台，以数据为关键生产要素，以新一代信息技术为驱动，以网络信息基础设施为支撑的新型经济形态。它具有双边市场、多边市场特性，能连接多方主体，降低交易成本，实现资源的高效配置。平台经济在中国数字经济中占据重要地位，是提高资源配置效率、贯通国民经济循环、推动国家治理现代化的重要力量。

2. 平台企业在现代经济中的作用

平台企业在现代经济中发挥着不可替代的作用。在连接供需方面，它们搭建起桥梁，让供需双方快速匹配，提高交易效率，降低了信息不对称带来的成本。在提供服务上，平台企业凭借先进的技术和丰富的资源，为用户提供个性化、多样化的服务，极大满足了人们的需求。在促进市场繁荣上，平台企业吸引了大量商家和消费者，形成庞大的市场网络，激发了市场活力，推动了相关产业的发展，为经济增长注入了强劲动力。

(二) 垄断地位滥用的概念与特征

1. 垄断地位滥用的定义

垄断地位滥用，即具有市场支配地位的企业不合理利用其地位，实质性地限制竞争、损害消费者利益、破坏公平的市场竞争秩序。在反垄断法中，垄断地位滥用的构成需满足主体要件、行为要件和后果要件。主体为企业且具有市场支配地位，行为表现为对市场支配地位的滥用，后果是产生了排除、限制竞争的效果。这与结构主义和行为主义理论紧密相关。结构主义认为市场结构决定企业行为，支配地位易被滥用；行为主义则强调滥用行为对市场竞争的实际损害。反垄断法规制垄断地位滥用，旨在维护公平竞争的市场环境，保护消费者利益和社会

公共利益。

2. 平台企业垄断地位滥用的表现形式

平台企业垄断地位滥用的表现形式多样。拒绝交易方面，平台企业可能会无正当理由拒绝与交易相对人进行交易，如电商平台对某些商家关闭店铺或下架商品，阻碍其正常销售。限定交易方面，常表现为"二选一"，强迫商家只能在自家平台或其他竞争性平台中选其一经营，限制商家多渠道销售，剥夺消费者选择权。独家交易，通过与商家签订独家合作协议，阻止竞争对手获取必要的资源或服务。搭售与附加不合理交易条件也较为常见，平台企业将不同商品捆绑销售，或在交易时附加其他不合理条件，如购买主打商品必须同时购买滞销商品。还有差别待遇问题，对条件相同的交易相对人在交易价格等交易条件上实行差别待遇，如"大数据杀熟"，对不同消费者实施不同价格。这些行为都严重破坏了市场竞争秩序，损害了市场公平。

（三）平台企业垄断地位滥用对市场竞争的阻碍

1. 限制新企业进入市场

平台企业滥用垄断地位会大幅提高市场壁垒，阻碍新竞争者进入。借助数据优势与网络效应，平台企业能精准定位用户需求，优化服务，形成规模效应，使新企业难以在用户获取上与之竞争。如通过独家合作限制关键资源流向，新企业因缺乏必要资源而难以发展。"二选一"等行为使商家被迫站队，新企业难以获得足够的商家资源与合作机会。平台企业还可利用资金优势进行低价倾销，挤压新企业的生存空间，使其在价格战中难以支撑。高昂的技术投入与营销成本，也让新企业在资金上难以与垄断平台抗衡，从而被挡在市场大门之外，难以对现有垄断企业形成有效竞争。

2. 抑制技术创新

在平台企业垄断的市场环境中，中小企业的创新动力会受到严重削弱。由于平台企业拥有庞大的用户基础和数据资源，能够轻易获取市场份额，中小企业即便研发出新技术或新产品，也难以在市场推广上取得突破。平台企业可能通过独家合作、限定交易等方式，阻止中小企业的创新成果进入市场，从而抑制了整个行业的技术进步。垄断平台还可能利用自身优势，对创新企业进行打压或收购，以维持自身的市场地位。这种情况下，中小企业为了生存，可能不得不放弃创新，转而选择跟随或模仿垄断平台的业务模式，导致市场缺乏创新活力，阻碍了技术进步和社会发展。

3. 损害消费者权益

平台企业滥用垄断地位会直接损害消费者权益。在选择权方面，"二选一"等行为使消费者只能在有限的商家或商品中进行选择，无法享受到充分的市场竞争带来的多样化商品和服务。价格上，垄断平台拥有定价权，可能抬高商品价格或实施"大数据杀熟"，使消费者支付更高的价格。质量方面，由于缺乏竞争压力，平台企业可能降低对商品和服务质量的要求，消费者难以获得优质的产品和服务。消费者的投诉和维权也因平台企业的强势地位而变得困难，合法权益难以得到有效保障，长此以往，会严重降低消费者对市场的信任度，影响市场的健康发展。

（四）平台企业滥用垄断地位对市场公平性和效率的影响

1. 市场公平性的破坏

平台企业滥用垄断地位会严重破坏市场公平竞争机制。在公平竞争的市场中，企业本应凭借产品质量、服务水平等展开竞争。但垄断平台通过"二选一"等行为，强迫商家站队，限制其自由选择权，使新企业难以获得合作资源，从而无法公平参与市场竞争。独家交易、差别待遇等手段，也让竞争对手处于不利地位，无法在同等条件下竞争。这种不公平竞争导致市场资源向垄断平台集中，中小企业生存艰难，市场主体间的公平竞争秩序被打破，无法实现优胜劣汰，长此以往，市场会失去活力，难以健康发展。

2. 市场效率的降低

在垄断环境下，平台企业的资源配置效率会大幅下降。正常情况下，市场通过价格机制调节资源配置，使资源流向效率高的领域。但垄断平台凭借市场支配地位，人为干预价格和资源配置，如通过低价倾销排挤竞争对手，导致资源无法根据市场需求有效流动。资源被垄断平台过度集中，而有需求的中小企业却难以获取，造成资源浪费。垄断还抑制了技术创新，新技术、新产品难以推广，使整个行业的技术水平停滞不前，进一步降低了市场效率，影响经济的持续增长和健康发展。

（五）典型案例分析

1. 谷歌被欧盟反垄断调查

谷歌曾多次因滥用市场支配地位被欧盟处罚。2017年，欧盟委员会认定谷歌在通用搜索服务中滥用市场支配地位，对竞争对手的购物搜索服务施加限制，扭曲了市场竞争，以维护自身在搜索广告市场的优势，对其处以24.2亿欧元的罚款。2018年，谷歌又因在安卓移动操作系统及相关服务市场上滥用支配地位，被欧盟罚款43.4亿欧元。2019年，谷歌因在线广告业务被欧盟罚款14.9亿欧元。这些处罚反映了谷歌利用其市场地位排除竞争对手，阻碍市场竞争的行为，也体现了欧盟对平台企业垄断行为的严厉监管态度。

2. 阿里巴巴"二选一"垄断案

从2015年起，阿里巴巴集团滥用市场支配地位，对平台内商家提出"二选一"要求，禁止商家在其他竞争性平台开店或参加促销活动。通过市场力量、平台规则和数据、算法等技术手段，采取多种奖惩措施保障"二选一"要求执行。这种行为严重限制了商家的经营自由，损害了市场竞争秩序。2021年4月10日，市场监管总局依法对阿里巴巴集团作出行政处罚决定，责令其停止违法行为，并处以其2019年中国境内销售额4557.12亿元4%的罚款，计182.28亿元。这一处罚对阿里巴巴集团及相关平台企业产生了警示作用，也彰显了监管部门维护市场公平竞争的决心。

3. 脸书垄断行为的影响

脸书的垄断行为对市场竞争和消费者权益造成了诸多负面影响。其利用庞大的用户数据优势，在社交平台领域形成垄断地位，限制了新兴社交平台的进入和发展，破坏了市场竞争秩序。在用户数据使用方面，脸书存在不当行为，未能充分保障用户数据安全，侵犯了用户的隐私权，也损害了消费者对平台的信任。这种垄断行为不仅阻碍了行业创新，还对整个互联网生态的健康发展产生了负面影响，引发了监管机构和用户的广泛关注。

（六）反垄断法规对平台企业的监管

1. 《中华人民共和国反垄断法》的相关规定

《中华人民共和国反垄断法》明确禁止具有市场支配地位的经营者滥用市场支配地位，排除、限制竞争。该法第二十二条采用"行为类型列举+行为认定兜底"的规范方法，对滥用市场支配地位行为进行规制，包括以不公平的高价销售商品或以不公平的低价购买商品、没有正当理由拒绝与交易相对人进行交易等。在平台经济领域，这些规定同样适用，但需结合平台经济的特点，如多边市场、网络效应等，准确界定相关市场，合理认定市场支配地位，进而判断平台企业的行为是否构成垄断滥用，以有效维护市场竞争秩序。

2. 平台企业特殊性对监管的影响

平台企业具有多边市场、动态竞争、非对称定价等特殊性，给反垄断执法带来诸多挑战。多边市场特性使相关市场界定复杂，难以简单套用传统单边市场的界定方法。在动态竞争下，平台企业的市场地位易受技术、创新等因素影响，静态的市场份额评估难以准确反映其竞争实力。非对称定价则导致价格竞争分析难度增加。这些特殊性要求反垄断执法需创新方法，引入更专业的经济学分析工具，采用更灵活的监管手段，以适应平台经济发展的新形势，提高执法的精准性和有效性。

3. 国际反垄断监管经验借鉴

国际上，欧盟以《数字市场法》引入"看门人"概念，对亚马逊、苹果等大型平台企业进行重点监管，要求其承担提供公平开放市场的责任。美国则采用司法审判模式，执法机构调查后向法院提起控诉，由法院裁决，这种模式为企业提供充分抗辩空间，能降低错误执法概率，但也存在周期长、结果不确定性大的问题。这些经验对我国有重要借鉴意义，我国可在完善反垄断法规时，结合自身实际情况，吸收国际先进做法，加强对平台企业的监管，维护市场公平竞争。

（七）小结

平台经济的蓬勃发展在为现代经济注入活力的同时，也带来了垄断地位滥用的问题。平台企业凭借其市场支配地位，通过拒绝交易、限定交易、差别待遇等多种手段，阻碍市场竞争，限制新企业进入，抑制技术创新，损害消费者权益，破坏市场公平性与效率。国内外诸多案例，如谷歌、阿里巴巴、脸书的垄断行为，都凸显了这一问题的严重性。对此，完善反垄断法律法规、加强监管执法力度、促进市场多元化发展等应对措施至关重要。只有多管齐下，才能有效遏制平台企业垄断地位滥用，维护公平竞争的市场环境，保障经济的持续健康发展。

六、数据共享利用场景下的个人隐私风险

在数字经济时代，数据共享成为释放数据价值、促进创新发展的核心路径。例如，在金融科技领域，数据共享助力金融机构实现精准风控与个性化服务；在智能制造领域，企业间的数据共享推动供应链协同与生产效率提升。然而，数据共享的深度和广度不断拓展，个人隐私面临着前所未有的风险。个人隐私泄露不仅损害个体权益，还可能阻碍数字经济的健康发展，引发公众对数据共享的信任危机。因此，从数字经济发展角度研究个人隐私风险，对于推动数字经济高质量发展具有重要的理论与现实意义。

（一）数字经济发展背景下的数据共享特征

1. 数据驱动的商业模式

数字经济时代，数据驱动的商业模式成为主流。企业通过收集、分析用户数据，洞察市场需求，实现精准营销、产品创新与服务优化。例如，电商平台基于用户的购物历史、浏览行为等数据，为用户推荐个性化商品；社交媒体平台依据用户兴趣偏好，推送定制化广告。这种商业模式高度依赖数据共享，企业为获取更全面的数据，往往与多方进行数据交互。在数据共享过程中，个人信息的收集

范围不断扩大，隐私风险随之增加。

2. 平台经济的兴起

平台经济是数字经济的重要形态，以互联网平台为载体，整合各方资源，实现供需匹配与价值创造。大型平台企业如阿里巴巴、腾讯等，汇聚了海量用户数据，涵盖社交、消费、支付等多个领域。平台企业通过开放数据接口、开展合作等方式，与第三方开发者、商家进行数据共享，构建生态系统。然而，平台经济的数据共享模式存在权力失衡问题，平台企业掌握着数据的主导权，用户在数据共享中处于弱势地位，其隐私权益易受侵害。

3. 跨界融合趋势

数字经济推动各行业跨界融合，数据共享成为实现融合发展的关键纽带。例如，医疗与人工智能的融合，需要医疗机构共享患者的医疗数据用于算法训练；交通与物联网的融合，依赖交通数据与传感器数据的共享。跨界数据共享涉及多方主体，数据流通链条变长，数据管理难度加大，增加了个人隐私泄露的可能性。

（二）数据共享场景下的个人隐私风险分析

1. 数据收集环节的风险

在数字经济的数据驱动模式下，企业为获取更多商业价值，存在过度收集个人信息的现象。例如，一些智能穿戴设备不仅收集用户的运动健康数据，还获取用户的社交关系、地理位置等与核心功能无关的信息。此外，部分企业利用用户对数字产品和服务的依赖，采取"捆绑授权"方式强制用户同意数据收集条款。用户为使用服务，不得不让渡大量隐私权利。同时，数字经济的跨界融合使数据来源多元化，企业难以准确识别数据的合法来源，增加了非法收集个人信息的风险。

2. 数据存储环节的风险

随着数字经济规模的扩大，数据存储量呈爆炸式增长。企业为降低成本，可能采用安全性较低的存储方式，增加了数据泄露风险。例如，一些中小互联网企业将用户数据存储在未经严格安全评估的云服务器上。此外，数据存储的集中化趋势明显，大型平台企业存储了海量用户数据，一旦遭受攻击，将导致大规模隐私泄露。

3. 数据传输环节的风险

数字经济的跨界融合与平台经济的发展，使数据在不同主体、不同系统之间频繁传输。在数据传输过程中，若未采取有效的加密措施，数据易被窃取或篡改。例如，在物联网设备与云端服务器的数据传输过程中，由于部分设备安全防护能力较弱，黑客可通过中间人攻击获取用户数据。此外，数据传输协议的不完善也存在安全隐患，一些老旧协议可能存在已知漏洞，无法保障数据传输的安全性。而且，数据在跨国传输时，还面临不同国家和地区隐私保护法规差异带来的风险，增加了数据泄露后的维权难度。

4. 数据使用环节的风险

在数字经济环境下，数据使用方式日益复杂，数据滥用现象频发。企业可能超出授权范围使用个人数据，将数据用于其他商业目的。例如，某些数据服务提供商在获得用户数据用于市场调研后，将数据转售给广告公司用于精准营销。此外，数据的二次使用和多次使用难以有效监管，数据在不同主体间流转过程中，用户无法追踪数据的使用情况，隐私保护失控。同时，人工智能、大数据分析等技术的应用，使从海量数据中挖掘个人隐私信息变得更加容易，进一步加剧了隐私风险。

（三）个人隐私风险对数字经济发展的影响

1. 阻碍数据要素市场发展

个人隐私风险导致用户对数据共享产生顾虑，降低用户参与数据共享的积极性。用户可能拒绝提供数据或采取数据保护措施限制数据使用，导致数据要素市场的供给不足。同时，企业因担心隐私风险，在数据交易和共享过程中会更加谨慎，增加数据交易成本，阻碍数据要素的自由流通，影响数据要素市场的繁荣发展。

2. 损害数字经济创新活力

数据共享是数字经济创新的重要基础。个人隐私风险使企业在数据共享过程中面临诸多限制，难以获取全面、高质量的数据用于创新。例如，医疗数据的隐私保护问题限制了医疗人工智能的研发进程。此外，公众对隐私风险的担忧也会影响对创新数字产品和服务的接受度，抑制数字经济的创新需求，阻碍数字经济创新生态的构建。

3. 引发数字经济信任危机

个人隐私泄露事件频发，会引发公众对数字经济企业和平台的信任危机。用户对数字产品和服务的信任度降低，将直接影响数字经济的消费市场。例如，某社交平台因数据泄露事件，用户活跃度大幅下降。信任危机还会影响数字经济的国际合作，其他国家和地区可能因隐私保护问题对我国数字经济企业产生疑虑，限制合作项目的开展，削弱我国数字经济的国际竞争力。

（四）应对个人隐私风险的策略

1. 完善法律法规体系

政府应加快制定和完善符合数字经济发展特点的个人隐私保护法律法规。明确数据主体的权利和义务，规范数据收集、存储、传输、使用等全流程行为。建立严格的数据跨境流动监管机制，确保数据在跨境传输过程中的安全。加大对侵犯个人隐私行为的处罚力度，提高违法成本。同时，加强国际隐私保护法规的协调与合作，推动形成全球统一的数据隐私保护规则。

2. 强化技术保障能力

企业应加大技术研发投入，采用先进的数据安全技术保障个人隐私。在数据收集环节，运用联邦学习、差分隐私等技术，实现数据"可用不可见"，在保护隐私的前提下完成数据共享与分析。在数据存储环节，采用分布式存储、区块链等技术，提高数据存储的安全性和可靠性。在数据传输环节，使用量子加密等先进加密技术，确保数据传输的机密性和完整性。同时，建立数据安全监测与预警系统，实时监控数据安全状况，及时发现和处理安全隐患。

3. 加强行业自律与监管

行业协会应制定数据共享与隐私保护的行业标准和规范，引导企业自觉遵守。建立行业自律机制，对违反隐私保护规定的企业进行惩戒。政府监管部门应加强对数字经济企业的监督检查，建立常态化的监管机制。利用大数据、人工智能等技术提升监管效率，实现对数据共享全流程的动态监管。同时，加强监管部门之间的协同合作，形成监管合力。

4. 提升用户隐私保护意识

通过宣传教育活动，提高公众对个人隐私保护的认识和理解。企业在提供数字产品和服务时，应采用通俗易懂的方式向用户说明隐私政策，保障用户的知情权和选择权。开展隐私保护培训和宣传活动，增强用户的数据安全意识和自我保护能力。例如，通过线上课程、宣传手册等方式，向用户普及隐私保护知识和技能。

（五）结论

在数字经济快速发展的背景下，数据共享是释放数据价值、推动经济创新的必然要求，但个人隐私风险也随之加剧。个人隐私风险不仅损害个体权益，还对数字经济的发展产生负面影响。从数字经济发展角度来看，需要构建法律法规、技术保障、行业自律和用户意识提升相结合的全方位隐私保护体系。通过完善法律法规规范数据共享行为，强化技术保障提升数据安全水平，加强行业自律与监管形成治理合力，提升用户意识促进公众参与，从而实现数据共享与隐私保护的平衡，推动数字经济持续健康发展。未来，随着数字经济的不断演进，个人隐私保护面临的挑战也将不断变化，需要持续关注并及时调整应对策略，以适应新的发展需求。

第四节 防范化解数字经济风险的重大意义

一、防范化解数字经济风险的理论意义

(一) 数字经济在全球经济中的地位和影响

1. 数字经济规模持续扩大

数字经济正以前所未有的速度发展，其规模在全球经济中的占比持续攀升。诸多数据显示，数字经济已成为全球经济增长的重要引擎。从产业层面看，数字产业本身迅速壮大，涵盖信息技术、数字内容等多个领域，为经济增长注入强劲动力。数字技术不断向传统产业渗透，推动各产业数字化转型，使经济总量持续扩大。数字经济的蓬勃发展，不仅提升了全球经济的整体规模，还改变了经济增长的方式和结构。

2. 数字经济对传统产业的改造升级

数字经济凭借其强大的创新能力和技术优势，对传统产业进行着全方位、深层次的改造升级。在农业领域，数字技术助力实现精准农业，提高农业生产效率和产品质量。在制造业，数字技术的融合应用推动智能制造的发展，提升制造业的竞争力和附加值。在服务业，数字经济催生了众多新兴业态，如在线教育、远程医疗等，极大地丰富了服务内容和形式，拓展了服务边界。数字经济的改造升级，使传统产业焕发出新的生机与活力，为全球经济的可持续发展提供了有力支撑。

3. 数字经济促进全球经济格局重塑

数字经济打破了传统经济模式下地域、资源等方面的限制，推动全球经济格局发生深刻变革。数字技术的广泛应用，使信息流动更加便捷高效，资源要素的配置更加优化合理。发展中国家借助数字经济机遇，能够更好地融入全球产业链

和价值链，在某些领域实现"弯道超车"。数字经济还催生了新的经济增长点和商业模式，为各国经济发展提供了新的可能性。全球经济格局在数字经济的推动下，朝着更加多元、均衡的方向发展。

（二）防范化解数字经济风险的理论基础

1. 风险管理理论在数字经济中的应用

风险管理理论在数字经济领域发挥着关键作用。它首先通过风险识别，帮助企业和机构精准定位数据安全、技术、市场等方面的风险点。利用风险分析工具，对各类风险的可能性和影响程度进行评估，为制定应对策略提供依据。在风险应对环节，根据风险特点，采取风险规避、风险降低、风险转移等方法，如建立数据加密机制应对数据泄露风险，加强技术研发投入以应对技术更新风险，完善市场规则和监管机制以应对市场风险。风险管理理论贯穿数字经济活动的始终，为防范化解风险、保障数字经济健康发展提供重要指导。

2. 数字治理理论的主要内容

数字治理理论以技术为核心，旨在革新传统治理结构，提升治理效率与决策质量。其核心概念在于借助数字技术优化社会治理体系，以实现社会良治。在数字经济中，数字治理理论秉持开放、透明、共享等原则，强调多元主体参与，包括政府、企业、社会组织及公民个人，共同构建协同治理机制。通过数字技术的应用，实现数据的有效采集、分析和利用，提高治理的精准性和有效性。它有助于打破信息壁垒，促进资源优化配置，提升公共服务水平，规范市场秩序，为数字经济营造良好的发展环境，推动数字经济与实体经济深度融合，实现经济社会的可持续发展。

3. 网络安全和数据保护的相关理论

网络安全与数据保护的基本理论框架围绕保障网络系统安全、数据机密性、完整性和可用性展开。从技术层面看，涉及加密技术、防火墙、入侵检测等，为网络安全构筑防线。从管理层面，强调建立健全的安全管理制度和流程，提升人员安全意识。在法律层面，制定相关法律法规，对网络攻击、数据泄露等行为进行严厉打击。这些理论对于数字经济至关重要，只有筑牢网络安全防线，保护好数据，才能保障个人隐私、企业商业秘密和国家安全，避免因网络安全事件导致的数据损失和经济损失，为数字经济的健康发展奠定坚实基础。

（三）防范化解数字经济风险对完善数字经济理论体系的作用

1. 弥补当前数字经济理论体系的不足

现有数字经济理论体系在诸多方面存在缺陷。对数字经济的独特元素分析不足，未能充分融入新模式、新组织等影响。理论研究多聚焦宏观层面，对微观主体如企业数字化转型的具体机制探讨不够深入。对于数字经济带来的新风险，如数据安全、技术伦理等，缺乏系统性的理论阐释。在跨学科融合方面也有待加强，难以全面解读数字经济对经济、社会、文化等多领域的综合影响，亟待进一步完善以适应数字经济发展的现实需求。

2. 防范化解数字经济风险研究丰富数字经济理论

防范化解数字经济风险的研究为理论体系注入新活力。从风险视角出发，深入剖析数据安全、技术、市场等风险的形成机制与影响，拓展了理论的研究边界。提出诸多应对策略，如构建数据安全治理框架、完善技术风险防控体系等，为理论体系提供新的实践导向。对防范风险的研究还促进跨学科交叉融合，将法学、管理学、马克思主义哲学等多学科知识融入，丰富了数字经济理论的内涵，推动理论体系向更加全面、深入的方向发展。

3. 新的理论模型在数字经济中的应用

近年来新提出的理论模型在数字经济中应用广泛。如经济韧性模型，用于分析数字经济冲击下城市经济的抵抗、恢复等能力，为评估经济稳定性提供新工具。复杂网络模型也被引入，通过模拟数字经济中的网络结构，分析风险传播路径与防控策略。还有基于大数据的预测模型，能精准预测市场波动、技术发展趋势等，为企业和政府决策提供科学依据，助力数字经济健康发展。

(四) 防范化解数字经济风险对推动风险管理理论创新的贡献

1. 数字经济风险特点对传统理论的挑战

数字经济风险具有诸多特殊性，对传统风险管理理论带来巨大挑战。其风险来源广泛，涉及数据、技术、市场等多个维度，且风险传播速度快、影响范围广。风险的复杂性和不确定性更高，数据安全风险可能因黑客技术不断升级而难以预测，技术风险也因技术迭代加快而充满变数。传统理论在应对这些新风险时，往往难以精准识别和评估风险，无法及时制定有效的应对策略，难以满足数字经济风险管理的现实需求。

2. 新的风险管理方法在数字经济中的应用

针对数字经济风险，诸多新的风险管理方法和工具应运而生。在风险识别阶段，利用大数据分析技术，对海量数据进行挖掘和分析，提高风险识别的准确性和全面性。在风险评估环节，采用人工智能算法，构建风险评估模型，对风险的可能性和影响程度进行量化评估。在风险应对方面，建立动态风险监控体系，实时跟踪风险变化，及时调整应对策略。这些新的方法和工具，为数字经济风险管理提供了有力支持。

3. 跨学科研究促进风险管理理论创新

跨学科研究为风险管理理论创新提供了新路径。通过融合法学、管理学、计算机科学等多学科知识，从不同视角分析数字经济风险，形成更全面的理论框架。例如，结合法学研究，制定更完善的数字经济法律法规，为风险管理提供法律保障；借鉴计算机科学的技术手段，提升风险防控的技术水平。跨学科研究打破了传统学科界限，促进了知识交融，推动风险管理理论不断向前发展。

(五) 防范化解数字经济风险促进数字治理理论的发展

1. 数字治理的核心概念和原则

数字治理是以技术为核心，通过革新传统治理结构，提升治理效率与决策质量的治理方式。其基本概念在于借助数字技术优化社会治理体系，实现社会良治。核心原则包括开放、透明、共享，强调多元主体参与，如政府、企业、社会组织及公民个人，共同构建协同治理机制。数字治理的理论基础源于治理理论，强调公私合作与治理结构的转变。在数字经济时代，数字治理以数据为关键要素，以新型信息技术为工具，具有多主体协同的核心特征，旨在打破信息壁垒，促进资源优化配置，提升公共服务水平，规范市场秩序。

2. 防范化解风险推动数字治理体系的完善

防范化解数字经济风险对数字治理体系的完善意义重大。面对数字经济的各类风险，需要整合多元治理主体，构建信息互通、资源互补、责任共担、利益共享的风险治理体系。数字治理方式借助智能算法和数字技术，可实现治理要素的精准对接，有效阻断风险扩散。通过完善风险识别、评估和应对机制，能促进数字治理体系在风险防范方面的功能提升，推动形成更加健全的数字治理体系，包括加强数据安全治理、提升技术风险防控、规范市场秩序等，为数字经济的健康发展提供有力保障。

3. 全球数字治理的现状与趋势

全球数字治理在数字经济快速发展下取得一定进展，但也面临诸多挑战。从现状看，各国纷纷加强数字基础设施建设，推动数字技术在治理中的应用，提升了治理效率和公共服务水平。但数据跨境流动、数据安全、隐私保护、数字鸿沟等问题依然突出。不同国家和地区在数字治理理念、法规标准、技术水平等方面存在差异，导致全球数字治理缺乏统一协调机制。

未来，全球数字治理将朝着更加协同化、法治化、智能化的方向发展。各国将加强国际合作，共同制定数字治理规则，促进数据跨境流动的安全与便利。数字技术的不断创新将为数字治理提供更多手段，如人工智能、大数据等技术将广泛应用于风险监测、决策支持等领域。数字治理的法治化水平也将不断提高，通过完善相关法律法规，为数字经济发展提供更加稳定、可预期的法治环境。

（六）小结

防范化解数字经济风险在理论层面意义重大。它不仅有助于完善数字经济理论体系，填补现有理论对风险研究等方面的空白，推动跨学科融合，还能为风险管理理论创新提供新思路，针对数字经济风险特点催生出新的管理方法和工具。促进数字治理理论发展，推动数字治理体系完善，为全球数字治理提供理论参考，为数字经济健康、可持续发展筑牢理论根基。

二、防范化解数字经济风险的实践意义

数字经济作为全球经济变革的核心力量，正在重塑世界经济格局。近年来，全球数字经济规模呈现出爆发式增长态势。

然而，数字经济在蓬勃发展的进程中，各类风险也如影随形。从技术层面的网络攻击、数据泄露，到产业生态层面的数字平台垄断、数字鸿沟加剧，再到国际竞争中的规则博弈、技术封锁等，这些风险不仅严重威胁数字经济自身的健康发展，还对整个经济社会的稳定运行构成了潜在挑战。因此，深入探究防范化解数字经济风险的实践意义，对于推动数字经济高质量发展、维护国家经济安全与社会稳定具有至关重要的现实意义。

（一）维护经济稳定运行

1. 数字经济对经济增长的重要性

数字经济已深度融入全球经济体系，成为驱动经济增长的核心动力。在我国，数字经济对 GDP 增长的贡献率持续攀升，2019 年，我国数字经济对 GDP 增长的贡献率达到 67.7%，超过了三次产业对 GDP 增长贡献率的总和。数字经济主要通过产业数字化和数字产业化两条路径推动经济增长。

在产业数字化方面，传统制造业借助数字技术实现了生产流程的智能化改造，生产效率得到显著提升。以富士康为例，通过建设工业互联网平台，引入大数据、人工智能等技术，实现了生产线的自动化和智能化管理。在引入新技术后，富士康的生产效率提高了 30% 以上，产品不良率降低了 20%，生产成本也大幅下降。不仅如此，工业互联网平台还实现了生产数据的实时采集与分析，能够根据市场需求快速调整生产计划，提高了企业对市场的响应速度。

在数字产业化方面，以 5G、人工智能、大数据为代表的新兴数字产业呈现出蓬勃发展的态势。2020 年我国 5G 产业规模达到 1.6 万亿元，预计到 2025 年底

将超过 3 万亿元。5G 技术的广泛应用，催生了一系列新兴产业和应用场景，如智能驾驶、远程医疗、高清视频等。在远程医疗方面，5G 技术支持下的高清视频传输和实时数据交互，让专家能够远程为患者进行诊断和手术指导，极大地提高了医疗资源的利用效率。

2. 数字经济风险对经济稳定的威胁

数字经济风险一旦爆发，将给经济稳定运行带来巨大冲击。网络攻击和数据泄露事件频发，严重威胁企业的生产经营安全。例如，2017 年 WannaCry 勒索病毒攻击，全球范围内大量企业和机构的计算机系统被感染，许多企业被迫中断生产。据估算，此次攻击造成的经济损失高达数十亿美元。在我国，也发生过类似的网络攻击事件，数百万用户的个人信息泄露不仅给用户带来了巨大的财产损失和隐私泄露风险，也使该企业的声誉受到严重损害，股价大幅下跌，市场份额下降。

数字平台垄断行为同样严重破坏市场竞争秩序，抑制创新活力。一些大型数字平台利用其市场优势地位，对中小企业进行不公平竞争。某些电商平台通过"二选一"等手段，限制商家在其他平台开展业务，迫使商家只能选择在自己的平台经营，从而垄断市场资源，挤压中小企业的生存空间。这种垄断行为不仅阻碍了中小企业的发展，也使市场缺乏竞争，创新动力不足，进而影响整个经济生态的平衡。

数字鸿沟的加剧则会导致区域和群体之间的经济差距进一步扩大。在我国，东部地区数字经济发展迅速，而中西部地区相对滞后；城市地区数字技术应用广泛，农村地区则存在明显的数字基础设施薄弱、数字人才匮乏等问题。这种数字鸿沟使不同地区、不同群体在获取数字经济发展红利方面存在巨大差异，影响社会的和谐稳定，进而对经济稳定运行产生负面影响。

3. 防范化解风险对稳定经济的作用

有效防范化解数字经济风险，是保障经济稳定运行的关键举措。加强网络安全防护，建立健全数据安全管理体系，能够显著降低网络攻击和数据泄露事件的发生概率。我国许多金融机构通过加强网络安全技术投入，建立了多层次的网络安全防护体系。例如，某国有银行引入了先进的入侵检测系统和防火墙技术，对网络流量进行实时监测和分析,及时发现并阻止了多次网络攻击,确保了金融业务的稳定运行。同时,该银行还建立了严格的数据加密和备份制度,保障客户数据的安全。

打击数字平台垄断行为,维护公平竞争的市场秩序,能够激发创新活力,促进经济的持续健康发展。近年来,我国加强了对数字平台经济的反垄断监管,对一些垄断行为进行了调查和处罚。这不仅激发了中小企业的创新活力,也推动了整个数字平台经济的健康发展。

缩小数字鸿沟,促进数字技术在不同区域和群体中的普及应用,能够实现经济的均衡发展,增强经济的稳定性。通过实施"数字乡村"战略,我国农村地区的数字基础设施得到了显著改善。截至2023年底,我国农村地区互联网普及率达到60%以上,农村电商等数字经济新业态蓬勃发展。通过发展农村电商,农产品能够直接对接城市消费者,拓宽了销售渠道,增加了农民收入,有效促进了农村经济的增长,缩小了城乡经济差距。

(二) 推动数字经济健康可持续发展

1. 数字经济发展面临的风险挑战

数字经济在发展过程中面临着诸多复杂的风险挑战。从技术层面来看,数字技术的快速迭代带来了技术更新换代风险。以人工智能技术为例,短短几年时间,从传统的机器学习算法发展到深度学习、强化学习,再到如今的生成式人工智能,技术更新速度极快。企业若不能及时跟上技术发展步伐,可能会在市场竞争中迅速被淘汰。同时,数字技术的安全性和可靠性也存在隐患,如人工智能算法可能存在偏见和歧视问题,影响决策的公正性。

从产业生态层面来看,数字平台经济的快速发展导致市场集中度不断提高,一些大型数字平台形成了垄断地位。这些平台凭借其庞大的用户基础和数据资源,在市场中占据主导地位,阻碍了市场竞争和创新。此外,数字经济与实体经济的融合也面临着诸多困难。传统企业数字化转型过程中面临技术、人才、资金等方面的制约。许多中小企业由于缺乏专业的数字技术人才和足够的资金投入,难以开展数字化转型,无法充分享受数字经济带来的发展机遇。

从市场层面来看，数字经济市场的不确定性增加，市场需求变化快速。以电商市场为例，消费者的购物偏好和需求随时可能发生变化，企业难以准确把握市场趋势，导致投资决策失误风险加大。同时，数字经济市场的竞争激烈，新的商业模式和竞争对手不断涌现，企业面临着巨大的市场竞争压力。

2. 风险对数字经济可持续发展的阻碍

这些风险严重阻碍了数字经济的可持续发展。技术更新换代风险使企业在技术研发上的投入面临巨大不确定性，企业需要不断投入大量资金和人力进行技术研发和升级，否则就可能被市场淘汰。这导致企业创新动力不足，尤其是对于一些中小企业来说，难以承受如此高的技术研发成本。

技术安全性和可靠性问题则会影响用户对数字技术的信任。一旦发生数据泄露、算法偏见等问题，用户对数字技术的信任度将大幅下降，从而制约数字经济的应用范围拓展。例如，某社交媒体平台因数据泄露事件，导致大量用户流失，用户对该平台的信任度降至冰点，影响了平台的长期发展。

数字平台垄断行为抑制了市场竞争和创新活力。垄断平台通过控制市场资源、限制竞争等手段，阻碍了新企业的进入和创新型企业的发展，使整个数字经济产业缺乏创新动力，难以实现可持续增长。数字经济与实体经济融合不畅，使数字经济的发展缺乏坚实的产业基础，无法充分发挥数字技术对实体经济的赋能作用，进而影响数字经济的可持续发展。

3. 化解风险促进健康发展的路径

为化解风险促进数字经济健康发展，需要从多个方面入手。在技术创新与应用方面，加大对数字技术研发的投入，鼓励企业开展技术创新合作。政府可以通过设立专项研发基金、提供税收优惠等政策，引导企业加大对数字技术研发的投入。同时，加强产学研合作，促进科研机构与企业之间的技术交流与成果转化。例如，我国在人工智能领域，通过产学研合作，建立了多个人工智能创新中心，推动了人工智能技术的研发和应用。加强对新兴数字技术的应用监管，确保技术应用的安全性和可靠性。建立健全技术评估和认证机制，对新技术的应用进行严格的审核和监管。

在市场监管与规范方面，完善数字经济市场监管法律法规，加强对数字平台垄断、不正当竞争等行为的监管执法力度。制定更加明确的市场准入和退出规则，规范市场秩序。建立健全消费者权益保护机制，加强对数字经济领域消费者权益的保护。例如，加强对电商平台的监管，规范商家的经营行为，保障消费者的合法权益。

在产业融合与协同方面，加强数字经济与实体经济的深度融合，推动传统产业数字化转型。政府可以通过出台相关政策，鼓励金融机构加大对传统企业数字化转型的资金支持，引导科研机构与企业开展产学研合作，为传统企业数字化转型提供技术和人才支持。同时，促进数字经济产业内部的协同发展，构建完善的数字经济产业生态体系。例如，打造数字经济产业园区，吸引相关企业集聚，实现资源共享、优势互补，促进产业协同发展。

（三）保障国家安全与社会稳定

1. 数字经济中的安全隐患

在数字经济时代，国家安全面临着前所未有的挑战。网络空间已成为国家主权的重要延伸，网络攻击可能对国家关键信息基础设施造成严重破坏，威胁国家主权和安全。

数据安全问题也日益突出，大量的国家敏感数据和公民个人信息存储在数字系统中，一旦泄露，将对国家利益和公民权益造成严重损害。一些境外势力通过网络窃取我国的关键技术数据和商业机密，危害国家的经济安全和科技安全。

数字经济的发展还带来了意识形态安全风险，一些西方国家利用数字媒体平台进行意识形态渗透，企图影响我国民众的价值观和政治认同。通过传播虚假信息、扭曲事实等手段，误导我国民众，破坏我国的社会稳定和政治安全。

2. 风险对国家安全和社会稳定的影响

数字经济安全隐患对国家安全和社会稳定的影响深远。网络攻击对国家关键信息基础设施的破坏，可能导致能源、交通、通信等重要领域的瘫痪。例如，如果电力系统的关键信息基础设施遭到攻击，将导致大面积停电，影响工业生产、居民生活和社会秩序；交通系统的关键信息基础设施被破坏，可能导致交通瘫痪，引发严重的社会混乱。

数据泄露事件会损害公民的个人权益，引发公众对数字经济的信任危机。当大量公民个人信息泄露后，公民可能面临诈骗、骚扰等风险，严重影响公民的生活质量和安全感。公众对数字经济的信任度下降，将制约数字经济的发展，影响社会经济的稳定运行。

意识形态安全风险则可能削弱国家的凝聚力和向心力，对国家的政治稳定构成威胁。一些网络谣言和虚假信息的传播，容易引发社会恐慌，破坏社会秩序。

3. 防范风险维护安全稳定的举措

为防范数字经济风险维护国家安全和社会稳定，需要采取一系列举措。在关键信息基础设施保护方面，加强对能源、交通、金融等关键信息基础设施的网络安全防护。建立健全关键信息基础设施安全监测预警和应急处置机制，定期开展安全评估和演练。我国成立了国家关键信息基础设施安全保护工作部门，统筹协调关键信息基础设施安全保护工作，加大对关键信息基础设施的安全投入，提升其防护能力。

在数据安全与隐私保护方面，完善数据安全法律法规，加强对数据收集、存储、使用、传输等环节的监管。明确数据主体的权利和义务，规范数据处理者的行为。2021年，我国颁布实施了《中华人民共和国数据安全法》和《中华人民共和国个人信息保护法》，为数据安全和隐私保护提供了法律依据。加强数据安全技术研发和应用，采用数据加密、访问控制等技术手段，保障数据安全和公民个人隐私。

在网络空间治理与国际合作方面，加强网络空间治理，打击网络违法犯罪活动。建立健全网络安全监管体系，加强对网络平台的监管，规范网络信息传播秩序。积极开展数字经济领域的国际合作，共同应对全球性数字经济安全挑战。我国积极参与全球数字经济治理规则的制定，与其他国家开展网络安全信息共享和联合执法行动，共同维护网络空间的和平与稳定。例如，我国与多个国家建立了网络安全合作机制，在打击网络犯罪、数据跨境流动安全等方面开展合作，共同提升网络空间安全水平。

(四)提升国际竞争力

1. 全球数字经济竞争格局

当前,全球数字经济竞争格局呈现出多极化发展态势。美国在数字技术研发和创新方面具有领先优势,拥有一批全球知名的数字科技企业,如苹果、谷歌、亚马逊等。这些企业在人工智能、大数据、云计算等关键技术领域处于世界前沿水平,主导着全球数字经济的发展潮流。以人工智能领域为例,美国在人工智能算法研究、人才培养等方面具有显著优势,全球顶尖的人工智能研究机构和人才大多集中在美国。

中国的数字经济发展迅速,在数字产业化和产业数字化方面取得了显著成就,在5G通信、电子商务、移动支付等领域处于世界领先地位。我国的5G技术在全球范围内率先实现商用,5G基站数量占全球70%以上,为数字经济的发展提供了强大的技术支撑。在电子商务领域,我国的电商交易规模连续多年位居全球第一,拥有阿里巴巴、京东等全球知名的电商平台。移动支付更是改变了人们的生活方式,我国移动支付的普及率和交易规模均位居世界前列。

欧盟则在数字经济规则制定和数据保护方面发挥着重要作用,通过出台一系列严格的数据保护法规,如《通用数据保护条例》(GDPR),提升了欧盟在全球数字经济治理中的话语权。GDPR对数据收集、使用、存储等环节进行了严格规范,要求企业在处理欧盟公民个人数据时必须遵守严格的规定,否则将面临巨额罚款。这一法规不仅保护了欧盟公民的个人数据隐私,也对全球数据保护规则的制定产生了重要影响。

此外,日本、韩国等国家也在积极布局数字经济,加大对数字技术研发的投入,提升自身在全球数字经济竞争中的地位。日本在机器人技术、物联网等领域具有较强的技术实力,韩国在半导体、显示技术等领域处于世界领先水平。

2. 风险对国际竞争力的影响

数字经济风险对一个国家的国际竞争力有着重要影响。在技术创新与知识产权风险方面,若一个国家在数字技术研发上投入不足,或在知识产权保护方面存在漏洞,将难以在全球数字技术竞争中占据优势地位。例如,一些发展中国家由于缺乏自主创新能力,在数字技术领域依赖进口,容易受到技术封锁和知识产权纠纷的影响。当发达国家对某些关键技术实施封锁时,这些发展中国家的数字经济发展将受到严重制约,难以提升自身的国际竞争力。同时,知识产权保护不力也会影响企业的创新积极性,使企业不敢投入大量资源进行技术研发,进一步削弱国家的数字技术创新能力。

在数据安全与隐私保护风险方面,若一个国家的数据安全管理体系不完善,频繁发生数据泄露事件,将降低国际投资者和企业对该国数字经济环境的信任度。在全球数字经济产业链中,数据被视为重要的生产要素,企业在选择投资和合作对象时,会高度关注对方的数据安全和隐私保护水平。如果一个国家的数据安全问题频发,国际企业将不愿意在该国开展业务。

第三章 部分国家和组织的数字经济发展风险治理

第一节 美国：数字经济发源地

一、领先者地位的取得

随着信息技术的飞速发展，数字经济已成为全球经济发展的重要趋势。美国作为世界经济强国，在数字经济领域一直处于领先地位。从互联网的诞生到如今人工智能、大数据、云计算等新兴技术的广泛应用，美国在数字经济的多个关键领域都取得了显著成就。美国数字经济的规模庞大，2021年，其数字经济规模达15.3万亿美元，蝉联世界第一。美国数字经济占GDP的比重也较高，如2022年美国数字经济占GDP的比重超过65%。深入研究美国数字经济领先者地位的取得，对其他国家发展数字经济，提升国家竞争力具有重要的参考价值。

(一) 美国数字经济发展历程

美国数字经济的发展历程极具时代特征，其发展脉络可追溯至20世纪末，历经萌芽、成长、扩张、深化等阶段，逐步确立全球领先地位。

1. 萌芽阶段（20世纪90年代至2000年初）

20世纪90年代，克林顿政府发布"国家信息基础设施行动计划"，即"信息高速公路"计划，大力推动互联网基础设施建设，使美国在全球率先搭建起高速信息网络框架。此阶段，美国互联网行业开始蓬勃发展，诞生了雅虎、美国在线等一批互联网企业，这些企业开创了门户网站、互联网接入服务等商业模式，为数字经济发展奠定基础。1998年，美国商务部发布数字经济专题报告，首次明确数字经济形态,从政策层面将数字经济发展纳入国家战略,进一步推动了信息技术在商业、教育、医疗等领域的应用。

2. 成长阶段(2000年初至2010年)

进入21世纪,尽管小布什政府时期数字经济支持力度有所减弱,且受科技股泡沫破灭影响,但美国数字经济仍在稳步推进。在此期间,以谷歌、脸书为代表的互联网企业迅速崛起,谷歌凭借搜索引擎技术革新,改变了人们获取信息的方式;脸书则开创社交网络新模式,构建起庞大的社交生态。同时,美国政府出台多项针对企业税收和科技研发的法案,持续优化数字经济发展的政策环境,巩固数字经济发展基础,推动互联网与传统产业加速融合。

3. 扩张阶段(2010—2018年)

奥巴马执政时期,美国数字经济迎来快速发展。政府连续颁布《网络空间国际战略》等政策文件,明确自由网络贸易环境的政治立场,大力鼓励创新研发与知识产权保护。这一阶段,苹果、亚马逊、谷歌和脸书等数字经济巨头发展迅猛,在全球市场占据主导地位。苹果推出iPhone系列产品,重新定义智能手机,引领移动互联网时代;亚马逊凭借云计算服务(AWS)和电子商务业务,成为全球最大的电商和云计算服务提供商之一。2016年,全球市值前十的上市公司中,美国数字经济类上市企业占据五家,充分彰显其在全球数字经济领域的统治力。

4. 深化阶段(2018年至今)

2018年后,美国更加注重数字经济的战略谋划与顶层设计。政府颁布《政府信息开放和可机读的总统行政命令》《开放政府命令》等文件,推动政府数据开放共享,挖掘数据价值。同时,美国政府高度重视网络安全,将网络与数据视为国家级基础设施,提出"国际网络空间战略",从国家安全高度保障数字经济发展。在此背景下,美国在人工智能、大数据、区块链等前沿领域持续加大研发投入,保持技术领先优势,进一步巩固其在全球数字经济领域的主导地位。

（二）美国数字经济发展的技术创新驱动

1. 强大的科研投入

美国政府和企业高度重视科研投入，为数字经济的技术创新提供了坚实的资金保障。政府层面，美国联邦政府在科技研发方面的投入持续增加。美国国家科学基金会（NSF）等机构每年都会为大量的科研项目提供资金支持，涵盖了计算机科学、信息技术等数字经济相关领域。企业方面，美国的科技巨头如谷歌、微软、亚马逊等，也将大量资金投入研发中。谷歌母公司 Alphabet 在 2023 年的研发支出高达近 300 亿美元。这些巨额的研发投入使美国在数字技术的基础研究和应用研究方面都取得了众多突破性成果。在人工智能领域，美国的科研人员在算法研究、机器学习模型开发等方面处于世界领先水平，为数字经济的发展奠定了坚实的技术基础。

2. 产学研协同创新机制

美国建立了完善的产学研协同创新机制，促进了数字经济底层技术领域的前沿创新理论和科技成果迅速转化为商业应用。高校在数字经济技术创新中发挥着重要的基础研究作用。如斯坦福大学、麻省理工学院等世界知名高校，拥有顶尖的计算机科学、信息工程等专业，培养了大量优秀的科研人才，并在数字技术的基础研究方面取得了众多成果。科研机构则专注于前沿技术的研发，如美国的贝尔实验室，在通信技术等领域作出了许多开创性的研究。企业在产学研协同创新中起到了将科研成果商业化的关键作用。例如，苹果公司与高校和科研机构合作，将先进的材料科学、计算机图形学等研究成果应用到其产品中，推出了具有创新性的 iPhone、iPad 等产品，引领了全球智能移动设备的发展潮流。这种产学研紧密合作的模式，使美国在互联网、云计算、大数据、人工智能、物联网、区块链等多个前沿领域都具备世界领先的创新技术实力和市场份额。

（三）政策支持对美国数字经济的推动

1. 数字经济发展规划

美国政府制定了一系列全面且具有前瞻性的数字经济发展规划。早在 1993

年，美国政府就推出了"国家信息基础设施"（NII）计划，即"信息高速公路"计划，旨在建设一个覆盖全国的高速信息网络，为数字经济的发展奠定了基础设施基础。此后，美国又陆续出台了多个与数字经济相关的规划。2019年，美国商务部发布了《数字经济议程》，明确了美国在数字经济领域的战略目标，包括推动数字技术创新、促进数字贸易发展、加强数字基础设施建设等。这些规划为美国数字经济的发展指明了方向，引导了资源的合理配置，使美国在数字经济的发展进程中能够保持战略定力，持续推进相关领域的发展。

2. 税收优惠与补贴政策

为了鼓励企业在数字经济领域的创新和发展，美国政府实施了一系列税收优惠与补贴政策。在税收优惠方面，对于从事数字技术研发的企业，美国政府允许其享受研发费用税收抵免政策。企业可以将一定比例的研发费用从应纳税所得额中扣除，从而降低企业的税负，增加企业用于研发的资金。一家数字技术企业当年的研发费用为1000万美元，若按照规定的税收抵免比例为20%，则该企业可以从应纳税所得额中扣除200万美元。在补贴政策方面，对于一些具有战略意义的数字经济项目，政府会提供直接的资金补贴。在5G网络建设初期，美国政府对部分参与5G网络建设的企业提供了补贴，以加快5G网络在全国的覆盖，推动数字经济相关产业的发展。

3. 监管环境

在数字经济发展的初期，美国政府采取了相对宽松的监管环境，给予企业较大的创新空间。在互联网行业发展的早期，政府对于新兴的互联网企业的监管较为宽松，没有过多的限制企业的业务模式和创新行为。这使像雅虎、谷歌等互联网企业能够快速成长，不断探索新的商业模式和技术应用。随着数字经济的发展，一些问题逐渐显现，美国政府也在不断调整监管策略，在保障市场公平竞争、保护消费者权益等方面加强监管，但总体上仍然保持了一定的灵活性，以平衡监管与创新的关系，确保美国数字经济企业的创新活力。

(四) 人才培养为数字经济提供智力支持

1. 优质的教育资源

美国拥有世界一流的教育资源,为数字经济领域培养了大量高素质人才。在高等教育阶段,美国的许多高校在计算机科学、信息技术等相关专业的教育质量位居世界前列。以卡内基梅隆大学为例,其计算机科学专业在全球排名靠前,该校的课程设置紧密结合行业需求,注重培养学生的实践能力和创新思维。学生在学习过程中,不仅能够掌握扎实的理论知识,还能参与实际的科研项目和企业实习,积累丰富的实践经验。除了高校教育,美国的职业教育也为数字经济培养了大量实用型人才。许多职业院校开设了与数字经济相关的专业课程,如软件开发、数据分析等,学生毕业后能够快速进入相关行业就业,满足企业对不同层次人才的需求。

2. 吸引全球人才的政策

美国通过一系列政策吸引全球优秀人才投身其数字经济发展。在签证政策方面,美国为科技人才提供了多种类型的签证,如 H-1B 工作签证,专门用于吸引外国专业技术人才来美国工作。许多在数字经济领域有专长的人才,通过 H-1B 签证进入美国,为美国的科技企业工作。如印度等国家的大量软件工程师,通过 H-1B 签证来到美国,为美国的软件产业发展作出了重要贡献。此外,美国的高校和科研机构也积极吸引国际学生和学者,许多国际学生在美国高校获得学位后,选择留在美国工作,进一步充实了美国数字经济领域的人才队伍。

(五) 市场机制促进数字经济繁荣

1. 成熟的风险投资体系

美国拥有成熟的风险投资体系,为数字经济初创企业的发展提供了重要的资金支持。风险投资机构在美国数字经济的发展过程中扮演着关键角色。在数字经济领域,许多初创企业具有高风险、高回报的特点,传统的融资渠道往往难以满足其资金需求。风险投资机构则愿意为这些具有创新潜力的初创企业提供资金。

例如，在共享经济模式兴起时，风险投资机构对 Uber、Airbnb 等初创企业进行了大量投资。Uber 在发展初期就获得了多轮风险投资，这些资金帮助 Uber 迅速拓展市场，在全球范围内推广其共享出行模式。风险投资机构不仅为企业提供资金，还会利用其丰富的行业经验和资源，为企业提供战略咨询、市场拓展等方面的支持，助力初创企业成长为行业领军企业。

2. 激烈的市场竞争推动创新

美国数字经济市场竞争激烈，这种竞争环境促使企业不断进行创新，以提升自身竞争力。在科技行业，众多企业为了争夺市场份额，纷纷加大研发投入，推出创新产品和服务。在智能手机市场，苹果和安卓阵营的企业竞争激烈。苹果公司不断推出具有创新性的 iPhone 产品，从外观设计到功能应用都力求创新，如 FaceID 技术的应用。安卓阵营的企业如三星等也不甘落后，在屏幕技术、摄像头性能等方面不断创新。这种激烈的竞争推动了整个智能手机行业的技术进步和产品升级，也促进了数字经济相关产业的发展。同时，激烈的竞争还促使企业不断优化商业模式，提高运营效率，以降低成本，提高市场竞争力。

（六）国际合作与竞争中的数字经济发展

1. 积极推动数字贸易协定

美国积极推动数字贸易协定的签订，以拓展其数字经济企业的国际市场空间。美国通过与其他国家签订双边或多边贸易协定，将其数字经济规则和标准推向国际市场。美国与日本签订的《美日数字贸易协定》，在数据跨境流动、数字知识产权保护等方面制定了规则，为美国数字经济企业进入日本市场提供了便利。该协定规定，双方应允许数据的跨境自由流动，除非有必要保护公共政策目标，这有利于美国的互联网企业、软件企业等在日本开展业务，拓展市场份额。

2. 利用技术优势主导全球数字经济格局

美国凭借在数字技术和数字产业方面的优势，通过跨国投资、技术转让、国际合作和标准制定等多种方式，主导全球数字经济格局。在跨国投资方面，美国的科技巨头如谷歌、亚马逊等在全球范围内进行投资布局，将其先进的数字技术和商业模式输出到其他国家。谷歌在欧洲、亚洲等地区都设有研发中心和业务部门，通过投资当地企业，推广其搜索引擎、广告等业务。在技术转让方面，美国企业会根据自身战略，有选择地向其他国家的企业转让数字技术，同时获取相应的利益。在标准制定方面，美国在互联网、云计算、人工智能等领域主导制定了许多国际标准。例如，在互联网协议（IP）地址分配方面，美国的机构在早期就掌握了主导权，制定了相关的分配标准，这使美国在全球互联网体系中占据重要地位，进一步巩固了其在数字经济领域的领先地位。

（七）小结

美国数字经济领先者地位的取得是多种因素共同作用的结果。从发展历程来看，不同阶段的政策推动、技术创新、人才积累以及市场拓展相互交织，为其奠定了坚实基础。技术创新方面，强大的科研投入和产学研协同创新机制，使美国在数字技术前沿领域保持领先。政策支持上，全面的战略规划、优惠的税收补贴政策以及宽松灵活的监管环境，为数字经济发展创造了良好条件。人才培养通过优质的教育资源和吸引全球人才的政策，为数字经济提供了充足的智力支持。市场机制中，成熟的风险投资体系和激烈的市场竞争促进了数字经济的繁荣。在国际合作与竞争方面，积极推动数字贸易协定和利用技术优势主导全球数字经济格局，进一步巩固了美国数字经济的领先地位。美国的这些经验对于其他国家发展数字经济具有重要的借鉴意义。各国应根据自身国情，在技术创新、政策制定、人才培养、市场培育以及国际合作等方面采取相应措施，推动本国数字经济的发展，提升在全球数字经济竞争中的地位。

二、后金融危机时代的美国数字经济

2008年国际金融危机如一场猛烈的风暴，席卷全球经济，深刻地改变了世界经济格局。全球经济自此陷入了长期的低增长、高债务困境，传统经济发展模式遭遇瓶颈，经济复苏步伐艰难而缓慢。在这一背景下，数字经济作为一种新兴经济形态，依托互联网、大数据、云计算、人工智能等数字技术蓬勃兴起，为全球经济增长注入了新的活力，成为世界各国推动经济复苏、实现可持续发展的关键驱动力。

自 2008 年金融危机后，美国加大了对数字经济领域的投入和布局，充分利用其在技术创新、人才储备、市场规模等方面的优势，推动数字经济快速发展。数字经济在美国经济中的地位日益重要，不仅成为美国经济增长的新引擎，还对其产业结构调整、就业创造、国际竞争力提升等方面产生了深远影响。

从产业结构来看，数字经济的发展促使美国传统产业加速数字化转型，推动新兴产业不断涌现和壮大，优化了美国整体产业结构。在就业方面，数字经济创造了大量新型就业岗位，涵盖软件开发、数据分析、人工智能研究等多个领域，为美国劳动力市场提供了新的就业机会和发展空间。在国际竞争中，美国凭借数字经济领域的领先技术和创新优势，在全球数字贸易、数字服务等方面占据主导地位，巩固了其在世界经济中的强国地位。

（一）美国数字经济发展的政策支持与战略布局

1. 奥巴马时期的数字战略

奥巴马执政时期，高度重视数字技术对经济发展的推动作用，加大了对数字战略的推进力度，在云计算、大数据、先进制造、5G、量子通信等前沿领域进行了前瞻性布局，推动移动互联网、人工智能、区块链等新一代信息技术快速发展，并加快这些先进技术的应用进程，促进数字经济与各产业深度融合。

2010 年 3 月，美国联邦通信委员会发布《国家宽带计划》，从促进市场竞争、有效分配和管理政府资源、推动宽带在不同地区的普及、加强宽带在教育医疗等公共部门的应用这四个方面加快宽带建设。这一计划的实施，极大地提升了美国宽带的普及度和应用度，2009—2017 年美国固定宽带用户数量增长了 2 倍多。宽带网络的广泛覆盖和性能提升，为数字经济的发展提供了坚实的网络基础设施支撑，促进了电子商务、在线教育、远程医疗、数字娱乐等数字经济业态的蓬勃发展，降低了企业的数字化运营成本，提高了生产效率，推动了传统产业的数字化转型。

在云计算领域，美国设立多个云计算管理机构，共同处理联邦政府云计算事务，确保云计算在所有联邦政府采购项目中居于优先地位。这些举措促进了云计算技术在美国政府部门和企业中的广泛应用，推动了云计算产业的发展，使美国在全球云计算市场中占据领先地位，吸引了大量相关企业和投资，形成了完整的云计算产业链。

2. 特朗普时期的应对策略

近年来，随着全球信息技术产业的蓬勃发展，中国、欧盟、英国、日本等国家和地区纷纷加快信息基础设施建设，提升数字经济产业竞争力，优化数字战略布局，美国在数字经济领域面临的竞争压力日益增大。为应对来自其他国家的挑战，特朗普执政以来采取全面对抗策略，以维护美国数字技术和产业全球领先地位为重点。

特朗普政府将人工智能、量子信息科学、5G、先进制造四大科技应用领域列为国家"未来产业"。2019年2月，特朗普签署《维护美国人工智能领导地位的行政命令》，大幅提高美国在人工智能和量子信息科学领域的研发支出，强化关键技术领域的国际竞争。该行政命令要求美国联邦政府将人工智能的发展与研发放在优先位置，投入更多资源与投资用于人工智能技术的研发与推广。在这一政策引导下，美国加大了对人工智能基础研究和应用开发的支持力度，促进了人工智能技术在医疗、交通、金融、制造业等多个领域的应用探索，推动了相关产业的发展。

在此基础上，美国还颁布了《临时国家安全战略指南》《2021年战略竞争法案》《2021美国创新与竞争法案》等一系列竞争性法案。通过这些法案，美国试图在人工智能、5G、自动驾驶等数字经济关键领域，从技术研发、产业发展、市场竞争等多个方面，巩固和提升其领先地位，限制其他国家相关产业的发展。在5G领域，美国通过政治手段对其他国家的5G技术和设备供应商进行打压，以维护本国企业在5G市场的竞争力。

此外，美国国际开发署发布《数字战略（2020—2024）》，试图在全球范围构建以自身为主导的数字生态系统，通过数字技术实现发展和援助，加强美国在全球数字经济领域的影响力和话语权，推动美国数字经济企业拓展国际市场，增强美国数字经济的全球竞争力。

（二）美国数字经济的发展现状与特点

1. 规模与增长趋势

美国商务部经济分析局（BEA）数据显示，美国数字经济呈现出规模庞大且持续增长的态势。2020年，美国数字经济现价增加值达到2.14万亿美元，按不变价计算增长4.0%，占GDP的比重为10.2%。从长期增长趋势来看，2012—2020年，数字经济实际增加值年均增长6.3%，显著快于同期GDP整体增速。这表明数字经济已成为美国经济增长的重要引擎，在国民经济中的地位日益凸显。

尽管数字经济发展态势强劲，但它与美国整体经济形势密切相关，根植于经济系统，与国民经济保持着同进同退的基本发展趋势。在经济繁荣时期，数字经济凭借其创新活力和技术优势，往往能实现更快速的增长；而在经济面临下行压力时，数字经济也会受到一定程度的影响。不过，相较于传统经济部门，数字经济展现出更强的韧性和抗风险能力。例如，在2008年金融危机后的经济复苏阶段，数字经济率先复苏并引领经济增长，许多数字经济企业在危机期间通过技术创新和业务模式调整，不仅实现了自身的发展，还为其他行业的复苏提供了支持。

2. 产业结构分析

依据BEA的分类标准，美国数字经济划分为三大类十小类。三大类分别为基础设施、电子商务和收费数字服务；其中基础设施又细分为硬件、软件和设施（目前设施尚未纳入统计）；电子商务包括B2B电商和B2C电商；收费数字服务涵盖云服务、电信服务、互联网和数据服务、数字中介服务（尚未纳入统计）和其他收费数字服务。

在各细分行业中，软件、电信服务和B2B电子商务在2020年成为美国数字经济的三大核心子行业，现价增加值占比分别达到23.1%、18.7%和15.6%。软件行业凭借其在操作系统、办公软件、数据库管理系统等领域的强大技术实力和广泛应用，占据了数字经济增加值的最大份额。美国拥有众多全球知名的软件企业，如微软、甲骨文等，它们在全球软件市场占据重要地位，不断推动软件技术的创新和发展。电信服务行业作为数字经济的基础支撑，随着 5G 等新一代通信技术的发展，其在数字经济中的地位也举足轻重。B2B 电子商务则在企业间的采购、销售等业务环节发挥着重要作用，促进了企业供应链的数字化和高效化。

硬件和其他收费数字服务规模也较为可观，占比均在 10% 以上。而 B2C 电商和云服务虽然当前规模相对较小，但增速迅猛，2020 年增速分别高达 22.4% 和 15.3%。B2C 电商的快速增长得益于互联网技术的普及和消费者购物习惯的转变，越来越多的消费者选择在线购物，推动了 B2C 电商市场的繁荣。云服务市场的快速发展则源于企业对降低 IT 成本、提高数据处理能力和灵活性的需求，亚马逊的 AWS、微软的 Azure 等云服务平台在全球市场占据领先地位。

从行业结构变化趋势来看，软件、B2C 电商、互联网和数据服务、云服务四个行业占比呈上升趋势；硬件和电信服务占比呈下降趋势，主要原因是技术进步促使它们的价格不断下降；B2B 电商和其他收费数字服务呈现先升后降趋势，拐点分别出现在 2016 年和 2013 年。随着智能手机、平板电脑等移动设备的普及，硬件市场逐渐趋于饱和，同时技术进步使硬件产品价格下降，导致硬件行业在数字经济中的占比下降。而软件行业由于持续的技术创新和新应用场景的不断涌现，如人工智能软件、区块链软件等，占比不断提高。

（三）就业贡献

数字经济已成为美国重要的就业渠道，为美国劳动力市场提供了大量的就业岗位。据 BEA 数据，2020 年美国数字经济提供了 781 万个全职和兼职工作岗位，占总就业岗位（1.465 亿）的 5.3%，成为全美第八大就业渠道，超过了众多劳动密集型行业。并且数字经济贡献的就业岗位数量持续增长，2012—2020 年，年均增长 2.5%，2019—2020 年增长 1.2%。

从就业岗位的行业分布来看，几乎所有（94.7%）数字经济就业集中在五大行业，分别是专业和商业服务（30.8%）、批发贸易（23.6%）、信息（22.2%）、制造（10.4%）和零售贸易（7.8%）。其中，专业和商业服务业贡献的就业主要来源于计算机系统设计及相关服务（27.0%），制造业主要来自计算机和电子产品（8.7%）。专业和商业服务领域的计算机系统设计及相关服务行业，由于数字技术在各行业的广泛应用,对专业技术人才的需求持续增长,成为数字经济就业的重要贡献领域。计算机和电子产品制造业作为数字经济的硬件基础,也吸纳了大量就业人员。数字经济的发展不仅创造了直接的就业机会,还通过产业关联效应,带动了上下游相关产业的就业增长,如物流、金融、广告等行业。

数字经济的发展还催生了许多新兴职业,如人工智能工程师、数据分析师、虚拟现实设计师、算法工程师等。这些新兴职业对从业者的数字技能和创新能力要求较高,为高素质人才提供了广阔的发展空间。同时,数字经济的发展也对传统职业提出了新的要求,促使从业者不断提升自身的数字素养和技能水平,以适应数字经济时代的就业需求。

(四) 美国数字经济发展的关键驱动因素

1. 技术创新的核心作用

美国在人工智能、物联网、大数据、云计算等新一代信息技术领域始终保持着世界领先的创新地位,这些技术创新成果成为数字经济发展的核心驱动力,深刻地改变了美国各行业的生产、运营和管理模式。

在人工智能领域,美国投入了大量的研发资金,顶尖高校和科研机构与科技企业紧密合作,取得了众多突破性成果。谷歌旗下 DeepMind 研发的 AlphaGo 在围棋领域战胜人类顶尖棋手,展示了人工智能在复杂决策和学习能力方面的巨大潜力。OpenAI 的 GPT 系列语言模型,以其强大的自然语言处理能力,为智能客服、内容创作、智能翻译等多个领域带来了变革。这些人工智能技术在金融领域的应用,实现了智能投资决策、风险预测与管理的智能化,提高了金融机构的运营效率和风险控制能力;在医疗领域,辅助医生进行疾病诊断、药物研发,提高了医疗服务的精准性和效率。

物联网技术的发展使美国各行业的设备和物品实现了互联互通。在制造业中,通用电气(GE)通过物联网技术打造工业互联网平台,将工业设备与传感器相连,实时收集设备运行数据,进行远程监控和预测性维护,提高了设备的可靠性和生产效率,降低了维护成本。农业领域,农民利用物联网技术实现精准灌溉、施肥和病虫害监测,根据土壤湿度、养分含量等数据,精准控制农业生产过程,提高农作物产量和质量。

大数据和云计算技术为美国企业提供了强大的数据处理和存储能力。亚马逊的 AWS 云计算平台,为全球众多企业提供了弹性计算、存储、数据库等服务,帮助企业降低了 IT 基础设施建设成本,提高了业务的灵活性和可扩展性。企业通过对海量数据的分析挖掘,能够深入了解消费者需求和市场趋势,优化产品设计和营销策略,实现精准营销和个性化服务。

2. 完善的法律与政策环境

美国构建了完善的法律制度和政策体系,为数字经济的发展提供了坚实的保障和有力的促进。

在知识产权保护方面,美国拥有全面且严格的法律体系。从 1789 年《宪法》授权国会保障著作家和发明人的专有权利开始,陆续制定了《专利法》《商标法》《版权法》等一系列法律法规。这些法律为数字经济领域的创新成果提供了强有力的保护,激励了企业和科研人员的创新积极性。苹果公司通过专利保护其在智能手机设计、操作系统等方面的创新技术,维护了自身的市场竞争优势,也促进了整个智能手机行业的技术创新和发展。对于侵犯知识产权的行为,美国法律制定了严厉的惩罚措施,包括高额罚款、侵权产品销毁以及刑事处罚等。在商标侵权案件中,若法官判定侵权为故意行为,最高赔偿可达每个商标 100 万美元,同时法庭有权没收假冒伪劣商品。

数据安全和隐私保护是数字经济发展的重要基础。美国制定了一系列相关法律,如《加利福尼亚消费者隐私法案》(CCPA),赋予消费者对个人数据的更多控制权,包括访问、删除和限制数据共享的权利。该法案要求企业在收集、使用和共享消费者个人数据时,必须遵循严格的规定,明确告知消费者数据使用目的和方式。在联邦层面,《健康保险流通与责任法案》(HIPAA) 保障了医疗领域患者数据的安全和隐私。这些法律的实施,增强了消费者对数字经济服务的信任,促进了数据的合法、安全使用。

美国政府还通过税收优惠、资金支持等政策措施,鼓励企业和科研机构在数字经济领域的创新和发展。在税收方面,对从事数字技术研发的企业给予税收减免和优惠,降低企业的研发成本。例如,允许企业将研发费用进行税前扣除,提高了企业投入研发的积极性。在资金支持上,政府设立了各类专项基金和补贴项目,为数字经济领域的初创企业和中小企业提供资金支持。美国国家科学基金会(NSF)的小企业创新研究计划(SBIR),为从事科技创新的小企业提供研发资金,帮助它们将创新技术转化为实际产品和服务。

3. 开放的市场与国际合作

美国开放的市场环境吸引了大量的外资和全球优质资源,为数字经济的发展注入了强大动力。作为全球最大的经济体,美国拥有庞大的消费市场和完善的市场体系,为数字经济企业提供了广阔的发展空间。外国企业和投资者看好美国数字经济市场的潜力,纷纷进入美国市场,带来了先进的技术、管理经验和资金。日本软银集团对美国科技企业进行了大量投资,包括对优步(Uber)、WeWork等公司的投资,为这些企业的发展提供了资金支持,促进了美国共享经济等数字经济业态的发展。

美国积极参与国际组织和签署国际协议,在全球数字经济治理中发挥着重要作用。在世界贸易组织(WTO)框架下,美国推动数字贸易规则的制定和完善,促进数字产品和服务的全球自由流动。在《美墨加协定》(USMCA)中,专门设立了数字贸易章节,对数据跨境流动、电子认证、数字产品待遇等方面作出规定,为三国之间的数字贸易提供了规则保障。美国还通过参与经济合作与发展组织(OECD)等国际组织的相关工作,在全球数字经济政策协调、标准制定等方面发挥影响力,推动全球数字经济的健康发展。美国在国际数字经济领域的积极参与,不仅拓展了美国数字经济企业的国际市场,也提升了美国在全球数字经济领域的话语权和规则制定权。

4. 人才培养与教育体系的支撑

美国拥有世界一流的高等教育体系,在科技和创新人才培养方面发挥着关键作用。斯坦福大学、麻省理工学院、加利福尼亚大学伯克利分校等顶尖高校,在计算机科学、电子工程、数学等与数字经济密切相关的学科领域,拥有世界领先的教学和科研水平。这些高校注重理论与实践相结合,培养学生的创新思维和实践能力。例如,斯坦福大学的计算机科学专业课程设置紧跟行业发展趋势,涵盖人工智能、大数据、云计算等前沿领域,学生在学习过程中能够参与实际的科研项目和企业实习，积累丰富的实践经验。高校还积极开展产学研合作，与科技企业建立紧密的联系，促进科研成果的转化和应用。斯坦福大学与硅谷的众多科技企业合作密切，为企业输送了大量优秀的专业人才，同时企业也为高校提供了科研项目和实践基地，推动了高校科研水平的提升。

除了高等教育，美国的职业教育和在职培训也为提升劳动者的数字技能发挥了重要作用。社区学院和职业培训机构针对市场需求，开设了各类与数字经济相关的职业技能培训课程，如软件开发、数据分析、网络安全等。这些课程注重实用性和针对性，帮助学生快速掌握实际工作所需的技能。许多企业也重视员工的在职培训，为员工提供数字技能培训机会，帮助员工提升在数字经济时代的工作能力。通过完善的人才培养和教育体系，美国为数字经济的发展培养了大量高素质的专业人才和具备数字技能的劳动者，为数字经济的持续发展提供了坚实的人才支撑。

(五) 美国数字经济发展面临的挑战与问题

1. 数据安全与隐私保护

随着美国数字经济的蓬勃发展，数据作为关键生产要素，其规模和价值不断攀升，但与此同时，数据安全与隐私保护问题也日益严峻，成为数字经济持续健康发展的重大阻碍。

在数字经济时代，数据泄露事件频繁发生，给个人、企业和社会带来了巨大损失。2017年，美国信用报告机构 Equifax 发生大规模数据泄露事件，约1.43亿美国消费者的个人信息被泄露，包括姓名、社会安全号码、出生日期、地址等敏感信息。此次事件不仅导致 Equifax 面临巨额赔偿和法律诉讼，还使消费者对数字经济服务的信任受到严重打击。黑客攻击手段日益多样化和复杂化，企业内部管理不善、系统漏洞、供应链安全等问题也为数据泄露埋下隐患。随着云计算、物联网等技术的广泛应用，数据存储和处理环境更加复杂，数据在不同平台和设备之间流动，增加了数据被攻击和窃取的风险。

美国在平衡数据利用和隐私保护方面面临着艰难的抉择和诸多难题。一方面，数据的充分利用是数字经济创新和发展的关键，企业需要通过对大量数据的分析挖掘，开发新的产品和服务，优化业务流程，提高市场竞争力。例如，电商企业利用消费者的购买数据进行精准营销，金融机构利用客户信用数据进行风险评估和贷款审批。另一方面，加强隐私保护可能会对数据的收集、使用和共享产生限制，影响数字经济的发展效率。美国目前尚未形成统一的联邦层面的数据隐私保护法律，各州法律存在差异，这使企业在遵守法规时面临困惑和成本增加。例如，《加利福尼亚消费者隐私法案》（CCPA）赋予消费者更多的数据权利，但也给企业带来了更高的合规要求和运营成本。如何在保障数据安全和隐私的前提下，促进数据的合理流动和有效利用，是美国数字经济发展中亟待解决的问题。

2. 数字鸿沟的存在

美国尽管在数字经济领域取得了显著成就，但数字鸿沟问题依然突出。在城乡之间、不同收入群体之间，在数字技术接入和使用上存在着明显差距，这对社会公平和数字经济的普惠发展产生了深刻影响。

从城乡差异来看，美国农村地区在宽带网络覆盖、数字设备拥有率等方面远远落后于城市地区。根据美国联邦通信委员会（FCC）的数据，约2300万美国人生活在宽带服务不足的地区，其中大部分位于农村。农村地区地理环境复杂、人口分散，宽带网络建设成本高、收益低，导致互联网服务提供商在农村地区的投入不足。这导致农村居民在获取在线教育、远程医疗、电子商务等数字经济服务时面临困难，限制了农村地区的经济发展和居民生活质量的提升。在在线教育方面，农村学生由于网络不稳定或缺乏数字设备，无法充分参与远程学习，影响了他们的学业发展。

不同收入群体之间也存在着严重的数字鸿沟。低收入群体往往难以负担数字设备和网络服务费用，缺乏必要的数字技能培训，导致他们在数字经济时代处于劣势地位。皮尤研究中心的调查显示，年收入低于3万美元的家庭中，只有67%的成年人拥有宽带接入，而年收入超过7.5万美元的家庭中，这一比例达到91%。低收入群体在就业市场上也因数字技能不足而面临更多困难，难以获得与数字经济相关的高收入工作机会。在金融科技领域，低收入群体由于缺乏数字支付和理财技能，无法充分享受便捷的金融服务，进一步加剧了社会的贫富差距。数字鸿沟的存在违背了社会公平原则，阻碍了数字经济的普惠发展，不利于美国社会的整体稳定和可持续发展。

3. 国际竞争压力

在全球数字经济快速发展的大背景下，美国虽然在数字经济领域长期占据领先地位，但如今正面临着来自其他国家日益激烈的竞争。

中国在数字经济领域取得了举世瞩目的成就。在电子商务领域，中国拥有庞大的消费市场和完善的物流配送体系，阿里巴巴、京东等电商巨头在全球电商市场占据重要地位。2023年，中国网络零售额达到11.46万亿元，占社会消费品零售总额的27.2%。移动支付方面，中国的支付宝和微信支付等移动支付工具广泛普及，交易规模巨大，2023年中国移动支付交易金额达到527.49万亿元，远远领先于美国。在数字技术研发方面，中国在5G、人工智能、区块链等领域加大投入，取得了一系列突破性成果。中国的5G基站数量全球占比超过70%，5G技术在工业互联网、智能交通等领域的应用不断拓展。

欧盟在数字经济领域也积极布局，通过制定统一的数字政策和法规，加强数字基础设施建设，推动数字经济发展。欧盟的《通用数据保护条例》（GDPR）对全球数据隐私保护产生了深远影响，提高了企业在数据处理方面的合规标准。在云计算领域，欧洲企业也在加大研发投入，努力提升自身竞争力，试图打破美国企业在该领域的垄断地位。法国的OVHcloud是欧洲领先的云计算服务提供商，为欧洲企业提供了本地化的云计算解决方案。这些国家和地区在数字经济领域的崛起，使美国在全球数字经济市场中的份额受到挤压，面临着巨大的国际竞争压力，促使美国不断调整其数字经济发展战略和政策，以维持其领先地位。

（六）小结

2008年金融危机后，美国数字经济在政策支持、技术创新、市场开放和人才培养等多方面因素的驱动下，取得了显著成就，已成为美国经济增长的关键引擎。从规模上看，美国数字经济增加值持续增长，占GDP的比重稳步提升，在全球数字经济格局中占据重要地位。产业结构不断优化，软件、电信服务和B2B电子商务等成为核心子行业，同时B2C电商和云服务等新兴领域发展迅猛，展现出巨大的发展潜力。数字经济创造的就业岗位数量持续增加，涵盖多个行业和领域,为美国劳动力市场提供了新的就业渠道,也催生了众多新兴职业,促进了就业结构的优化。

然而,美国数字经济发展也面临着诸多挑战。数据安全与隐私保护问题日益严峻,数据泄露事件频发。如何在保障数据安全和隐私的前提下,促进数据的合理利用,是美国数字经济发展亟待解决的重要问题。数字鸿沟的存在,导致城乡之间、不同收入群体之间在数字技术接入和使用上存在差距,影响了社会公平和数字经济的普惠发展。在国际竞争方面,美国在全球数字经济市场中的份额受到挤压,面临着维持领先地位的挑战。

展望未来,随着人工智能、物联网、区块链等新一代信息技术的不断发展和应用,美国数字经济有望实现更大的突破和创新。人工智能将推动各行业的智能化升级,提高生产效率和产品质量;物联网将实现万物互联,创造更多的商业机会和应用场景;区块链技术将为数字经济的发展提供更安全、可信的技术支持。美国政府也将在数字经济发展中发挥更加重要的作用,通过制定和完善相关政策法规,加强数字技术的教育和培训,提高劳动者的数字技能水平,为数字经济的可持续发展提供保障。

美国数字经济在金融危机后的发展经验和面临的挑战,对其他国家具有重要的借鉴意义。各国在发展数字经济时,应加强政策支持和战略布局,加大对数字技术研发的投入,培养高素质的数字经济人才,同时注重数据安全和隐私保护,缩小数字鸿沟,积极应对国际竞争,以推动本国数字经济的健康、可持续发展。在全球数字经济蓬勃发展的大背景下,各国应加强合作与交流,共同推动数字经济技术创新和应用,促进全球数字经济的繁荣发展。

第二节 欧盟:扶持不力,规制先行

一、欧盟数字经济面临严峻挑战

在全球数字经济蓬勃发展的浪潮中,欧盟自 2021 年 9 月推出"数字十年"

计划，期望通过一系列目标设定，在数字化转型进程中占据领先地位。该计划涵盖网络连接、数字技能、企业数字化应用等多个关键领域，其愿景是通过数字化手段推动经济增长、提升社会福祉，并增强欧盟在全球数字经济格局中的竞争力。然而，随着时间的推移，现实与理想之间的差距逐渐显现，诸多迹象表明，欧盟的数字经济发展规划面临着严峻挑战，甚至可以被视为陷入了失败的困境。

（一）目标与现实的巨大落差

1. 网络连接目标的滞后

"数字十年"计划雄心勃勃地提出到2030年实现欧盟境内千兆网络、5G网络全覆盖的目标。这一目标的设定旨在为数字经济发展构建坚实的网络基础设施基石，确保数据的高速、稳定传输，以满足日益增长的数字化需求，如高清视频流、远程办公、工业物联网等应用场景。然而，《"数字十年"状况》报告无情地揭示了现实的残酷。2023年，欧盟国家的光纤网络仅覆盖64%的家庭，高质量5G网络仅覆盖50%的欧盟地区。按照当前的推进速度，到2030年实现全面覆盖的目标几乎遥不可及。网络连接的滞后严重制约了数字经济的发展潜力，许多依赖高速网络的新兴产业和创新应用无法在欧盟广泛落地生根，阻碍了经济的数字化转型进程。

2. 数字技能普及的不足

数字技能是数字经济时代劳动力的核心竞争力之一，对于推动企业数字化转型、促进创新具有不可替代的作用。"数字十年"计划设定到2030年16~74岁人口中80%掌握基本数字技能的目标，以提升欧盟整体的数字素养水平，适应数字经济发展对人才的需求。但目前仅有55.6%的欧盟人口具备至少基本数字技能，与目标值相差甚远。这意味着大量劳动力在面对数字化工作环境时存在技能短板，无法充分参与数字经济活动，进而影响企业的数字化创新能力和生产效率。从宏观经济层面看，数字技能的不足限制了欧盟在全球数字经济产业链中的攀升，难以在高端数字产业领域形成竞争优势。

3. 企业数字化应用的缓慢推进

在企业数字化转型方面，"数字十年"计划设定到2030年75%的企业实现云计算、大数据和人工智能等应用的目标，期望以此推动企业提升运营效率、创新商业模式，增强欧盟企业在全球市场的竞争力。然而现实情况不容乐观。2023年，欧洲企业采用人工智能、云计算和大数据技术的比例分别仅为52%、44%和11%，远低于计划目标。预计到2030年，采用人工智能、云计算和大数据技术的企业比例也只能分别达到17%、64%和50%。企业数字化应用的缓慢推进，使欧盟企业在全球数字经济竞争中逐渐掉队，难以与积极拥抱数字化变革的其他国家和地区的企业抗衡。

（二）原因剖析

1. 内部协调与合作的困境

（1）成员国间的利益分歧

欧盟由众多成员国组成，各国在经济发展水平、产业结构、数字基础设施建设等方面存在显著差异。在数字经济发展规划的实施过程中，成员国往往从自身利益出发，优先考虑本国的数字产业发展和数字基础设施建设，缺乏协同合作的动力。例如，一些经济较为发达的北欧国家在数字技术研发和应用方面处于领先地位，更倾向于推动高端数字产业的发展；而部分南欧国家由于经济相对落后，更关注数字基础设施的普及和基础数字技能的提升。这种利益分歧导致在政策制定和资源分配上难以达成共识，阻碍了数字经济发展规划的统一实施。

（2）政策执行的不一致性

尽管欧盟层面制定了一系列数字经济发展政策，但在成员国层面的执行过程中，各国行政体制、法律框架等方面的差异，导致政策执行的力度和效果参差不齐。一些成员国能够积极响应欧盟政策，加大对数字经济的投入，推动相关项目的实施；而另一些成员国则由于各种原因，对政策执行不力甚至出现政策空转的现象。这种政策执行的不一致性严重削弱了欧盟数字经济发展规划的整体效力，导致规划目标难以有效落地。

2. 投资与资源分配的不合理

（1）资金投入的不足与失衡

数字经济的发展需要大量的资金投入，用于数字基础设施建设、技术研发、人才培养等方面。然而，欧盟在数字经济领域的资金投入相对不足，且存在分配失衡的问题。一方面，与美国、中国等数字经济强国相比，欧盟在数字经济领域的研发投入占 GDP 的比重较低，限制了其在关键数字技术领域的创新能力。另一方面，资金在不同成员国和不同领域之间的分配不合理，一些经济发达的成员国获得了更多的资金支持，而部分经济落后的成员国则因资金短缺，数字基础设施建设和数字产业发展滞后。在数字基础设施建设方面，对农村和偏远地区的投入不足，导致这些地区的网络覆盖和数字服务水平远远落后于城市地区，进一步加剧了数字鸿沟。

(2) 资源配置的低效率

在资源配置方面，欧盟存在低效率的问题。例如，在科研资源配置上，由于缺乏有效的协调机制，不同科研机构和高校之间存在重复研究的现象，浪费了大量的科研资源。在人才资源配置上，数字技能人才的培养与市场需求脱节，导致一方面企业面临数字技能人才短缺的困境，另一方面大量相关专业的毕业生找不到合适的工作。这种资源配置的低效率不仅影响了数字经济发展的速度，也降低了资源的利用效益。

3. 外部竞争压力的冲击

(1) 全球数字经济格局的竞争态势

当前，全球数字经济格局呈现出激烈的竞争态势。美国凭借其强大的科技实力和创新能力，在互联网、人工智能、大数据等核心数字技术领域占据领先地位，拥有一批全球知名的数字科技巨头，如谷歌、苹果、亚马逊等，这些企业在全球范围内广泛布局，主导着数字经济的发展潮流。中国则凭借庞大的国内市场、完善的产业体系和快速的创新迭代能力，在数字经济应用领域取得了显著成就，移动支付、电子商务、共享经济等数字经济新业态蓬勃发展，成为全球数字经济发展的重要力量。欧盟在这样的竞争格局中，其数字经济发展规划的实施难度进一步加大。

(2) 技术封锁与市场挤压

在国际竞争中，欧盟还面临着技术封锁和市场挤压的困境。一些国家为了维护自身在数字技术领域的领先地位，对欧盟实施技术封锁，限制高端数字技术和关键设备的出口，阻碍了欧盟数字技术的升级和创新。在市场方面，欧盟的数字企业在国际市场上面临着激烈的竞争，难以突破重围，实现规模化发展，这对欧盟数字经济发展规划的实施产生了负面影响。

(三) 对欧盟经济与社会的深远影响

1. 经济增长动力的削弱

数字经济作为全球经济增长的新引擎，对于推动产业升级、创造新的经济增长点具有重要作用。欧盟数字经济发展规划的失败，使其无法充分发挥数字经济对经济增长的拉动作用。网络连接的滞后、数字技能的不足和企业数字化应用的缓慢推进，导致欧盟在新兴数字产业发展方面落后于其他国家和地区，错失了许多经济增长的机遇。数字经济发展的滞后还影响了传统产业的数字化转型，降低了传统产业的生产效率和竞争力，进一步削弱了欧盟经济增长的动力。从长期来看，这将导致欧盟在全球经济格局中的地位逐渐下降，经济增长乏力。

2. 社会数字鸿沟的加剧

数字经济的发展本应促进社会的公平与包容，但欧盟数字经济发展规划的失败却加剧了社会数字鸿沟。在网络连接方面，农村和偏远地区的网络覆盖不足，使这些地区的居民无法享受到与城市居民同等的数字服务，如在线教育、远程医疗等，进一步拉大了城乡之间的发展差距。在数字技能方面，由于数字技能普及不足，低技能群体在数字经济时代面临着更大的就业困难和社会排斥，贫富差距进一步加剧。社会数字鸿沟的加剧不仅影响社会的公平与稳定，也制约了数字经济的可持续发展。

3. 国际竞争力的下降

在全球数字经济竞争日益激烈的背景下，欧盟数字经济发展规划的失败使其国际竞争力受到严重削弱。数字技术的落后和数字企业的发展受限，使欧盟在全球数字产业链中的地位逐渐边缘化。在高端数字产业领域，欧盟难以与美国、中国等国家竞争，无法在全球数字经济规则制定中发挥主导作用。

（四）小结

欧盟的数字经济发展规划在目标设定上具有前瞻性和雄心壮志，但在实施过程中内部协调与合作的困境、投资与资源分配的不合理以及外部竞争压力的冲击等多方面原因，导致目标与现实之间出现了巨大落差，陷入了失败的困境。这一失败对欧盟的经济增长、社会公平和国际竞争力产生了深远的负面影响。然而，尽管面临诸多挑战，欧盟仍有机会重新审视和调整其数字经济发展战略。未来，欧盟需要加强成员国之间的协调与合作，打破利益分歧，形成统一的数字经济发展合力；优化投资与资源分配，加大对数字经济的投入力度，提高资源配置效率；积极应对外部竞争压力，加强国际合作与交流，提升自身在全球数字经济格局中的地位。只有通过深刻反思和切实行动，欧盟才有可能在数字经济时代实现逆袭，重新走上数字经济发展的正轨。

二、欧盟对于数字经济失败规划的挽救

（一）欧盟挽救数字经济失败规划的现有措施

1. 调整 AI 政策

面对《人工智能法案》带来的创新抑制效应，欧盟依据政策动态调整理论（Howlett，2018），积极推动 AI 政策转型。政策动态调整理论强调政策需根据环境变化、实施效果及利益相关者反馈进行适应性变革，欧盟此次 AI 政策调整正是对该理论的实践。欧盟委员会推出的"人工智能大陆行动计划"，构建起"监管—创新协同发展"的新型政策框架，该框架以风险治理理论（Renn，2008）为基础，旨在实现对 AI 技术的有效监管与创新激励的平衡。

在具体实施路径上，新计划从三个维度推进政策松绑。其一，针对低风险 AI 应用场景，引入"沙盒监管"机制，借鉴英国金融科技沙盒的成功经验（Zetzsche et al.，2017），允许企业在限定的安全环境内进行创新试验，放宽数据使用、算法透明度等监管要求，降低企业创新的合规成本。其二，建立 AI 伦理审查简化通道，对于符合特定伦理标准的创新项目，缩短审查周期，提高审批效

率。例如，在教育领域的 AI 辅助教学工具开发项目，若能证明其在隐私保护、公平性等方面达到预设标准，可快速通过伦理审查进入市场。其三，设立总额达 20 亿欧元的 AI 创新专项基金，依据创新潜力评估模型（Arrow, 1962），对具有突破性技术的企业和研究机构提供资金支持。该评估模型综合考虑技术创新性、市场应用前景、团队研发能力等多项指标，确保资金精准投向高价值创新项目。

此外，欧盟积极推动 AI 标准国际互认，与国际标准化组织（ISO）、电气和电子工程师协会（IEEE）等国际组织开展合作，参与 AI 国际标准制定，提升欧盟在全球 AI 治理中的话语权，为欧盟 AI 企业拓展国际市场创造有利条件。这种政策调整不仅有助于缓解《人工智能法案》对创新的负面影响，更体现了欧盟在 AI 治理领域从"规则制定者"向"创新引领者"的角色转变，为全球 AI 政策制定提供了新的范式。

2. 推进算力基建

欧盟推进算力基础设施建设的战略布局，根植于数字经济基础设施理论（Brynjolfsson & McAfee, 2014）与国家竞争优势理论（Porter, 1990）。数字经济基础设施理论指出，算力作为数字经济时代的核心生产要素，其基础设施的完备程度直接影响国家或地区数字经济的发展水平；国家竞争优势理论强调，政府通过战略性投资可以提升本国产业在全球价值链中的地位。基于此，欧盟启动"人工智能超级工厂"建设计划，试图构建"芯片研发—算力供给—应用拓展"的完整产业生态体系。

在芯片研发环节，欧盟实施"双轨驱动"策略。一方面，加大对基础研究的投入，依托欧洲领先的科研机构，如德国弗劳恩霍夫协会、法国国家科学研究中心等，开展芯片架构设计、新材料应用等前沿技术研究，强化基础研究与产业应用的衔接。另一方面，通过"公私合营"模式，吸引全球芯片企业在欧盟设立研发中心。例如，与台积电、三星等企业合作，共同开发适用于 AI 计算的先进制程芯片，借助国际企业的技术优势，快速提升欧盟芯片研发水平。

在算力供给层面，欧盟构建分布式算力网络，整合现有 13 座"人工智能工厂"的算力资源，并计划在北欧、东欧等电力资源丰富地区新建算力中心，形成区域协同的算力布局。同时，引入边缘计算技术，将部分算力下沉到网络边缘，降低数据传输延迟，提高算力使用效率，满足实时性要求较高的 AI 应用场景需求，如自动驾驶、智能电网等。

在产业生态培育方面，欧盟通过《芯片法案》配套政策，为本土半导体企业提供税收优惠、土地使用便利等支持，鼓励企业加大研发和生产投入。此外，建立产学研协同创新平台，促进高校、科研机构与企业之间的技术交流与人才流动，加速科研成果转化，提升欧盟在全球半导体产业中的竞争力，从而为数字经济发展筑牢底层算力支撑。

3. 增加数据获取

欧盟增加高质量数据获取的策略，融合了数据要素理论（Schwab, 2016）与区域协同发展理论（Perroux, 1950）。数据要素理论认为，数据已成为数字经济时代关键生产要素，其价值实现依赖于有效的数据治理和流通机制；区域协同发展理论强调，通过区域内资源整合与协同合作，可以实现整体效益最大化。欧盟基于自身在制造业、医疗、交通等领域的数据资源优势，构建"数据治理—共享机制—创新应用"的发展路径。

在数据治理体系完善方面，欧盟以《通用数据保护条例》（GDPR）为基础，进一步细化《数据治理法》实施细则。明确数据权属界定标准，建立数据价值评估模型，解决数据共享中的产权纠纷和利益分配问题。同时，引入联邦学习、同态加密等隐私计算技术（Bonawitz et al., 2017），在保障数据隐私安全的前提下，实现数据"可用不可见"，消除企业数据共享的安全顾虑。

在数据共享机制建设上，欧盟搭建跨成员国的数据共享平台，采用区块链技术实现数据的分布式存储与可信追溯，确保数据共享的透明性和可审计性。建立数据共享激励机制，对积极参与数据共享的企业给予税收减免、政策补贴等奖励，对拒绝共享数据的企业实施一定的约束措施，打破成员国之间的数据壁垒。此外，推动行业数据标准统一，在制造业、医疗等重点领域制定数据格式、接口规范等标准，提高数据的兼容性和互操作性。

在创新应用拓展方面，欧盟鼓励企业和研究机构开展数据驱动的创新实践。在医疗领域，支持建立跨国医疗数据研究联盟，整合各国患者临床数据，运用大数据分析和 AI 技术开展疾病预测、药物研发等研究；在交通领域，通过共享交通流量、物流运输等数据，优化智能交通系统，推动自动驾驶技术发展和智慧物流应用。通过数据资源的深度开发与利用，欧盟旨在挖掘数据要素价值，培育数字经济新增长点，提升在全球数字经济竞争中的差异化优势。

（二）挽救措施的成效评估

1. 积极成效

从积极方面来看，欧盟的挽救措施已初见成效。在 AI 政策调整方面，"人工智能大陆行动计划"的推出重振了欧盟在 AI 领域的士气，吸引了部分企业重新加大在欧盟的 AI 研发投入。一些 AI 初创企业表示，政策的松绑让他们看到了更多发展机会，愿意在欧盟开展创新业务。在算力基建上，虽然"人工智能超级工厂"尚未建成，但相关建设计划已带动了本土半导体企业的发展。例如，法国的 SiPearl 等企业在计划的支持下，获得了更多投资，加速了芯片研发进程。数据获取方面，随着数据治理法规的逐步完善，部分行业的数据共享和利用效率有所提升。在制造业，企业间的数据合作项目增多，促进了生产流程的优化和数字化转型，提高了生产效率。

2. 面临挑战

挽救措施在实施过程中也面临诸多严峻挑战。在资金方面，欧盟在 AI 投资竞赛中已明显掉队。2024 年最新统计数据显示，欧盟 AI 私人投资额约为 80 亿美元，而美国高达 1091 亿美元，巨大的资金差距使欧盟在吸引顶尖人才和先进技术方面困难重重。资金短缺还加剧了人才流失危机，荷兰代尔夫特理工大学 AI 实验室主任卡洛斯·莫雷诺教授指出，欧洲顶尖学府培养的 AI 理论人才因产业生态无法提供与硅谷匹敌的职业发展空间而大量流失。在内部协同上，"人工智能超级工厂"的选址问题已讨论 18 个月仍悬而未决，德国与其他国家在选址上的博弈严重拖延了关键基础设施的布局。数据共享方面，尽管有法规推动，但成员国之间的数据壁垒依然存在，法国数据经济委员会报告显示，75% 的跨国企业因担忧合规风险或知识产权泄露拒绝共享工业数据，严重阻碍了数据在欧盟范围内的高效流通与利用。

(三) 未来展望与建议

1. 未来发展趋势

展望未来，数字经济仍将是全球经济竞争的关键领域，欧盟若想在其中占据一席之地，必须持续推进挽救措施并不断创新。随着全球对数据安全和隐私保护的关注度不断提高，欧盟严格的数据保护法规可能会成为其在数字经济特定领域发展的优势，如医疗健康数据服务出口等。在绿色数字经济方面，欧盟凭借其在环保理念和政策上的领先地位，有望通过发展绿色 AI、绿色数据中心等，打造新的数字经济增长点。量子计算、区块链等新兴数字技术也将为欧盟数字经济发展带来新机遇，若能在这些领域加大研发投入并实现技术突破，欧盟有可能缩小与其他领先经济体的差距。

2. 针对性建议

为更好地推进数字经济发展，欧盟需采取一系列针对性措施。在财政方面，应探索建立新的金融体系，增加欧盟层面可用于数字经济发展的财政资源，同时不危及成员国预算。例如，可以设立专门的数字经济发展基金，通过多种渠道筹集资金，如发行数字经济专项债券等。在成员国协调上，应加强沟通与协商机制，通过利益平衡和激励措施，促使成员国在数字经济发展政策上达成更多共识。对于在数字经济发展中相对滞后的成员国，可通过技术援助、资金支持等方式，帮助其提升数字经济发展水平，实现整体协同发展。在监管与创新平衡上，持续优化数字经济监管政策，建立动态评估机制，根据行业发展情况及时调整监管强度和方向，确保监管既能保障市场秩序和公众利益，又不妨碍创新活力。在人才培养与吸引上，加大对数字经济相关教育的投入，优化教育体系，培养符合市场需求的数字人才，同时出台更具吸引力的政策，吸引全球数字人才到欧盟发展，如提供优厚的薪资待遇、良好的科研环境和便捷的移民政策等。

(四) 结论

欧盟数字经济规划在实施过程中遭遇失败，主要源于财政规则制约、成员国分歧以及监管与创新失衡等多方面因素。为挽救失败规划，欧盟采取了调整 AI

政策、推进算力基建、增加数据获取等一系列措施，并取得了一定积极成效，但也面临着资金短缺、人才流失、内部协同困难和数据共享障碍等诸多挑战。展望未来，欧盟数字经济发展既有机遇也有挑战，需通过优化财政政策、加强成员国协调、平衡监管与创新以及加大人才投入等多方面举措，持续推进数字经济发展，提升自身在全球数字经济竞争中的地位。欧盟数字经济发展的经验与教训，对于全球其他国家和地区制定和完善数字经济政策具有重要的参考价值，也为推动全球数字经济的健康、可持续发展提供了有益借鉴。

三、发挥关键作用的数字经济监管法规

数字经济作为全球经济发展的新引擎，正以前所未有的速度改变着传统的经济模式和社会生活方式。在这一快速发展的进程中，数字经济带来了诸多机遇，如推动创新、提高效率、拓展市场等，但同时也引发了一系列问题，如数据隐私保护、市场垄断、虚假信息传播等。欧盟作为全球经济和政治的重要力量，在数字经济监管法规的制定和实施方面发挥了关键作用。欧盟通过一系列全面且具有前瞻性的法规，努力构建一个安全、公平、创新的数字经济环境，不仅为其内部成员国的数字经济发展保驾护航，也为全球数字经济治理提供了重要的参考范例。深入研究欧盟数字经济监管法规，对于理解全球数字经济治理趋势以及完善各国自身的数字经济监管体系具有重要意义。

（一）欧盟数字经济监管法规的体系构成

1. 《数字服务法》

《数字服务法》(Digital Services Act, DSA) 于 2021 年通过，是欧盟数字经济监管框架中的核心法规之一，旨在规范单一数字市场的功能，特别是中介机构提供的服务。该法规的出台背景是随着社交媒体、电商平台等数字服务的迅猛发展，平台上非法内容传播、虚假信息泛滥等问题日益严重，而现有法律框架难以有效应对。

DSA 为数字平台服务商设定了严格的欧盟标准，期望建立安全、可预测的数字环境。它要求拥有 4500 万以上用户的超大型在线平台（被称为"非常大的在

线平台"，VLOPs）承担更为严格的责任。这些平台有义务主动审查、处理和及时删除虚假信息、恐怖主义、仇恨言论等非法内容，采用先进的技术手段和人工审核相结合的方式，确保平台内容的合法性。例如，在俄乌冲突期间，Meta、Google 等 VLOPs 平台依据 DSA 迅速下架了大量煽动仇恨和虚假的战争信息，有效维护了网络环境的稳定。

同时，平台还需审查其平台是否存在危险或假冒伪劣的第三方产品，建立健全产品审核机制，保障消费者权益。此外，DSA 要求平台公开广告商信息和排名信息的算法参数等，增强平台运营的透明度。若违规，平台将被处以最高达其年营业额 6% 的罚款。如 2023 年，某知名社交平台因未及时处理有害内容，被欧盟委员会处以高达 2.8 亿欧元的罚款，这一案例彰显了 DSA 的威慑力。

2.《数字市场法案》

《数字市场法案》（Digital Markets Act，DMA）与 DSA 同期通过，主要针对在欧盟提供核心平台服务的大型公司，旨在解决数字市场中的垄断和不公平竞争问题。随着数字经济的发展，少数大型数字平台凭借其庞大的用户基础和数据资源，形成了市场垄断地位，阻碍了创新和公平竞争。

DMA 将营业额、用户数或市值达到一定规模，且在至少 3 个欧洲国家提供平台服务的企业定义为"守门人"。这些"守门人"企业不得从事如设置不公平合约条款、收取过多佣金、在平台上优待自营产品等不公平竞争行为。例如，苹果公司因应用商店政策受到 DMA 的严格审查，欧盟要求其允许第三方应用商店和侧载应用，打破其在应用分发领域的垄断。

为确保法规的有效执行，DMA 规定违规者将面临最高达年营业额 10% 的罚款，情节严重者甚至可能被完全禁止进入欧盟市场。通过这些严格的监管措施，DMA 为众多小型数字企业创造了更有利的发展空间，激发了数字市场的创新活力。

3.《数据监管法》

《数据监管法》包括《数据治理法案》（Data Governance Act）和《数据法案》（Data Act），致力于创建基于欧洲价值观的数据框架，以改善欧盟数据获取并协调数据共享，目标是打造共享的欧洲数据空间和可互操作的单一数据市场。

《数据治理法案》重点关注数据共享生态系统的建设，鼓励公共部门和私营部门之间的数据共享。它明确了数据中介机构的角色和责任，通过建立数据共享认证机制，促进数据在不同主体间的安全、可信流动。中小企业尤其能从法规规定的行为中受益，如更好的数据互操作性和标准化以及简化公共部门数据的可用性。

《数据法案》则进一步明确了数据访问、共享和使用的规则，规定了获取数据的主体和条件。在《通用数据保护条例》(General Data Protection Regulation, GDPR) 的基础上，《数据法案》提供了适用于所有数据的更广泛的规则，例如，规定在特定情况下，企业需向其他企业共享其收集的数据，以促进数据驱动的创新。

4. 《人工智能法》

《人工智能法》(Artificial Intelligence Act) 是全球首部全面规范人工智能发展的法规，基于欧盟高水平价值观，旨在保护公民免受风险，同时为人工智能开发和应用创造有利环境。随着人工智能技术在医疗、交通、金融等领域的广泛应用，其潜在风险也日益凸显，如算法偏见、数据隐私泄露等。

《人工智能法》将人工智能应用分为四个风险类别：对于如社会评分等创造不可接受风险的应用和系统予以禁止；对于如信用评分等高风险应用，设定特定法律要求，包括严格的风险管理、透明度和可追溯性要求；对于如聊天 bots 等有限风险应用，要求遵守特定透明度义务，如告知用户与人工智能交互的事实；对于如垃圾邮件过滤器等最小／无风险应用则不予监管。

例如，在医疗领域，使用人工智能进行疾病诊断属于高风险应用，开发者需确保算法的准确性和透明度，并进行严格的测试和验证。通过这种分类监管，欧盟在推动人工智能技术发展的同时，最大限度地保障了公民的权益和社会安全。

5. 其他相关法规

除上述重要法规外，欧盟还有一系列相关法规共同构成其数字经济监管法规体系。如欧盟《开放数据指令》及芬兰实施法案，允许以开放数据的形式获取公共部门信息和公共资助的数据，并允许出于商业或非商业目的重复使用此类数据，这提高了行政透明度，促进了数据的广泛利用。许多城市利用开放数据开发智能交通系统，优化交通流量，提升城市管理效率。

《电子身份证和信任服务法规》为所有欧盟公民、居民和法人提供可靠、安全的数字身份解决方案，为欧盟成员国之间的数字交易提供了标准化的认证和签名机制，使跨境数字交易更加便捷和安全。例如，公民可以使用电子身份证在线办理税务、社保等业务，企业之间的跨境电子合同签署也更加高效可信。

《关于促进在线中介服务商业用户公平性和透明度的法规》旨在提高各在线平台活动的透明度，并解决在线平台与公司之间合同关系中应遵循的规则，增强了在线商业环境的透明度和可预测性以及对商业用户的有效法律补救措施，促进了欧盟内跨境业务。例如，电商平台需明确告知商家收费标准、排名算法等信息，保障商家的知情权和公平竞争权。

欧盟《通用数据保护条例》（GDPR）对个人数据保护作出了严格规定，数据监察员办公室负责监督数据保护法规和其他有关个人数据处理法律的合规情况，有力地保护了公民的个人数据隐私。GDPR 实施后，全球众多企业纷纷调整数据处理策略，以满足其严格的合规要求，这也体现了欧盟数据保护法规在全球的影响力。

（二）欧盟数字经济监管法规的关键作用

1. 规范数字市场秩序

欧盟的数字经济监管法规通过明确数字服务提供商、平台企业等各类市场主体的责任和义务，对数字市场中的各种行为进行了全面规范。DSA 要求平台对非法内容进行审查和处理，促使平台建立完善的内容审核机制，有效遏制了数字市场中虚假信息传播、不良内容泛滥等现象。例如，在 2022 年的欧洲议会选举期间，各大社交媒体平台依据 DSA 加强了对选举相关虚假信息的监测和删除，保障了选举的公正性和网络舆论环境的健康。

DMA 限制"守门人"企业的不公平竞争行为，打破了大型数字平台的垄断格局，维护了市场的公平竞争秩序。以亚马逊为例，在 DMA 的监管压力下，亚马逊调整了其平台政策，减少了对自营产品的优待，为第三方卖家提供了更公平的竞争环境。这些规定有效维护了数字市场的正常秩序，确保了数字经济活动在有序的环境中开展。

2. 保护用户权益

在数据隐私保护方面，GDPR 赋予了用户对个人数据的诸多权利，如知情权、访问权、更正权、删除权等，严格规范了数据控制者和处理者的行为。GDPR 实施后，企业在收集、使用和存储用户数据时需更加谨慎，必须获得用户明确的同意，并向用户提供清晰的数据处理说明。例如，某知名搜索引擎公司因未充分履行用户数据告知义务，被 GDPR 处以高额罚款。这一案例警示企业必须重视用户数据隐私保护，有力地保护了用户的个人数据不被滥用。

DSA 要求平台审查有害内容，防止用户接触到虚假信息、恐怖主义、仇恨言论等不良信息，保障了用户在数字环境中的安全和健康。平台通过采用人工智能技术和人工审核相结合的方式，对内容进行实时监测和过滤，为用户营造了一个更加安全、可靠的数字空间。这些法规从多个角度全方位地保护了用户在数字经济活动中的合法权益。

3. 促进公平竞争

DMA 对"守门人"企业的严格监管，限制了大型数字平台利用自身优势进行不公平竞争的行为，为众多中小企业和初创企业提供了公平参与市场竞争的机会。在 DMA 的约束下，"守门人"企业必须开放其核心服务接口，允许第三方开发者接入，降低了中小企业进入数字市场的门槛。例如，一些小型社交媒体应用通过接入大型平台的用户数据接口，实现了快速发展，拓展了用户群体。

中小企业在数据获取、市场准入等方面得到了法规的支持和保障，能够在更加公平的市场环境中发展。同时，法规的实施也促使大型数字平台将更多精力投入技术创新和服务提升，激发了数字市场的创新活力，促进了数字经济的多元化发展。例如，在电子商务领域，众多中小型电商平台在公平竞争的环境中不断创新商业模式，推出特色服务，与大型电商平台形成了差异化竞争格局。

4. 推动数据共享与创新

《数据监管法》和《数据法案》等法规通过建立合理的数据访问、共享和使用规则，促进了数据在欧盟内部的流通和共享。一方面，法规鼓励公共部门开放数据,为企业和研究机构提供了丰富的创新资源。例如,政府开放的交通流量数据、气象数据等,被企业用于开发智能交通系统、精准天气预报等创新应用。另一方面,法规对数据共享的规范也保障了数据提供者的权益,鼓励了更多的数据共享行为。企业之间通过数据共享合作,能够整合多方数据资源,挖掘数据价值,开发出更具创新性的产品和服务。例如,医疗领域的企业通过共享患者的医疗数据,利用人工智能技术进行疾病诊断和治疗方案研究,推动了医疗技术的创新发展。这种数据驱动的创新模式推动了欧盟数字经济在技术、产品和服务等多方面的创新发展,提升了欧盟数字经济的整体竞争力。

(三) 欧盟数字经济监管法规对全球的示范效应

1. 监管理念的前瞻性

欧盟数字经济监管法规体现了以人为本、注重可持续发展的监管理念。在制定法规时,欧盟充分考虑了数字经济发展对社会公平、公民权益、环境可持续性等方面的影响,将保护公民权益、促进公平竞争、推动数字创新等目标有机结合起来。例如,在《人工智能法》中,既鼓励人工智能技术的创新发展,又通过严格的风险分类监管,确保技术应用不会对公民权益造成损害。

这种前瞻性的监管理念为全球数字经济治理提供了先进的理念参考。其他国家和地区在制定数字经济监管政策时,可以借鉴欧盟的理念,避免只追求经济增长而忽视社会和环境效益,实现数字经济的健康、可持续发展。例如,一些亚洲国家在制定人工智能发展政策时,参考了欧盟的风险分类监管思路,加强了对人工智能应用的伦理审查和风险防范。

2. 法规体系的完整性

欧盟构建了一套相对完整的数字经济监管法规体系,涵盖了数字服务、数字市场、数据保护、人工智能等数字经济的各个关键领域。从数据的收集、存储、使用到数字平台的运营管理,从人工智能技术的研发应用到在线商业活动的规范,都有相应的法规进行约束和引导。

这种全面性和系统性的法规体系为数字经济治理提供了全方位的制度保障。其他国家和地区可以学习欧盟的经验,完善自身数字经济监管法规的框架,填补监管空白，使数字经济监管更加全面、有效。例如，一些新兴经济体在发展数字经济过程中，借鉴欧盟的法规体系，加快制定数据保护、平台监管等方面的法律法规，逐步构建起适合本国国情的数字经济监管体系。

3. 执法与监管机制的有效性

欧盟在数字经济监管法规的实施过程中，建立了相应的执法与监管机制。通过设立专门的监管机构，明确其职责和权限，确保法规能够得到有效执行。例如，欧盟委员会负责监督 DSA 和 DMA 的实施，数据监察员办公室对数据保护法规进行监督执行。这些监管机构拥有强大的执法权力，能够对违规企业进行调查、处罚，保障法规的权威性和严肃性。

同时，欧盟还建立了多部门协同监管、跨国合作监管等机制，提高了监管的效率和效果。例如，在应对跨国数字平台的监管问题时，欧盟成员国之间加强合作，共享监管信息，联合开展执法行动。其他国家和地区可以参考欧盟的做法，建立健全适合自身国情的数字经济监管执法机制，提高监管效率，确保法规的有效实施。

（四）结论

欧盟的数字经济监管法规在规范数字市场秩序、保护用户权益、促进公平竞争、推动数据共享与创新等方面发挥了关键作用，为欧盟数字经济的健康发展奠定了坚实基础。其法规体系所展现出的监管理念的前瞻性、法规体系的完整性以及执法与监管机制的有效性，对全球数字经济治理具有重要的示范效应。

在全球数字经济快速发展的背景下，其他国家和地区应充分借鉴欧盟的经验，结合自身实际情况，不断完善数字经济监管体系，以应对数字经济发展带来的各种挑战，推动全球数字经济的可持续发展。未来，随着数字技术的不断创新和数字经济的深入发展，欧盟数字经济监管法规也将不断演进和完善，持续为全球数字经济治理提供有益的参考和借鉴。同时，各国之间也应加强国际合作，共同应对数字经济监管中的全球性问题，构建更加公平、有序、创新的全球数字经济治理体系。

第三节 国际组织的相关管理制度

一、数字经济背景下跨国企业的税收挑战

近年来,数字经济以其迅猛的发展态势重塑全球经济格局。数字经济凭借其开放性、虚拟性和流动性,打破了传统经济模式下的地域限制,同时也对国际税收规则体系造成巨大冲击,跨国企业税收管理面临诸多困境。在此背景下,国际组织作为全球经济治理的重要力量,积极推动国际税收规则的改革与协调,在解决跨国企业税收挑战中发挥着关键作用。深入研究国际组织管理视角下跨国企业的税收挑战,有助于完善国际税收治理体系,促进跨国企业在数字经济时代的健康发展。

(一)数字经济对跨国企业税收管理的冲击

1. 税收管辖权冲突加剧

在传统经济模式中,税收管辖权依据属地原则和属人原则进行划分,界限相对清晰。然而,数字经济的虚拟性与流动性使交易活动的发生地难以准确界定。以在线销售为例,跨国企业借助互联网平台向全球消费者销售商品或服务,消费者所在地、企业注册地、服务器所在地可能分属不同国家和地区,各国和地区依据自身税收管辖权规则均可能主张对该笔交易征税,进而引发税收管辖权冲突,导致双重征税或税收流失问题。OECD 研究表明,数字经济发展致使全球约 2%~6% 的企业所得税收入面临流失风险,税收管辖权冲突是重要诱因之一。

2. 常设机构认定困难

常设机构是传统国际税收规则判定企业在来源地纳税义务的核心依据。在数字经济环境下,跨国企业常通过数字化平台开展业务,无须在来源地设立实体经营场所,这使常设机构认定陷入困境。部分跨国数字企业在来源地设立服务器或借助当地网络服务提供商提供服务,按传统常设机构定义,此类活动可能不构成

常设机构，但企业却从来源地获取大量经济利益，导致来源地难以行使税收管辖权，造成税基侵蚀。相关统计显示，在部分发展中国家，因常设机构认定困难，数字经济相关企业税收流失率高达30%~40%。

3. 转让定价风险增加

数字经济中，无形资产和数据成为关键生产要素，跨国企业内部关联交易更多涉及这些要素。由于无形资产和数据价值难以精准评估，跨国企业存在更多利用转让定价转移利润以避税的机会。例如，企业可能将高价值无形资产转移至低税率关联企业，再通过收取高额特许权使用费等方式，将利润从高税国（地区）转移至低税国（地区）。OECD报告指出，全球约60%的跨国企业利润转移行为与转让定价相关，数字经济企业转让定价问题尤为突出，这不仅损害各国（地区）税收权益，还破坏市场公平竞争环境。

4. 税收透明度要求提高

随着数字经济发展，各国（地区）税务机关对跨国企业税收透明度要求不断提升。为应对税基侵蚀和利润转移（BEPS）问题，国际社会加强税收信息交换与合作。OECD推出的全球税收信息自动交换标准（CRS），要求参与国家和地区金融机构自动向税务机关报送非居民金融账户信息，使跨国企业海外资产和收入信息更加透明，增加了企业税务合规难度。若企业未能准确、及时披露相关信息，将面临税务处罚和声誉损失。近年来，多家跨国企业因税收信息披露问题被处以高额罚款。

（二）国际组织在应对跨国企业税收挑战中的举措与成效

1. OECD的主导作用

OECD在国际税收规则制定和协调方面发挥着主导作用。自2013年起，OECD牵头实施BEPS项目，发布15项行动计划，旨在修订国际税收规则，防止跨国企业通过税基侵蚀和利润转移避税。其中，BEPS第1项行动计划聚焦数字经济税收挑战，提出一系列应对方案，包括"用户参与""营销型无形资产"和"显著经济存在"等新征税联结度概念，为解决数字经济税收管辖权问题提供新思路。此外，OECD推出的《转让定价指南》，为跨国企业关联交易定价提供规范和指导，有助于减少转让定价争议。在税收透明度建设方面，OECD推动的CRS已在全球广泛实施，截至目前，已有超过100个国家和地区参与，有效提升了跨国企业税收信息透明度。

2. G20的协调推动

G20在国际税收治理中发挥着重要的协调和推动作用。G20委托OECD开展BEPS项目，并在峰会中多次讨论国际税收改革议题，为OECD的工作提供政治支持和战略指导。G20成员积极参与国际税收规则制定，推动各国（地区）在税收信息交换、反避税等领域开展合作。在G20的倡导下，各国（地区）加强了对跨国企业利润转移的监管，提高了税收征管效率。同时，G20通过发布联合声明等方式，向全球传递加强国际税收合作的积极信号，促进了国际税收治理体系的完善。

3. 其他国际组织的协同合作

除OECD和G20外，其他国际组织也在国际税收治理中发挥着协同作用。IMF通过提供宏观经济分析和政策建议，帮助各国评估数字经济税收政策对经济的影响，为制定合理的税收政策提供依据。世界银行则通过提供技术援助和能力建设支持，帮助发展中国家提升税收征管能力，加强对跨国企业的税收管理。此外，联合国税收委员会（UN Tax Committee）致力于制定适合发展中国家的税收规则，平衡发达国家与发展中国家在国际税收分配中的利益，推动国际税收规则的公平性和包容性。

（三）国际组织管理视角下跨国企业税收挑战应对存在的问题

1. 国际税收规则制定缺乏广泛代表性

当前，国际税收规则制定主要由OECD主导，虽然OECD成员涵盖了大部分发达国家，但发展中国家的参与度和话语权相对不足。数字经济的快速发展使发展中国家面临更为严峻的税收挑战，在规则制定过程中缺乏充分参与，现有国际税收规则难以充分反映发展中国家的利益诉求，导致发展中国家在数字经济税收分配中处于不利地位。例如,在"显著经济存在"等概念的界定上,发展中国家的实际情况和特殊需求未得到充分考虑,影响了其税收权益的实现。

2. 国际税收合作执行力度不足

尽管国际组织制定了一系列国际税收规则和合作机制,但在实际执行过程中,部分国家出于自身利益考虑,对规则的执行不够严格,导致国际税收合作难以达到预期效果。例如,一些低税率国家和地区为吸引外资,对跨国企业的利润转移行为监管宽松,导致国际反避税规则难以有效落实。此外,不同国家之间税收征管水平存在差异,部分发展中国家由于技术和资源限制,难以准确识别和监管跨国企业的税收规避行为,影响了国际税收合作的整体效能。

3. 国际组织间协调机制有待完善

国际组织在应对跨国企业税收挑战过程中,存在职责交叉和协调不足的问题。虽然 OECD、G20、IMF、世界银行等国际组织都在国际税收治理中发挥作用,但各组织之间缺乏有效的沟通和协调机制,导致政策制定和执行过程中出现重复或矛盾现象。例如,OECD 的 BEPS 项目与 IMF 的宏观经济政策建议在某些方面缺乏有效衔接,影响了政策的实施效果。此外,不同国际组织在数据共享和信息交流方面存在障碍,降低了国际税收治理的效率。

(四) 小结

在数字经济背景下,跨国企业面临着税收管辖权冲突、常设机构认定困难、转让定价风险增加以及税收透明度要求提高等诸多挑战,而国际组织在应对这些挑战中发挥着至关重要的作用。尽管 OECD、G20 等国际组织采取了一系列举措并取得了一定成效,但仍存在国际税收规则制定缺乏广泛代表性、国际税收合作执行力度不足以及国际组织间协调机制有待完善等问题。为有效应对跨国企业税收挑战,完善国际税收治理体系,国际组织需进一步完善国际税收规则制定机制,强化国际税收合作执行力度,优化组织间协调机制,并加强自身能力建设。只有通过国际组织、各国政府和跨国企业的共同努力,才能构建公平、合理、高效的国际税收环境,推动数字经济和跨国企业的可持续发展。

二、数字平台的跨界金融活动：国际组织监管视角下的实践与挑战

数字平台的跨界金融活动呈现出多元化、融合化特征，广泛覆盖支付、信贷、保险、资产管理等领域。在支付服务层面，以支付宝、微信支付为代表的移动支付平台，不仅实现国内消费场景全覆盖，更通过跨境支付功能打破地域限制，支持全球 200 多个国家和地区的交易结算，显著提升了跨境贸易与旅游支付的便捷性。在信贷服务方面，蚂蚁金服旗下网商银行依托电商平台交易数据，运用人工智能风控模型，已累计为超 3000 万家小微企业提供无抵押、纯线上化的小额贷款服务，平均放款时间缩短至几分钟。

保险领域，数字平台创新推出场景化保险产品，如运费险、退货运费险等，覆盖电商交易全流程。截至 2023 年，仅淘宝平台运费险年投保笔数就超过 100 亿单，为消费者提供了低成本、高便捷的风险保障。资产管理业务中，腾讯理财通、蚂蚁财富等平台整合基金、保险、理财等多种产品，借助智能投顾技术，为用户提供个性化投资组合建议。例如，智能投顾工具可根据用户风险偏好、投资目标和市场数据，实时动态调整投资策略，降低投资门槛的同时提升投资效率。

（一）国际组织监管现状

1. 金融稳定理事会（FSB）

金融稳定理事会（FSB）作为全球金融监管协调的核心机构，构建了系统性的监管框架。在 2023 年发布的《数字金融监管原则与实践》报告中，FSB 明确指出数字平台跨界金融活动带来的四大风险：一是由于业务关联性增强引发的系统性风险，如某大型数字平台信贷违约可能引发的连锁反应；二是数据集中化导致的数据隐私与安全风险，全球每年因数字平台数据泄露造成的经济损失已超千亿美元；三是市场垄断引发的竞争公平性问题，部分数字平台凭借数据优势形成市场壁垒；四是监管套利风险，不同国家监管差异导致部分平台通过跨境布局规避监管。

针对上述风险，FSB 提出"三支柱"监管策略：第一，建立跨境监管协调机

制，推动各国签署《数字金融跨境监管合作备忘录》，要求监管机构定期交换数据、共享风险预警信息；第二，推广监管科技（RegTech）应用，通过人工智能、区块链等技术实现对数字平台交易的实时监测与分析；第三，设立监管沙盒国际标准，鼓励各国在可控范围内开展金融创新试点。新加坡、英国等国家已依据 FSB 标准建立监管沙盒，为数字平台提供创新试验空间，同时有效控制风险外溢。

2. 国际货币基金组织（IMF）

国际货币基金组织（IMF）从宏观经济视角出发，重点关注数字平台跨界金融活动对货币政策传导、金融稳定的影响。在《全球金融稳定报告》中，IMF 指出，数字平台信贷规模的快速扩张可能导致货币政策传导机制扭曲。以中国为例，数字平台信贷占社会融资规模的比重从 2015 年的不足 5% 上升至 2023 年的 18%，传统货币政策工具对信贷市场的调控效果受到一定程度削弱。

为应对这一挑战，IMF 提出三项政策建议：其一，将数字平台系统重要性金融活动纳入宏观审慎监管框架，设定杠杆率、流动性覆盖率等监管指标；其二，加强跨境资本流动管理，对数字平台跨境资金流动实施动态监测，防范资本外逃风险；其三，推动数字货币国际规则制定，探索央行数字货币（CBDC）跨境支付应用场景，提升支付体系效率与稳定性。巴哈马、东加勒比货币联盟等地区已发行 CBDC，IMF 通过技术援助和政策指导，帮助其完善数字货币发行、流通与监管体系。

3. 国际清算银行（BIS）

国际清算银行（BIS）聚焦金融基础设施建设，致力于构建安全、高效的跨境支付体系。针对数字平台支付业务，BIS 制定了《跨境支付原则与标准》，要求数字支付平台遵循统一的技术标准和安全规范，如采用 ISO20022 报文标准提升跨境支付信息传递效率。同时，BIS 积极推动 CBDC 研究，联合国际组织开展"多边央行数字货币桥"（m-CBDC Bridge）项目，探索 CBDC 在跨境贸易结算中的应用。截至 2024 年，该项目已涵盖中国、泰国、阿联酋、中国香港等多个经济体，实现跨境实时结算，结算时间从传统的 2~3 天缩短至秒级。

在支付系统监管方面，BIS 建立了全球支付体系监测平台，对数字平台支付业务的交易规模、风险指标进行实时监控。对于违规操作的平台，BIS 通过发布监管通报、约谈平台负责人等方式督促整改，确保支付系统稳定运行。

4. 其他国际组织

经济合作与发展组织（OECD）从消费者权益保护、数据隐私、税收政策等多维度开展监管。在数据隐私领域，OECD 制定的《隐私保护与个人数据跨境流动指南》被 50 多个国家和地区采纳，明确要求数字平台在数据收集、使用、共享过程中遵循"用户知情同意""数据最小化"等原则。在税收政策方面，OECD 牵头制定《数字经济税收方案》，对数字平台跨境收入征税规则进行统一规范，防止利润转移和税收流失。

世界银行（WB）则专注于提升发展中国家数字金融监管能力。通过"数字金融全球伙伴计划"，世界银行向发展中国家提供技术援助和资金支持，帮助其建立数字金融监管框架、完善金融基础设施。在非洲地区，世界银行协助肯尼亚、卢旺达等国建设移动支付监管系统，提升金融监管效率，推动普惠金融发展。同时，世界银行开展数字金融监管培训项目，为发展中国家培养专业监管人才，累计培训超过 1 万人次。

（二）监管挑战

1. 监管套利：规则差异下的灰色地带

全球监管标准不统一为数字平台提供了监管套利空间。以虚拟货币交易平台为例，由于各国对虚拟货币监管态度不一，部分平台选择在监管宽松的地区注册，如马耳他、塞舌尔等，通过离岸架构开展全球业务，规避在监管严格国家可能面临的合规审查。据统计，全球约 70% 的虚拟货币交易平台存在跨境监管套利行为，导致投资者保护缺失、洗钱风险加剧。此外，数字平台还通过业务拆分、架构重组等方式，将高风险业务转移至监管薄弱地区，进一步增加监管难度。

2. 数据隐私与安全：全球化与本地化的冲突

数字平台跨境数据流动面临双重挑战。一方面，不同国家数据保护法律存在显著差异。欧盟 GDPR 对数据跨境传输设置严格限制，要求接收国具备"充分性保护"；而美国《澄清境外数据合法使用法案》（CLOUD Act）则允许美国政府获取存储在境外的数据，这种法律冲突导致数字平台在跨境数据传输时无所适从。另一方面，技术漏洞和恶意攻击威胁数据安全。2023 年全球数字平台数据泄露事件同比增长 32%，涉及个人信息超 50 亿条，包括用户身份信息、交易记录等敏感数据，严重损害用户权益和平台信誉。

3. 系统性风险：网络效应下的连锁反应

数字平台业务的高关联性和复杂网络结构加剧了系统性风险。以大型科技金融集团为例，其业务涵盖支付、信贷、保险、投资等多个领域，形成庞大的金融生态系统。一旦某一业务环节出现风险，如信贷违约率上升，可能通过数据共享、资金往来等渠道迅速扩散至整个生态系统。同时，数字平台与传统金融机构的深度融合，使风险传导渠道更加多元化。例如，银行通过与数字平台合作开展联合贷款业务，将信用风险从平台传导至银行体系，增加金融体系脆弱性。

4. 消费者保护：信息不对称的困境

数字金融产品的复杂性和专业性加剧了信息不对称问题。部分平台在产品宣传中刻意夸大收益、淡化风险，某些互联网理财产品以"低风险、高收益"为卖点，实际却包含复杂的衍生品结构，导致消费者误判风险。此外，跨境金融服务中的语言障碍、法律差异进一步削弱了消费者维权能力。据国际消费者协会统计，数字平台金融纠纷中，跨境纠纷占比达 35%，消费者平均维权周期长达 6~8 个月，维权成本高昂。

（三）小结

数字平台的跨界金融活动正在重塑全球金融格局，国际组织的监管实践虽取得一定成效，但面对快速演变的技术创新和复杂的跨境风险，监管仍需持续升级。通过加强国际合作、完善监管框架、强化数据治理和消费者保护，构建协同高效的全球数字金融监管体系，才能在促进金融创新与维护金融稳定之间实现动态平衡，推动数字金融可持续发展，保障全球金融体系稳健运行。

三、数字经济的反垄断制度：国际组织监管的角色与挑战

数字经济的崛起深刻改变了全球经济格局，其快速发展带来了诸多机遇，但也引发了一系列反垄断问题。大型数字平台企业凭借数据、算法和网络效应等优势，在市场中占据主导地位，可能限制竞争、阻碍创新，甚至损害消费者权益。在此背景下，国际组织在数字经济反垄断监管中扮演着愈发关键的角色，它们通过制定指南、推动国际合作等方式，试图构建适应数字经济特点的反垄断制度框架。当下，数字经济垄断现象愈发显著。头部数字平台企业凭借先入优势，不断拓展业务版图，在多个领域形成了高度集中的市场格局。例如，在搜索引擎市场，某几家巨头企业占据了绝大部分市场份额，新进入者难以突破其设置的技术与数据壁垒。在社交媒体领域，少数平台同样掌控着海量用户数据，通过算法推荐等手段强化用户黏性，使其他潜在竞争者难以获得足够的发展空间。这些数字经济垄断行为不仅影响了市场的公平竞争，还对消费者的选择权和创新活力造成了损害。

（一）国际组织在数字经济反垄断中的角色与举措

1. OECD 的研究与建议

OECD 长期致力于数字经济领域的研究，通过发布一系列报告，为成员国提供数字经济反垄断的政策建议。其研究重点关注数字市场的竞争动态、数据在竞争中的作用以及反垄断执法面临的挑战等。例如，OECD 指出，数字平台的多边市场特性使传统的市场界定和市场力量评估方法面临困境，需要探索新的分析工具和指标。在数据方面，OECD 强调应明确数据的所有权、使用权和可携带权等规则，防止数据垄断妨碍市场竞争。通过组织专家研讨会和政策对话，OECD 促进了成员国之间在数字经济反垄断领域的经验分享与交流，为各国制定相关政策提供了重要参考。

2. 欧盟竞争总司的执法与政策制定

欧盟竞争总司在数字经济反垄断执法方面一直处于全球领先地位。其对谷歌、苹果等大型数字企业的反垄断调查引起了广泛关注。在对谷歌的调查中，欧

盟竞争总司认定谷歌在搜索引擎市场存在滥用市场支配地位的行为，如偏袒自家服务、限制竞争对手广告展示等，对其处以巨额罚款。欧盟还积极制定数字经济反垄断政策，DMA 的出台是其重要举措。该法案针对具有"守门人"地位的大型数字平台，设定了一系列特殊义务，如禁止自我优待、确保数据可迁移性等，旨在维护数字市场的公平竞争环境。欧盟的执法实践和政策制定为其他国家和地区提供了宝贵的实践经验。

3. 其他国际组织的协同作用

除 OECD 和欧盟竞争总司外，世界贸易组织（WTO）、国际竞争网络（ICN）等国际组织也在数字经济反垄断领域发挥着协同作用。WTO 通过多边贸易谈判，探讨数字贸易规则与反垄断政策的协调问题，旨在避免数字经济领域的贸易保护主义与反垄断监管的冲突。国际竞争网络则为各国竞争执法机构提供了交流平台，促进了全球范围内反垄断执法的一致性和有效性。这些国际组织之间通过信息共享、联合研究等方式，共同推动数字经济反垄断制度的完善。

（二）国际组织监管面临的挑战

1. 数字市场的界定难题

数字经济的跨界融合特性使传统的市场界定方法难以准确适用。在数字市场中，企业往往通过多元化的业务模式提供多种产品和服务，其竞争边界模糊。例如，谷歌不仅提供搜索引擎服务，还涉足地图、视频、云存储等多个领域，很难明确界定其所在的相关市场范围。国际组织在制定反垄断监管规则时，面临着如何准确界定数字市场边界的挑战，若市场界定不准确，将直接影响到市场力量的评估和反垄断执法的有效性。

2. 国际协调的困境

数字经济的全球性使反垄断问题往往跨越国界，但各国的反垄断法律和政策存在差异，这给国际组织推动国际协调带来了困难。不同国家对市场支配地位的认定标准、反垄断执法程序以及救济措施等方面的规定不尽相同。例如，美国在反垄断执法中更注重消费者福利标准，而欧盟则更强调维护公平竞争秩序。这种差异导致在跨境数字经济反垄断案件中，各国执法机构之间难以形成有效的协同执法机制，国际组织在协调各国立场、促进国际合作方面面临诸多障碍。

3. 数据隐私保护与反垄断的平衡

数字经济中，数据是关键生产要素，而数据隐私保护与反垄断监管之间存在复杂的关系。一方面，反垄断执法需要获取数字企业的数据以评估其市场行为和竞争影响，但这可能涉及用户数据隐私问题。另一方面，数据隐私保护措施可能限制数据的流动与共享，影响反垄断执法机构对数字市场竞争状况的全面了解。国际组织在制定监管政策时，需要寻求数据隐私保护与反垄断监管之间的平衡，确保两者相互促进而非相互冲突。

（三）应对挑战的策略与建议

1. 创新市场界定方法

国际组织应鼓励成员探索创新数字市场界定方法，结合数字经济的特点，综合考虑多种因素。例如，可以引入基于用户体验、平台功能替代性等非价格因素的市场界定方法，以便更准确地反映数字市场的竞争格局。通过组织专题研究和案例分析，总结成功经验并在全球范围内推广，提高各国反垄断执法机构对数字市场界定的准确性和科学性。

2. 加强国际协调与合作

国际组织应发挥桥梁作用，促进各国在数字经济反垄断领域的协调与合作。可以通过制定国际反垄断指南，统一部分关键概念和执法标准，减少各国法律差异带来的冲突。同时，建立跨境反垄断执法协作机制，加强各国执法机构之间的信息共享与联合调查，提高跨境反垄断案件的处理效率。例如，推动建立国际数字经济反垄断法庭，专门处理跨境数字经济反垄断纠纷，确保执法的公正性和权威性。

3. 构建数据隐私与反垄断协同机制

国际组织应推动构建数据隐私保护与反垄断监管的协同机制。一方面，制定数据使用规范，明确反垄断执法机构在获取和使用数据时的权限与程序，确保数据使用符合隐私保护要求。另一方面，促进数据隐私保护机构与反垄断执法机构之间的合作，通过信息共享和联合评估，实现两者目标的有机统一。例如，建立数据安全审查委员会，对涉及反垄断调查的数据使用进行审查，在保障数据隐私安全的同时，满足反垄断执法需求。

（四）小结

国际组织在数字经济反垄断制度构建中发挥着不可替代的作用，但也面临着诸多挑战。通过创新市场界定方法、加强国际协调与合作以及构建数据隐私与反垄断协同机制等策略，可以有效应对这些挑战，推动数字经济反垄断制度的不断完善。在全球数字经济快速发展的背景下，国际组织应持续发挥引领作用，促进各国共同努力，维护数字市场的公平竞争环境，保障数字经济的健康可持续发展。

四、国际组织数字经济监管：经验、教训与未来展望

在当今全球化的数字经济时代，数字技术以前所未有的速度融入经济社会的各个领域，深刻改变着人们的生产生活方式和全球经济格局。国际组织在数字经济监管中扮演着不可或缺的角色，其监管实践既积累了丰富经验，也存在诸多问题。对这些经验教训进行深入总结，并对未来监管方向展开合理展望，对于推动数字经济健康、可持续发展具有重要意义。

国际组织在数字经济监管实践中积累了丰富且宝贵的经验。首先，在协调各方行动方面成效显著。以跨国企业税收监管为例，OECD 和 G20 发挥了关键作用。OECD 牵头实施的税基侵蚀和利润转移（BEPS）项目，联合众多国家共同应对跨国企业利用数字经济特性进行利润转移、规避税收的问题。通过发布 15 项行动计划，为各国提供了统一的税收规则框架，规范了跨国企业的纳税行为。G20 则在政治层面给予大力支持，推动各国积极参与 BEPS 项目，促进了国际税收合作的实质性进展。在数字平台跨界金融活动监管领域，金融稳定理事会（FSB）同样发挥了重要的协调作用。其构建的"三支柱"监管策略，涵盖跨境监管协调、监管科技应用和监管沙盒国际标准设立等方面，有效推动了各国在数字

金融监管上的协作。各国依据 FSB 标准建立监管沙盒，为数字平台提供创新试验空间的同时，也能有效控制风险外溢，促进了金融创新与风险防控的平衡。

其次，创新监管方式是国际组织监管实践的一大亮点。国际清算银行（BIS）在数字平台支付业务监管中，充分运用技术手段提升监管效能。BIS 制定了《跨境支付原则与标准》，要求数字支付平台遵循统一的技术标准和安全规范，如采用 ISO 20022 报文标准提升跨境支付信息传递效率。同时，建立全球支付体系监测平台，对数字平台支付业务的交易规模、风险指标进行实时监控，能够及时发现并处理支付系统中的违规操作和潜在风险。在数字经济反垄断监管方面，OECD 积极探索适应数字市场特点的新分析工具和指标。鉴于数字平台的多边市场特性使传统的市场界定和市场力量评估方法面临困境，OECD 通过组织专家研讨会和政策对话，鼓励成员共同研究创新方法，为反垄断执法提供了更科学的依据。

最后，国际组织注重多领域协同监管，构建全方位监管体系。以 OECD 为例，在对数字平台的监管中，不仅关注金融业务本身，还兼顾消费者权益保护、数据隐私和税收政策等多个领域。在数据隐私方面，OECD 制定的《隐私保护与个人数据跨境流动指南》被 50 多个国家和地区采纳，明确要求数字平台在数据收集、使用、共享过程中遵循"用户知情同意""数据最小化"等原则，有效保护了用户的隐私安全。在税收政策方面，OECD 牵头制定《数字经济税收方案》，对数字平台跨境收入征税规则进行统一规范，防止利润转移和税收流失，维护了各国和地区的税收权益。

然而，国际组织在数字经济监管过程中也暴露出一些问题，留下了深刻的教训。其一，监管的公平性存在不足。在跨国企业税收规则制定中，发展中国家的参与度和话语权相对欠缺。数字经济的发展，发展中国家在税收方面面临更为严峻的挑战，但现有国际税收规则在制定过程中未能充分考虑发展中国家的实际情况和特殊需求，导致发展中国家在数字经济税收分配中处于不利地位。在数字经济反垄断领域，不同国家对市场支配地位的认定标准、反垄断执法程序以及救济措施等方面存在差异。美国在反垄断执法中更注重消费者福利标准，而欧盟则更强调维护公平竞争秩序。这种差异导致在跨境数字经济反垄断案件中，各国执法机构之间难以形成有效的协同执法机制，影响了市场竞争的公平性。

其二，监管的有效性有待提升。部分国家对国际税收合作规则执行不力，为跨国企业避税提供了可乘之机。一些低税率国家和地区为吸引外资，对跨国企业的利润转移行为监管宽松，使国际反避税规则难以有效落实。在数字平台跨界金融活动监管中，全球监管标准不统一为数字平台提供了监管套利空间。以虚拟货币交易平台为例，由于各国对虚拟货币监管态度不一，部分平台选择在监管宽松的地区注册，通过离岸架构开展全球业务，规避在监管严格国家可能面临的合规审查。据统计，全球约70%的虚拟货币交易平台存在跨境监管套利行为，导致投资者保护缺失、洗钱风险加剧。

其三，监管的适应性亟待增强。数字经济的快速发展使现有监管框架难以跟上步伐。在数据隐私保护与反垄断、金融创新与监管之间存在诸多矛盾。在数字经济反垄断监管中，数据是关键生产要素，反垄断执法需要获取数字企业的数据以评估其市场行为和竞争影响，但这可能涉及用户数据隐私问题。而数据隐私保护措施可能限制数据的流动与共享，影响反垄断执法机构对数字市场竞争状况的全面了解。在数字平台跨界金融活动中，新兴的去中心化金融（DeFi）、非同质化代币（NFT）等业务不断涌现，现有监管框架难以对其进行有效监管，存在监管空白和滞后的问题。

展望未来，国际组织在数字经济监管方面肩负着重大责任和使命。为了更好地适应数字经济发展的需求，国际组织应从以下几个方面着力改进。

在提升监管公平性方面，国际组织应积极推动更加公平的监管规则制定。在跨国企业税收规则制定过程中，要充分吸收发展中国家的意见和建议，提高发展中国家的参与度和话语权。可以建立专门的发展中国家税收咨询机制，为发展中国家提供表达诉求的平台，确保税收规则能够平衡各方利益。在数字经济反垄断领域，国际组织应加强协调，推动各国逐步统一市场支配地位的认定标准、反垄断执法程序以及救济措施等关键内容。通过制定国际统一的反垄断指南，减少各国法律差异带来的冲突，保障跨境数字经济市场的公平竞争环境。

在强化监管有效性方面，国际组织需要建立严格的监督和评估机制。对于国际税收合作规则、数字金融监管标准等的执行情况进行定期审查和评估，对执行不力的国家采取相应的制裁措施,如公开批评、限制参与国际金融合作项目等,以督促各国严格执行监管规则。同时,利用先进技术打破数据壁垒,提高监管效率。例如,借助区块链技术建立全球统一的数字经济监管数据平台,实现监管数据的实时共享和跨境交易追溯,让数字平台的业务活动更加透明,减少监管套利的空间。

在增强监管适应性方面,国际组织要密切关注数字经济前沿趋势,提前研究新兴领域的监管对策。针对加密货币、人工智能、物联网等新兴技术在经济领域的应用,组织专家团队开展前瞻性研究,制定相应的监管框架和规则。建立监管政策动态调整机制,根据数字经济的发展变化及时修订和完善监管政策。例如,设立数字经济监管创新实验室,鼓励各国监管机构、科研机构和企业共同参与,探索适应新兴技术发展的监管方式和方法,确保监管始终能够跟上数字经济创新的步伐。

国际组织在数字经济监管中既有成功经验,也面临诸多挑战。通过总结经验教训,不断改进监管方式和策略,国际组织将能够为数字经济营造更加公平、有序、创新的发展环境,推动全球数字经济持续繁荣,让数字经济更好地造福人类社会。

第四章　完善我国数字经济发展风险治理机制

第一节　我国数字经济治理现状

一、数字政府与数字社会建设现状及问题分析

在数字化、智能化加速发展的时代背景下，数字政府与数字社会建设已成为提升国家治理能力、推动社会高质量发展的核心驱动力。近年来，我国在这两大领域持续加大投入，创新实践不断涌现，但在发展过程中也存在一些问题。以下从建设现状与存在的问题两大维度展开深入剖析。

（一）建设现状

1. 数字政府建设现状

（1）政务服务数字化转型纵深推进

全国政务服务平台建设呈现跨越式发展态势。以浙江"浙里办"为例，该平台已集成超2000项高频政务服务事项，实现个人出生、入学、就业、退休等全生命周期事项"一网通办"，日均办件量突破100万件。在工程建设项目审批领域，上海通过"多规合一"平台整合规划、住建、环保等17个部门数据，将审批时限从平均200个工作日压缩至48个工作日，企业办事效率提升超70%。同时，"跨省通办"取得实质性突破，截至2024年底，全国已实现营业执照异地办理、医保跨省结算等200余项高频事项跨区域协同办理，服务覆盖超10亿人次。

(2) 智慧监管体系加速构建

"互联网+监管"系统实现从被动应对向主动防控转变。在市场监管领域，北京依托大数据分析构建企业信用风险预警模型，通过提取企业税务、司法、社保 18 类数据，自动生成风险评级，对高风险企业实施精准监管，问题发现率提升 40%。生态环境部建立的全国生态环境监测大数据平台，整合了 2800 余个国控监测站点数据，结合卫星遥感、无人机巡查等技术，实现对重点污染源 24 小时动态监测，有效支撑蓝天保卫战、碧水攻坚战等专项行动。

(3) 数据共享与协同办公创新突破

国家政务大数据体系逐步完善，中央与地方数据共享交换平台累计支撑业务协同超 50 亿次。广东"粤政易"政务协同平台已覆盖全省超 150 万名公职人员，实现公文处理、视频会议、工作督办等全流程线上化，跨部门协作效率提升 60%。部分地区还探索建立"城市大脑"决策系统，杭州通过整合交通、医疗、应急等 13 个领域数据，实现城市运行态势实时感知和智能调度。

2. 数字社会建设现状

(1) 数字教育普惠化发展

在线教育生态持续繁荣，国家智慧教育公共服务平台汇聚基础教育课程资源超 200 万条，职业教育精品课程超 10 万门，服务学生群体超 3 亿人。"双师课堂"模式在农村地区广泛应用，通过直播互动技术，北京、上海等城市优质教师为偏远山区学生同步授课，显著缩小城乡教育差距。职业教育领域，虚拟仿真实训平台发展迅速，如深圳职业技术学院建设的智能制造虚拟工厂，可模拟真实生产场景，使学生实践操作能力提升 50% 以上。

(2) 数字医疗服务提质扩面

互联网医疗进入规范发展新阶段，全国已有 31 个省份实现医保线上支付全覆盖。微医互联网医院接入超 7800 家医院，22 万名医生提供在线问诊服务，累计服务患者超 3 亿人次。在远程医疗领域，国家远程医疗协同平台已连接全国 3000 余家县级医院，实现三甲医院与基层医疗机构的实时会诊。AI 辅助诊断技术广泛应用，腾讯觅影 AI 可在 1 分钟内完成肺癌 CT 影像分析，准确率达 97%，助力基层医院提升诊断水平。

(3) 智慧社区治理创新实践

全国建成智慧社区超 10 万个，上海虹桥街道打造的"1 分钟社区生活圈"通过整合政务、养老、商业等服务资源，实现居民需求"一键响应"。智能安防系统广泛应用，杭州上城区安装的智能烟感报警器已成功预警火灾隐患 3000 余起，预警准确率达 98%。在养老服务领域，北京劲松社区推出"时间银行"互助养老模式，老年人通过志愿服务积累"时间币"，可兑换其他服务，参与人数超 5000 人。

(4) 数字文化娱乐蓬勃发展

短视频行业规模持续扩大，抖音、快手等平台日均活跃用户超 10 亿，催生知识科普、非遗传承等新型内容生态。云游戏技术取得突破，腾讯 START 云游戏平台支持《英雄联盟》《原神》等热门游戏在线畅玩，无须下载安装，降低游戏设备门槛。元宇宙应用开始落地，百度希壤打造的虚拟展厅已举办多场艺术展览和学术会议，参会人数突破百万人次。

(二) 存在的问题

1. 数字政府建设存在的问题

(1) 数据安全与隐私保护体系脆弱

网络安全攻击事件频发，2024 年某省政务云平台遭黑客攻击，导致 500 万条社保数据泄露。个人信息过度采集问题突出，对 100 款政务 App 的调查显示，62%存在超范围收集通信录、位置信息等行为。数据共享安全机制缺失，多地发生因数据共享审批流程不规范导致的敏感信息泄露事件。区块链、联邦学习等安全共享技术应用不足，数据安全防护仍依赖传统加密手段。

(2) 区域与部门间发展失衡

东西部数字政府建设差距显著，东部地区政务服务网办率普遍超 95%，而西部部分省份不足 70%。部门数据壁垒依然顽固，某省会城市统计显示，跨部门数据共享需求中，实际完成率仅 43%。基层数字化能力薄弱，县级政府专业技术人员缺口达 60%，部分乡镇政务系统更新周期长达 5 年以上。

(3) 服务体验与适老化改造滞后

政务平台操作复杂度较高，对 1000 名用户的调查显示，38%的用户无法独立完成 3 项以上政务事项办理。界面设计缺乏人性化，老年用户使用障碍突出，75 岁以上老年人政务 App 使用率不足 15%。智能客服系统实用性差，政务平台智能客服解决率仅 32%，大量咨询仍需转接人工。

2. 数字社会建设存在的问题

(1) 数字鸿沟依然存在

城乡网络基础设施差距明显，农村地区固定宽带家庭普及率仅为城市的 65%，5G 基站数量不足城市的 1/3。老年群体数字技能缺失严重，60 岁以上老年人智能手机常用功能掌握率不足 40%，医疗、政务等数字服务使用率低于 20%。特殊群体数字包容不足，视障群体可无障碍访问的公共服务网站不足 10%。

(2) 数据治理体系亟待完善

数据标准不统一问题突出。医疗领域不同医院电子病历格式差异率达 78%，导致数据无法有效整合。数据质量参差不齐，教育领域学生学籍信息错误率高达 15%。共享机制缺失，金融机构间数据共享需通过第三方机构中转，成本高且效率低。数据权属界定模糊，政务数据与社会数据融合应用存在法律障碍。

(3) 数字社会治理能力有待提高

网络空间治理法规滞后，新型网络犯罪如深度伪造、算法滥用等缺乏明确法律界定。监管技术手段落后，短视频平台违规内容人工审核占比仍超 60%，AI 识别准确率仅 82%。行业自律机制不健全，在线教育平台虚假宣传、诱导消费等问题投诉量年均增长 35%。多元协同治理格局尚未形成，政府、企业、社会组织在数字治理中的权责边界不清晰。

二、我国现行数字经济多元共治格局研究

随着数字经济在我国经济体系中地位日益提升，其治理模式也不断演进。我国逐步构建起政府主导、多主体协同参与的多元共治格局，该格局依托现行制度体系，在推动数字经济发展、规范市场秩序、保障各方权益等方面发挥关键作

用。深入研究我国现行数字经济多元共治格局，有助于明晰治理模式的运行逻辑与成效，为数字经济持续健康发展提供理论支撑。

（一）数字经济特征及传统治理挑战

1. 数字经济的特征

数字经济具备高创新性、强渗透性、广覆盖性和高度动态性。以高创新性为例，人工智能领域的大语言模型迭代迅速，从模型架构到应用场景不断突破；在强渗透性方面，工业互联网使制造业生产流程实现数字化改造，提升生产效率与产品质量；广覆盖性体现在互联网让偏远地区也能参与数字经济活动；高度动态性则表现为商业模式的快速演变，如短视频平台崛起对传统媒体行业的冲击。

2. 传统治理模式面临的挑战

传统分部门监管模式难以适应数字经济跨领域、跨行业的特性，存在监管重叠与空白。在网约车行业，交通、市场监管等多部门职责划分不明确，影响监管效率。同时，数字经济发展速度远超法律法规制定速度，新兴业务常面临无明确监管规则的困境，且监管部门对新技术的理解与应用滞后，导致监管手段难以满足治理需求。

（二）多元共同治理格局的主体构成与现行制度实践

1. 政府：引导与监管

（1）政策法规制定制度

我国政府在数字经济政策法规制定中占据主导地位。国家层面通过"十四五"数字经济发展规划等纲领性文件，明确产业发展方向与战略目标。在数据要素市场，政府出台系列政策推动数据流通，多地设立数据交易所，从制度上规范交易流程、明确数据产权，促进数据要素市场化配置。

法律法规制定方面，已初步构建起数字经济法律框架。《中华人民共和国网络安全法》明确网络运营者安全义务，保障网络空间安全；《中华人民共和国数据安全法》确立数据安全保护基本制度，平衡数据利用与安全；《中华人民共和国个人信息保护法》细化个人信息保护规则，维护公民信息权益。这些法律共同为数字经济发展营造法治环境。

(2) 监管执法制度

我国现行监管执法制度着力打造协同高效的监管体系。机构设置上，整合市场监管、网信、公安等多部门力量，建立联合监管机制。市场监管部门负责维护市场竞争秩序，打击垄断与不正当竞争；网信部门管理网络内容、规范网络空间；公安部门打击网络犯罪、保障网络安全。在打击网络诈骗专项行动中，多部门协作实现线索收集、侦查到侦破的全流程配合，提升执法效能。

监管手段上，充分运用现代技术。大数据分析技术实时监测市场动态，对异常交易、数据流动预警；人工智能技术辅助识别虚假宣传、侵权盗版等行为。同时，建立数字经济信用监管制度，对企业信用评价，实施差异化监管，构建守信激励、失信惩戒的市场环境。

(3) 公共服务制度

政府在数字经济公共服务供给上已形成完善体系。在数字基础设施建设投入制度方面，通过财政预算安排、专项债券发行等方式加大资金投入，中央制定规划标准，地方具体实施。农村地区的宽带网络覆盖工程，有效缩小城乡数字鸿沟，为农村数字经济发展创造条件。

公共服务平台建设与运营制度上，政府主导搭建各类平台。技术研发平台整合高校、科研机构与企业资源，助力企业创新；成果转化平台促进产学研合作；人才培训平台针对不同领域需求开展定制化课程。此外，政府建立数字经济统计监测与评估制度，定期发布发展报告，为各方决策提供数据支持。

2. 企业：自律与创新

(1) 内部自律制度

我国企业积极构建内部自律制度。互联网平台企业建立健全入驻商家审核机制，规范平台运营行为，定期对平台内容进行巡查。同时，企业制定数据安全与隐私保护内部规范，明确数据收集、使用、存储等环节的操作标准，部分企业还设立数据安全管理部门，保障用户信息安全。

(2) 技术创新与应用实践

企业在技术创新上持续投入。在芯片设计、操作系统等关键领域，部分企业加大研发力度，尝试突破国外技术垄断。同时，积极探索数字技术应用场景，将人工智能、大数据等技术应用于产品研发、客户服务等环节，提升企业竞争力。例如，电商企业利用大数据分析用户偏好，实现精准营销。

(3) 行业治理参与制度

企业通过行业协会等组织参与行业治理。行业协会组织企业共同制定行业自律公约，规范行业行为。企业还积极参与行业标准制定，在行业协会组织下，与政府、科研机构等沟通交流，反映企业诉求，推动行业健康发展。

3. 社会组织：协调与服务

(1) 行业协会运行机制

行业协会在数字经济治理中发挥重要作用。通过制定行业自律公约，约束企业经营行为；开展行业调研，为政府决策提供参考依据；组织行业交流活动，促进企业间技术合作与资源共享；调解行业纠纷，维护行业稳定和谐发展。例如，在某数字经济细分领域，行业协会调解企业间专利纠纷，保障行业创新秩序。

(2) 科研机构协作机制

科研机构与政府、企业建立协作机制。在人工智能伦理、数据安全技术等领域开展基础研究，为数字经济治理提供理论支撑。同时，通过产学研合作项目，加速科研成果转化应用。部分高校科研团队与企业联合开发数字技术应用解决方案，推动数字经济发展。

(3) 社会组织监督机制

消费者协会、环保组织等社会组织发挥监督作用。消费者协会对数字产品与服务进行测评，发布消费警示，维护消费者权益；环保组织监督企业绿色发展，推动企业履行社会责任。媒体也通过舆论监督，曝光数字经济领域违法违规行为，促进市场规范。

4. 公众：参与与监督

(1) 数字素养培育制度

我国将数字素养教育纳入国民教育体系与职业培训体系。学校开设信息技术课程，培养学生数字技能；企业对员工开展数字技术应用培训；社区组织科普活动，提升公众网络安全意识与风险防范能力，为公众参与数字经济治理奠定基础。

（2）公众参与决策制度

政府拓宽公众参与数字经济治理渠道，通过听证会、意见征集等方式广泛吸纳公众意见。在数字经济政策制定过程中，设置公众反馈环节，对合理建议予以采纳，保障公众在数字经济发展中的知情权、参与权与监督权。

（3）社会监督保障制度

建立健全公众举报机制，鼓励公众对数字经济违法违规行为监督举报。设立专门举报平台，对举报属实者给予奖励，并保护举报人合法权益。通过社会监督，形成全民共治的良好局面，维护数字经济市场秩序。

（三）多元共同治理格局的运行机制

1. 协同合作机制

我国建立了多层次协同合作机制。政府搭建数字经济治理信息共享平台，整合政策法规、行业数据等信息，实现各主体实时共享。定期组织召开联席会议，邀请政府、企业、社会组织及公众代表参与，共同商讨治理难题。同时，利用即时通信工具、在线论坛等建立常态化沟通渠道，促进日常协作。

2. 利益协调机制

现行制度通过政策引导、市场调节与法律规范平衡各方利益。在数字平台监管政策制定中，既保障平台企业发展，又维护消费者、劳动者权益。建立多元化利益冲突解决机制，包括行业调解、仲裁与司法诉讼等途径。同时，设立激励政策，对积极参与治理的主体给予奖励，激发各方积极性。

3. 信息共享机制

搭建统一的数字经济信息共享平台，运用区块链技术确保数据真实不可篡改，加密技术保障数据安全。制定严格信息共享管理制度，规范信息采集、审核、存储、使用与共享流程。加强信息分析与应用能力建设，为各主体决策提供支持，促进信息流通利用。

(四) 小结

我国现行数字经济多元共治格局依托完善的制度体系，实现了政府、企业、社会组织和公众等多主体的协同治理。在政策法规制定、监管执法、公共服务等方面的制度实践，以及协同合作、利益协调、信息共享等运行机制，共同保障了数字经济的健康发展。未来，随着数字经济进一步发展，该治理格局将不断优化完善，持续发挥重要作用。

三、我国不断完善的数字经济治理法规体系

数字经济作为一种以数字技术为核心驱动力的新型经济形态，正深刻改变着全球经济格局和人们的生产生活方式。近年来，我国数字经济规模持续扩大，增长速度远超传统经济，在国民经济中的地位日益重要。数字经济的快速发展得益于技术创新的推动，同时也离不开完善的法规体系的保障。然而，数字经济的虚拟性、跨界性和创新性等特点，使其在发展过程中面临诸多新的法律问题和挑战，如数据安全、隐私保护、网络诈骗、数字垄断等。为有效应对这些问题，我国政府积极推进数字经济治理法规体系的建设与完善，不断加强对数字经济领域的监管和规范，为数字经济的健康发展营造良好的法治环境。

(一) 我国数字经济治理法规体系的发展历程

1. 初步探索阶段（20世纪90年代至2012年）

我国数字经济治理法规体系的建设起步于20世纪90年代。随着互联网技术在我国的逐渐普及和应用，一些与互联网相关的基础性法律法规开始陆续出台。1994年，国务院颁布了《中华人民共和国计算机信息系统安全保护条例》，这是我国第一部针对计算机信息系统安全保护的行政法规，为后续网络安全相关法规的制定奠定了基础。1996年，《中华人民共和国计算机信息网络国际联网管理暂行规定》发布，对计算机信息网络国际联网的管理体制、接入单位和用户的权利义务等作出了明确规定。1997年，《中华人民共和国刑法》修订时增加了涉及计

算机犯罪的相关条款，如非法侵入计算机信息系统罪、破坏计算机信息系统罪等，从刑事法律层面加强了对计算机信息系统的保护。2000年，《互联网信息服务管理办法》出台，规范了互联网信息服务活动，促进了互联网信息服务健康有序发展。在这一阶段，我国数字经济治理法规体系主要围绕计算机信息系统安全和互联网信息服务管理等方面展开，法规数量相对较少，内容也较为简单，但为后续法规体系的发展积累了经验。

2. 快速发展阶段（2013—2020年）

2013年以来，随着移动互联网、大数据、云计算、人工智能等新兴技术的快速发展和广泛应用，我国数字经济进入高速增长期，对数字经济治理法规体系的需求也日益迫切。这一时期，我国加快了数字经济相关法律法规的制定和修订步伐。2016年，《中华人民共和国网络安全法》通过，该法全面规范了网络空间安全领域的各类活动，明确了网络运营者的安全义务和责任，建立了网络安全监测预警与应急处置等制度，是我国网络安全领域的基础性法律。2018年，《中华人民共和国电子商务法》正式实施，对电子商务经营者的市场准入、经营行为、消费者权益保护、知识产权保护等方面作出了全面规定，为我国电子商务行业的规范发展提供了有力的法律保障。2019年，修订后的《中华人民共和国反不正当竞争法》进一步完善了对互联网领域不正当竞争行为的规制，增加了"互联网专条"，明确禁止经营者利用技术手段实施妨碍、破坏其他经营者合法提供的网络产品或者服务正常运行的行为。2020年，《中华人民共和国民法典》颁布，其中对数据、网络虚拟财产的保护作出了原则性规定，为数字经济领域相关权益的保护提供了民事法律依据。此外，这一时期还出台了一系列与数字经济相关的部门规章和规范性文件，如《网络借贷信息中介机构业务活动管理暂行办法》《互联网广告管理暂行办法》《电信和互联网用户个人信息保护规定》等，涵盖了数字金融、网络广告、个人信息保护等多个领域，我国数字经济治理法规体系逐渐丰富和完善。

3. 全面完善阶段（2021年至今）

2021年以来，我国数字经济治理法规体系建设进入全面完善阶段。面对数字经济发展过程中出现的新问题、新挑战，如数据安全风险加剧、数据滥用现象频发、平台经济垄断问题凸显等,我国加大了立法和监管力度,出台了一系列具有重要意义的法律法规。2021年,《中华人民共和国数据安全法》和《中华人民共和国个人信息保护法》相继施行。《中华人民共和国数据安全法》确立了数据分类分级管理、数据安全审查、重要数据保护等基本制度,加强了对数据安全的全方位保护;《中华人民共和国个人信息保护法》则对个人信息的收集、存储、使用、加工、传输、提供、公开等处理活动进行了全面规范,强化了个人信息主体的权利保护,明确了个人信息处理者的义务和责任。2022年,《中华人民共和国反垄断法》修订,进一步完善了数字经济领域反垄断规则,明确规定经营者不得利用数据和算法、技术、资本优势以及平台规则等从事垄断行为。此外,各地方政府也结合本地实际情况,出台了一系列促进数字经济发展和规范数字经济活动的地方性法规和政策文件,如《浙江省数字经济促进条例》《广东省数字经济促进条例》等。这些法律法规的出台,进一步完善了我国数字经济治理法规体系,为数字经济的高质量发展提供了更加坚实的法治保障。

(二) 我国数字经济治理法规体系的主要内容

1. 数据安全与隐私保护法规

数据作为数字经济的关键生产要素,其安全和隐私保护至关重要。我国在数据安全与隐私保护方面已建立起较为完善的法规体系。《中华人民共和国数据安全法》作为我国数据安全领域的基础性法律,明确了数据安全工作的基本原则和制度框架。该法规定了国家建立数据分类分级保护制度,根据数据在经济社会发展中的重要程度,以及一旦遭到篡改、破坏、泄露或者非法获取、非法利用,对国家安全、公共利益或者个人、组织合法权益造成的危害程度,对数据实行分类分级保护。同时,建立了数据安全审查制度,对影响或者可能影响国家安全的数据处理活动进行国家安全审查。此外,还规定了数据安全风险监测预警、应急处置、数据交易安全监管等制度,全方位保障数据安全。《中华人民共和国个人信息保护法》则专注于个人信息的保护。该法明确个人信息处理的基本原则,即合法、正当、必要和诚信原则,不得通过误导、欺诈、胁迫等方式处理个人信息。该法规定了个人信息处理者的义务,包括制定内部管理制度和操作规程、采取相应的安全技术措施、对个人信息实行分类管理等。同时，赋予了个人信息主体广泛的权利，如知情权、决定权、查阅权、复制权、更正权、删除权等。当个人信息主体的权利受到侵害时，可以依法向人民法院提起诉讼，维护自己的合法权益。此外，《中华人民共和国网络安全法》《中华人民共和国民法典》等法律法规中也有关于数据安全和隐私保护的相关规定，共同构成了我国数据安全与隐私保护的法规体系。例如，《中华人民共和国网络安全法》规定网络运营者应当采取技术措施和其他必要措施，保障网络安全、稳定运行，有效应对网络安全事件，保护个人信息安全；《中华人民共和国民法典》规定自然人的个人信息受法律保护，任何组织或者个人需要获取他人个人信息的，应当依法取得并确保信息安全，不得非法收集、使用、加工、传输他人个人信息，不得非法买卖、提供或者公开他人个人信息。

2. 网络安全法规

网络安全是数字经济发展的基石，我国高度重视网络安全法规建设。《中华人民共和国网络安全法》是我国网络安全领域的核心法律，该法对网络运营者的安全义务、关键信息基础设施的安全保护、网络安全监测预警与应急处置等方面作出了全面规定。在网络运营者安全义务方面，要求网络运营者按照网络安全等级保护制度的要求，履行安全保护义务，保障网络免受干扰、破坏或者未经授权的访问，防止网络数据泄露或者被窃取、篡改。在关键信息基础设施安全保护方面，明确了关键信息基础设施的范围，规定关键信息基础设施的运营者应当履行更加严格的安全保护义务，如设置专门安全管理机构和安全管理负责人、定期对从业人员进行网络安全教育和培训、对重要系统和数据库进行容灾备份等。同时，建立了关键信息基础设施安全保护工作部门间的协作机制，加强对关键信息基础设施安全的保护。在网络安全监测预警与应急处置方面，规定国家建立网络安全监测预警和信息通报制度，及时向社会发布网络安全预警信息；制定网络安全事件应急预案，定期组织演练；发生网络安全事件时，有关部门和单位应当按照应急预案的要求，及时采取措施进行处置，防止危害扩大。除了《中华人民共和国网络安全法》，我国还出台了一系列与网络安全相关的行政法规、部门规章和规范性文件，如《关键信息基础设施安全保护条例》《网络安全审查办法》

《网络产品安全漏洞管理规定》等,进一步细化和完善了网络安全法规体系。《关键信息基础设施安全保护条例》对关键信息基础设施的认定、运营者的安全保护义务、监督管理措施、法律责任等方面作出了具体规定,为加强关键信息基础设施安全保护提供了更具操作性的依据;《网络安全审查办法》规定了网络安全审查的范围、程序和要求,对关键信息基础设施运营者采购网络产品和服务,影响或可能影响国家安全的,应当进行网络安全审查,有效防范网络安全风险;《网络产品安全漏洞管理规定》规范了网络产品安全漏洞的发现、报告、修补和利用等活动,保障网络产品和服务安全。

3. 电子商务法规

电子商务是数字经济的重要组成部分,我国的电子商务法规体系不断完善,有力促进了电子商务行业的健康发展。《中华人民共和国电子商务法》是我国电子商务领域的基本法律,该法对电子商务经营者的主体资格、经营行为、消费者权益保护、知识产权保护、电子支付等方面作出了全面规范。在电子商务经营者主体资格方面,规定电子商务经营者应当依法办理市场主体登记,但是个人销售自产农副产品、家庭手工业产品,个人利用自己的技能从事依法无须取得许可的便民劳务活动和零星小额交易活动,以及依照法律、行政法规不需要进行登记的除外。在经营行为方面,要求电子商务经营者应当全面、真实、准确、及时地披露商品或者服务信息,保障消费者的知情权和选择权;不得进行虚假或者引人误解的商业宣传,欺骗、误导消费者;应当按照承诺或者与消费者约定的方式、时限向消费者交付商品或者服务,并承担商品运输中的风险和责任。在消费者权益保护方面,规定电子商务经营者应当建立便捷、有效的投诉、举报机制,公开投诉、举报方式等信息,及时受理并处理投诉、举报;消费者在电子商务平台购买商品或者接受服务,与平台内经营者发生争议时,电子商务平台经营者应当积极协助消费者维护合法权益。在知识产权保护方面,规定电子商务平台经营者应当建立知识产权保护规则,知道或者应当知道平台内经营者侵犯知识产权的,应当采取删除、屏蔽、断开链接、终止交易和服务等必要措施;未采取必要措施的,与侵权人承担连带责任。在电子支付方面,规定电子支付服务提供者应当确保电子支付指令的完整性、一致性、可跟踪稽核和不可篡改;应当及时准确地执行用户的电子支付指令，因自身原因造成用户损失的，应当承担赔偿责任。此外，我国还出台了一系列与电子商务相关的配套法规和政策文件，如《网络交易监督管理办法》《关于促进平台经济规范健康发展的指导意见》等，进一步细化和落实了《中华人民共和国电子商务法》的相关规定，推动电子商务行业规范有序发展。《网络交易监督管理办法》对网络交易经营者的登记管理、经营行为规范、平台义务、监督管理、法律责任等方面作出了具体规定，加强了对网络交易活动的监管；《关于促进平台经济规范健康发展的指导意见》从优化完善市场准入条件、创新监管理念和方式、鼓励发展平台经济新业态新模式等方面提出了一系列政策措施，促进平台经济规范健康发展。

4. 反垄断与反不正当竞争法规

随着数字经济的发展，平台经济迅速崛起，一些平台企业凭借其数据、技术、资本等优势，在市场中占据了主导地位，垄断和不正当竞争问题逐渐显现。为维护市场公平竞争秩序，我国不断完善反垄断与反不正当竞争法规体系。《中华人民共和国反垄断法》是我国反垄断领域的基本法律，2022年修订后的《中华人民共和国反垄断法》进一步强化了对数字经济领域垄断行为的规制。该法明确规定经营者不得利用数据和算法、技术、资本优势以及平台规则等从事垄断行为，如垄断协议、滥用市场支配地位、经营者集中等。在垄断协议方面，禁止经营者之间达成排除、限制竞争的协议、决定或者其他协同行为，包括利用数据和算法等技术手段达成的协同行为。在滥用市场支配地位方面，规定具有市场支配地位的经营者不得滥用其市场支配地位，排除、限制竞争，如拒绝与交易相对人进行交易、限定交易相对人只能与其进行交易或者只能与其指定的经营者进行交易、搭售商品或者在交易时附加其他不合理的交易条件等。在经营者集中方面，规定经营者集中达到国务院规定的申报标准的，经营者应当事先向国务院反垄断执法机构申报，未申报的不得实施集中。同时，《中华人民共和国反垄断法》还加强了反垄断执法机构的执法权力和执法手段，提高了对垄断行为的处罚力度，增强了反垄断法的威慑力。《中华人民共和国反不正当竞争法》则主要规制市场中的不正当竞争行为，保护经营者和消费者的合法权益。2019年修订后的《中华人民共和国反不正当竞争法》增加了"互联网专条"，明确禁止经营者利用技术手段，通过影响用户选择或者其他方式，实施妨碍、破坏其他经营者合法提供的网络产品或者服务正常运行的行为。如未经其他经营者同意，在其合法提供的网络产品或者服务中，插入链接、强制进行目标跳转；误导、欺骗、强迫用户修改、关闭、卸载其他经营者合法提供的网络产品或者服务；恶意对其他经营者合法提供的网络产品或者服务实施不兼容等。此外，《中华人民共和国反不正当竞争法》还对商业混淆、虚假宣传、商业诋毁、侵犯商业秘密等不正当竞争行为作出了规定，为维护市场竞争秩序提供了有力的法律武器。除了《中华人民共和国反垄断法》和《中华人民共和国反不正当竞争法》，我国还出台了一些与数字经济领域反垄断和反不正当竞争相关的指南和规定，如《关于平台经济领域的反垄断指南》《互联网广告管理暂行办法》等，进一步明确了数字经济领域反垄断和反不正当竞争的具体规则和标准，提高了法律的可操作性。《关于平台经济领域的反垄断指南》对平台经济领域的相关市场界定、垄断协议、滥用市场支配地位、经营者集中等问题作出了详细规定，为反垄断执法机构在平台经济领域开展反垄断执法工作提供了明确指引；《互联网广告管理暂行办法》对互联网广告活动中的不正当竞争行为进行了规范，如禁止利用互联网发布引人误解的虚假广告等。

第二节　数字经济风险治理的核心议题

一、个人隐私的保护

数字经济作为一种新型经济形态，以数字化的知识和信息为关键生产要素，以现代信息网络为重要载体，通过数字技术与实体经济深度融合，推动经济转型升级和创新发展。近年来，我国数字经济规模持续扩大，发展速度不断加快，成为推动经济增长的重要力量。然而，在数字经济蓬勃发展的背后，个人隐私保护问题日益凸显，给用户的信息安全带来了严重威胁。加强个人隐私保护，已成为数字经济风险治理的核心议题之一。

（一）数字经济时代个人隐私保护面临的新挑战

1. 数据泄露风险加剧

在数字经济时代，个人数据被大量收集、存储和传输。企业和机构为了提供个性化的服务和产品，往往需要收集用户的各种信息，如姓名、身份证号、联系方式、消费记录等。然而，随着大数据、云计算等技术的广泛应用，数据存储和处理的集中化程度不断提高，一旦发生数据泄露事件，将会造成大量用户个人信息的泄露，给用户带来严重的损失。据统计，全球每年发生的网络攻击事件数量呈上升趋势，个人隐私数据泄露风险不断加剧。以2024年某知名数据平台泄露事件为例，该平台安全防护系统存在漏洞，被黑客入侵，导致数百万用户的姓名、身份证号码、银行卡信息等敏感数据被盗取，众多用户遭受了经济损失，信用记录也受到了影响，这一事件引发了社会的广泛关注和恐慌。

2. 人工智能与隐私保护冲突

人工智能技术在各个领域的广泛应用，使个人隐私保护面临新的挑战。一方面，人工智能需要大量个人数据进行分析、学习和优化，以提高其性能和准确性；另一方面，过度依赖个人数据可能导致隐私泄露。例如，一些人工智能算法可能会通过分析用户的行为数据，推断出用户的兴趣爱好、消费习惯等敏感信息，这些信息一旦被泄露，将会对用户的隐私造成侵犯。此外，人工智能技术的发展也使数据处理的自动化程度不断提高，用户往往难以察觉自己的个人信息正在被收集和处理，从而增加了隐私保护的难度。如某些智能音箱产品，在用户不知情的情况下，持续收集用户的语音指令及周围环境声音，通过复杂的人工智能算法分析用户的生活习惯、消费偏好等，这些数据若被不当使用或泄露，用户的隐私将受到严重威胁。

3. 个人隐私保护与公共利益的平衡问题

在数字经济时代，个人隐私保护与公共利益的平衡愈发重要。一方面，个人隐私权的保护是法治社会的基本要求，是保障公民基本权利的重要内容；另一方面，公共利益的实现需要收集和分析个人数据，例如在疫情防控、社会治安等领域，政府和相关机构需要收集和分析个人的健康信息、行踪轨迹等数据，以制定科学的政策和措施，保障公共安全和社会稳定。如何在保障个人隐私的前提下，合理利用个人数据，实现个人隐私保护与公共利益的平衡，成为数字经济时代的一大挑战。

4. 跨境数据流动的监管难题

随着全球化的发展，个人数据跨国流动日益频繁。不同国家和地区对个人隐私保护的法律法规存在差异，跨境数据流动的监管难度加大。一些国家和地区对个人数据的保护标准较高，要求数据出境必须经过严格的审批和安全评估；而另一些国家和地区对个人数据的保护标准较低，数据出境相对宽松。这种差异导致了跨境数据流动中存在数据泄露、滥用等风险，同时也给数据监管带来了困难。跨国互联网企业在将用户数据传输至境外服务器时，由于不同国家监管标准不同，难以确保数据在传输和存储过程中的安全性，用户数据面临被不当获取和使用的风险，而监管部门在跨境数据监管方面缺乏有效的协同机制，难以对这类行为进行有力约束。

5. 个人隐私保护意识薄弱

在数字经济时代，许多人对个人隐私保护意识薄弱，容易成为网络攻击的目标。部分用户在使用数字服务时，往往忽视对个人信息的保护，随意在网上填写个人敏感信息，或者将个人信息泄露给不可信的第三方。此外，一些企业为追求利益最大化，忽视个人隐私保护，导致用户数据泄露事件频发。加强个人隐私保护意识，提高公众自我保护能力，成为数字经济时代的重要任务。在日常生活中，不少用户在下载安装手机应用程序时，从不仔细阅读隐私政策，随意点击"同意"，导致个人信息被应用程序过度收集；一些小型企业在数据管理方面缺乏安全意识，未对员工进行隐私保护培训，员工随意处理用户数据，增加了数据泄露的风险。

（二）数字经济时代个人隐私保护的现状与问题

1. 法律法规体系不完善

目前，我国已出台了一系列与个人隐私保护相关的法律法规，如《中华人民共和国网络安全法》《中华人民共和国数据安全法》《中华人民共和国个人信息保护法》等，这些法律法规为个人隐私保护提供了一定的法律依据。然而，与数字经济的快速发展相比，我国个人隐私保护法律法规体系仍存在一些不完善之处。例如，一些法律法规的规定较为原则性，缺乏具体的实施细则和操作指南，导致在实际执行过程中存在一定的困难；一些法律法规之间存在衔接不畅、冲突等问题，影响了法律的实施效果。在《中华人民共和国个人信息保护法》中，虽然明确了个人信息处理者的告知义务，但对于告知的具体方式、内容详细程度等缺乏明确细则，使企业在实际操作中标准不一；同时，《中华人民共和国网络安全法》与《中华人民共和国个人信息保护法》在某些条款上对于网络运营者责任的界定存在模糊之处，导致监管部门在执法时容易出现争议。

2. 技术防护能力不足

在数字经济时代，个人隐私保护离不开技术的支持。然而，目前我国许多企业和机构的技术防护能力不足，难以有效应对日益复杂的网络安全威胁。例如，一些企业和机构在数据存储和传输过程中，缺乏有效的加密技术和访问控制措施，容易导致数据泄露；一些企业和机构在数据处理过程中，缺乏对人工智能算法的安全评估和监管，容易引发隐私风险。此外，我国在隐私保护技术研发方面的投入相对不足，技术创新能力有待提高。部分小型电商企业在存储用户购物数据时，仅采用简单的用户名和密码验证方式，未对数据进行加密处理，一旦数据库被攻破，用户数据将毫无保留地暴露；一些人工智能应用开发者在设计算法时，未充分考虑隐私保护因素，未对算法进行严格的安全评估，导致算法可能存在侵犯用户隐私的漏洞，而我国在相关技术研发方面，相较于国际先进水平，在资金投入、人才储备等方面还有较大差距，限制了隐私保护技术的创新发展。

3. 监管机制不健全

个人隐私保护需要建立健全的监管机制，加强对企业和机构数据处理行为的监督和管理。然而，目前我国个人隐私保护监管机制仍存在一些不健全之处。比如，监管手段相对单一，主要依靠行政监管，缺乏市场监管和社会监督等多元化的监管手段；监管力度不够，对违法违规行为的处罚较轻，难以形成有效的威慑力。在对互联网广告行业的监管中，市场监管部门、网信部门等多个部门都有一定的监管职责，但在实际工作中，常出现部门之间相互推诿、职责界定不清的情况，导致一些违法违规收集用户信息用于精准广告投放的行为得不到及时有效的监管；同时，对于侵犯个人隐私的企业，处罚往往以警告、罚款为主，罚款金额相对企业违法所得较低，无法对企业形成足够的威慑，企业违法成本较低，导致此类行为屡禁不止。

4. 行业自律机制不完善

行业自律是个人隐私保护的重要组成部分。然而，目前我国数字经济行业自律机制仍不完善，一些行业协会和企业缺乏自律意识，未能制定和遵守有效的行业规范和标准。一些企业在收集和使用用户个人信息时，存在过度收集、滥用等问题，严重侵犯了用户的隐私权益；一些行业协会未能充分发挥其在行业自律和规范制定方面的作用，对行业内的违法违规行为未能及时进行监督和纠正。在一些在线旅游平台中，部分企业在用户注册时，强制要求用户授权过多无关的个人信息，如访问通信录、获取地理位置等，超出了正常业务所需的范围，严重侵犯用户隐私；而相关的旅游行业协会，未能及时制定针对此类行为的规范准则，对企业的违规行为也未进行有效约束，使行业内此类不良现象普遍存在。

5. 公众教育普及度不足

公众对于个人隐私保护的认知和重视程度，在很大程度上影响着个人隐私保护工作的成效。目前，我国在公众教育方面存在普及度不足的问题。一方面，相关部门和机构对个人隐私保护知识的宣传推广力度不够，缺乏系统性、常态化的宣传教育活动，导致很多公众对个人隐私保护的重要性认识不足，不清楚如何在日常生活中保护自己的隐私。另一方面，现有的教育方式往往较为单一，多以发布宣传资料、举办讲座等传统形式为主，缺乏创新性和互动性，难以吸引公众的关注和参与，使教育效果大打折扣。在一些社区和学校，虽然偶尔会开展个人隐私保护相关的讲座，但参与人数较少，宣传资料也往往被公众忽视，未能真正将隐私保护知识传递给广大民众，导致公众在面对各种数字服务时，依然缺乏自我保护意识，容易因自身行为导致个人隐私泄露。

（三）加强数字经济时代个人隐私保护的对策建议

1. 完善法律法规体系

加强个人隐私保护法律法规的制定和完善，进一步细化相关法律法规的规定，明确个人信息的收集、使用、存储、传输等各个环节的权利和义务，制定具体的实施细则和操作指南，提高法律法规的可操作性。同时，加强对法律法规的宣传和普及，提高公众的法律意识和维权意识。此外，加强与国际社会的合作与交流，积极参与国际个人隐私保护规则的制定。应明确规定企业在收集个人信息时，必须以清晰易懂的方式告知用户收集的目的、方式、范围以及信息的存储期限等详细内容，并获得用户明确的同意；对于不同类型个人信息的使用权限，如敏感信息和非敏感信息的区分使用规则，也要作出细致规定。在宣传方面，可通过线上线下相结合的方式，利用社交媒体平台、公益广告、社区活动等多种渠道，广泛宣传个人隐私保护法律法规知识，提高公众对自身权益的认识和维护能力。

2. 提高技术防护能力

加大对隐私保护技术研发的投入，鼓励企业和科研机构开展技术创新，加强对加密技术、访问控制技术、人工智能算法安全评估技术等关键技术的研发和应用。同时，加强对企业和机构的技术指导和培训，提高其技术防护能力和安全管理水平。此外，建立健全数据安全应急响应机制，及时应对和处理数据泄露等安全事件，降低损失。政府可设立专项科研基金，支持高校和科研机构开展隐私保护技术研究，鼓励企业与科研团队合作，共同推动技术创新；定期组织针对企业技术人员的培训课程，内容涵盖最新的数据加密技术、访问控制策略以及人工智能算法安全评估方法等，提升企业的技术防护能力；企业自身应建立完善的数据安全应急响应预案，定期进行演练，确保在发生数据泄露等事件时，能够迅速采取措施，缩小数据泄露的范围，降低影响程度。

3. 健全监管机制

明确监管部门的职责分工，加强监管部门之间的协调与配合，形成监管合力。建立多元化的监管手段，综合运用行政监管、市场监管和社会监督等手段，加强对企业和机构数据处理行为的监督和管理。加大对违法违规行为的处罚力度，提高违法成本，形成有效的威慑力。此外，建立健全投诉举报机制，畅通公众投诉举报渠道，及时处理公众反映的问题。应明确市场监管部门负责对企业市场行为中的隐私保护合规性进行监管，网信部门负责网络空间内个人信息保护的监督管理等，避免职责不清导致的监管漏洞；引入市场监管手段，如建立企业隐私保护信用评级制度，将评级结果与企业的市场准入、信贷支持等挂钩，激励企业自觉保护个人隐私；同时，鼓励公众参与监督，设立专门的投诉举报热线和网络平台，对公众举报的违法违规行为进行及时调查处理，并对举报人给予适当奖励，形成全社会共同参与的监管氛围。

4. 完善行业自律机制

加强数字经济行业协会的建设，充分发挥其在行业自律和规范制定方面的作用。制定和完善行业规范和标准，引导企业自觉遵守法律法规和行业规范，加强对用户个人信息的保护。建立行业信用评价体系，对企业的信用状况进行评价和公示，对信用不良的企业进行惩戒。此外，加强行业内的交流与合作，共同推动个人隐私保护工作的开展。行业协会应制定详细的行业自律规范，明确企业在个人信息收集、使用、存储等环节的行为准则，例如规定企业不得过度收集用户信息，不得将用户信息用于未经授权的商业用途等；建立行业信用评价指标体系，从企业的隐私政策透明度、数据安全防护措施、用户投诉处理情况等多个维度对企业进行评价，并将评价结果在行业内公示，对信用不良的企业，采取警告、限制行业活动参与等惩戒措施，督促企业加强个人隐私保护。

5. 强化公众教育与宣传

加大对公众个人隐私保护教育的投入，丰富教育形式和内容。除了传统的宣传资料发放、讲座举办外，充分利用新媒体平台，制作生动有趣、通俗易懂的科普视频、动画等，以便更具吸引力的方式向公众普及个人隐私保护知识。开展常态化的宣传教育活动，将个人隐私保护教育纳入学校教育体系、社区文化建设等范畴，提高公众的参与度和关注度，培养公众良好的隐私保护习惯。学校可将个人隐私保护知识纳入信息技术课程或综合素质教育课程中，通过课堂教学、案例分析、主题活动等形式，从小培养学生的隐私保护意识；社区可定期组织与个人隐私保护相关的文化活动，如知识竞赛、文艺表演等，吸引居民积极参与，在活动中传递隐私保护知识，营造全社会重视个人隐私保护的良好氛围。

（四）小结

数字经济的快速发展给个人隐私保护带来了诸多新挑战，加强个人隐私保护已成为数字经济风险治理的核心议题之一。当前，我国个人隐私保护面临着法律法规体系不完善、技术防护能力不足、监管机制不健全、行业自律机制不完善以及公众教育普及度不足等问题。为加强数字经济时代个人隐私保护，应完善法律法规体系，提高技术防护能力，健全监管机制，完善行业自律机制，强化公众教育与宣传。只有通过各方共同努力，才能有效保护个人隐私，促进数字经济的健康发展。在未来的数字经济发展进程中，持续关注个人隐私保护问题，不断优化和完善保护措施，将是保障数字经济可持续发展、维护社会稳定和谐的关键所在。

二、网络安全

（一）数字经济时代网络安全面临的新挑战

1. 网络攻击的智能化与复杂化

随着人工智能、机器学习等技术在网络攻击中的应用，网络攻击呈现出智能化与复杂化的显著特征。攻击者借助深度学习算法，能够对目标系统的海量数据进行深度分析，精准识别系统漏洞。在针对企业网络的攻击中，攻击者通过对企业公开的网络架构信息、历史安全事件数据进行机器学习训练，可快速构建出攻击模型，制定出绕过传统防火墙和入侵检测系统的攻击路径。

自动化攻击工具的兴起，进一步提升了攻击效率。这些工具可在短时间内对大量目标发起扫描，一旦发现漏洞，便自动执行攻击代码。以 Mirai 恶意软件为例，其通过扫描互联网上存在弱密码的物联网设备，自动控制这些设备形成僵尸网络，进而发起大规模分布式拒绝服务（DDOS）攻击。2016 年，Mirai 控制的僵尸网络对美国域名解析服务商 Dyn 发动攻击，导致 Twitter、Netflix 等众多知名网站瘫痪，造成了巨大的经济损失和社会影响。

同时，攻击手段不断推陈出新，新型攻击方式如供应链攻击等给安全防护带来了新的难题。供应链攻击通过攻击软件供应链中的薄弱环节，将恶意代码植入合法软件，当用户使用该软件时，恶意代码便会被激活，造成数据泄露或系统控制。内存马攻击则将恶意代码直接注入目标系统的内存中，不依赖于文件存储，传统的基于文件查杀的安全防护手段难以检测和清除。

2. 数据安全风险攀升

在数字经济时代，数据作为核心生产要素，其价值不断被挖掘和利用，与此同时，数据安全风险也在急剧攀升。从数据泄露的规模来看，近年来重大数据泄露事件频发。2023 年某知名社交平台遭遇数据泄露，用户的个人信息被非法获取，包括用户的姓名、手机号码、邮箱地址等敏感信息。这些信息被攻击者在暗网上公开售卖，大量用户随后遭遇诈骗电话和垃圾邮件骚扰，个人隐私和财产安全受到严重威胁。

数据滥用问题同样不容忽视。部分企业为追求商业利益，过度收集用户数据，且在数据使用过程中缺乏有效的监管和规范。一些电商平台通过收集用户的购物历史、浏览记录等数据，利用大数据分析技术对用户进行精准画像，然后实施价格歧视策略，对不同用户显示不同的商品价格。这种行为不仅侵犯了用户的知情权和公平交易权，还破坏了市场的公平竞争环境。

此外，数据跨境流动带来的安全风险也日益凸显。随着数字经济的全球化发展，企业的数据往往需要在不同国家和地区之间传输和存储。然而，不同国家的数据保护法律和监管标准存在差异，这使数据在跨境流动过程中面临被窃取、篡改或滥用的风险。某些国家的企业将用户数据存储在数据中心位于其他国家的云服务器上，一旦这些国家的法律监管不到位，用户数据的安全将难以得到保障。

3. 关键信息基础设施面临的威胁加剧

关键信息基础设施是数字经济运行的基石，涵盖能源、通信、金融、交通等重要领域。这些领域的信息系统和网络设施一旦遭受攻击，将引发连锁反应，对国家经济安全、社会稳定和公众生活造成严重影响。近年来，针对关键信息基础设施的攻击事件不断增加,攻击手段也愈发高级。

在能源领域,2021 年美国 Colonial Pipeline 公司遭受勒索软件攻击,攻击者通过窃取公司的网络权限,加密了公司的关键数据,导致美国东海岸燃油供应中断。此次攻击不仅引发了燃油价格上涨和加油站排队加油的混乱局面,还对美国的能源安全和经济运行产生了重大冲击。

在通信领域,攻击者通过攻击通信基站、骨干网络等设施,可导致通信中断,影响社会的正常运转。在某些地区发生的针对通信基站的 DDOS 攻击,使当地手机信号减弱甚至消失,居民无法正常拨打电话、使用移动数据,严重影响了人们的日常生活和工作。

在金融领域,网络攻击可能导致金融系统瘫痪、资金被盗取等严重后果。黑客通过攻击银行的核心业务系统,窃取客户的账户信息和资金,或者干扰金融市场的交易秩序,造成金融市场的动荡。例如,某银行曾遭受黑客攻击,大量客户的账户资金被盗刷,给银行和客户带来了巨大的经济损失,同时也严重损害了银行的声誉。

(二)数字经济下网络安全风险的成因分析

1. 技术漏洞与复杂性

信息技术的快速发展使数字经济系统的架构愈发复杂。软件、硬件和网络设备在设计、开发和部署过程中,由于时间、成本等因素的限制,难以做到完全无缺陷。据统计,每年公开披露的软件漏洞数量呈逐年上升趋势,这些漏洞为攻击者提供了可乘之机。例如,操作系统、数据库管理系统等基础软件中存在的漏洞,一旦被攻击者利用,就可能导致系统被控制、数据被窃取。

新兴技术的融合应用进一步增加了网络安全的复杂性。云计算、物联网、5G 等技术的广泛应用,打破了传统的网络边界,使网络环境更加开放和动态。在物联网场景中,大量的智能设备接入网络,这些设备的安全防护能力参差不齐,且部分设备缺乏有效的安全更新机制。例如,智能摄像头、智能门锁等设备,由于自身计算能力和存储资源有限,难以安装复杂的安全防护软件,容易成为攻击者入侵家庭网络的入口。

此外，技术的快速迭代也带来了安全更新不及时的问题。新的软件版本和硬件设备不断推出，但相应的安全补丁和防护措施可能无法及时跟上，导致系统在一定时期内处于脆弱状态，面临安全风险。

2. 安全意识淡薄

企业和个人的安全意识淡薄是导致网络安全风险增加的重要因素。在企业层面，部分企业对网络安全的重视程度不足，将主要精力和资源投入到业务发展上，忽视了网络安全建设。一些企业没有建立完善的网络安全管理制度，缺乏对员工的网络安全培训，导致员工的安全意识和操作规范意识薄弱。例如，员工随意点击不明链接、使用弱密码、在非安全的网络环境下处理工作事务等行为，都可能为企业带来安全隐患。

在个人层面，公众对网络安全的认知水平普遍较低。许多人在使用互联网服务时，缺乏对个人信息保护的意识，随意在不可信的网站或应用上填写个人敏感信息。例如，在一些虚假的抽奖活动网站上，用户为了获取奖品，填写了自己的身份证号、银行卡号等重要信息，结果导致个人信息泄露和财产损失。此外，公众对网络诈骗、钓鱼攻击等手段的识别能力不足，容易上当受骗。

3. 法律法规不完善

尽管各国在网络安全领域已制定了一系列法律法规，但随着数字经济的快速发展，新的业务模式和技术应用不断涌现，现有法律法规在某些方面存在滞后性。例如，对于人工智能生成内容（AIGC）的版权归属、数据跨境流动的安全标准、智能合约的法律效力等问题，目前的法律法规尚未形成统一明确的规定。

在执法层面，由于网络空间的虚拟性和跨国性，网络安全违法行为的取证和追责难度较大。不同国家和地区之间的法律差异，也使跨境执法面临诸多障碍。例如，当发生跨国数据泄露事件时，涉及的多个国家可能因法律规定不同，在管辖权、证据认定等方面存在争议，导致无法及时有效地追究违法者的责任。

此外，现有法律法规对网络安全违法行为的处罚力度相对较轻，难以对违法者形成有效的威慑。一些企业和个人在权衡违法成本和收益后，可能会选择冒险从事网络安全违法行为，进一步加剧了网络安全风险。

4. 国际网络安全形势严峻

在全球化背景下，网络空间已成为各国竞争和博弈的重要领域。一些国家出于政治、经济和军事目的，积极开展网络战和网络情报活动，对其他国家的网络安全构成严重威胁。例如，某些国家通过网络攻击手段窃取其他国家的核心技术、商业机密和政府敏感信息，以获取竞争优势。

跨国网络犯罪组织的活动日益猖獗，这些组织利用不同国家法律制度和监管力度的差异，在全球范围内实施网络攻击、数据盗窃和网络诈骗等犯罪行为。他们通过加密通信、匿名支付等手段逃避法律制裁，给网络安全治理带来了巨大挑战。一些跨国勒索软件团伙在攻击企业后，要求受害者以比特币等加密货币支付赎金，导致资金流向难以追踪。

国家间缺乏有效的网络安全合作机制，在应对跨境网络安全问题时，各国之间难以实现信息共享和协同作战。不同国家的网络安全标准和技术体系存在差异，也增加了国际合作的难度。例如，在网络安全事件应急响应过程中，各国由于缺乏统一的信息通报机制和协作流程，往往无法及时有效地应对大规模网络安全事件。

（三）数字经济下强化网络安全保障的策略

1. 加强网络安全技术创新

加大对网络安全技术研发的投入，鼓励高校、科研机构和企业开展产学研合作，突破关键核心技术。在人工智能安全领域，研发基于人工智能的网络安全防御系统，利用机器学习算法对网络流量、系统日志等数据进行实时分析，实现对网络攻击的智能检测和预警。例如，通过构建异常行为检测模型，对用户和设备的行为模式进行学习和分析，一旦发现异常行为，立即发出警报并采取相应的防御措施。

量子加密技术作为一种新型加密技术，具有理论上绝对安全的特性，能够有效保障数据传输的安全性。应加快量子加密技术的研究和应用，推动量子密钥分发网络的建设，实现数据在传输过程中的全程加密。例如，在金融领域，利用量子加密技术对大额资金转账、证券交易等敏感数据进行加密传输，可有效防止数据被窃取和篡改。

区块链技术的去中心化、不可篡改等特性，为数据安全提供了新的解决方案。构建基于区块链的数据存储和共享平台，可实现数据的安全存储和可信共享。在医疗领域，通过区块链技术建立电子病历共享平台，患者的病历信息被加密存储在区块链上，只有经过授权的医疗机构和人员才能访问，确保了患者病历信息的安全性和隐私性。

2. 完善网络安全法律法规

加快网络安全法律法规的制定和修订，针对数字经济发展中的新问题、新挑战，及时出台相关法律规范。制定专门的数据保护法，明确数据的收集、存储、使用、共享等各个环节的规范和要求，加强对个人信息和重要数据的保护。例如，规定企业在收集用户数据时，必须明确告知用户数据的用途和范围，并获得用户的明确授权；对数据的存储期限、存储方式等进行严格规定，防止数据长期存储带来的安全风险。

加强对网络安全违法行为的惩处力度，提高违法成本。对于数据泄露、网络攻击、网络诈骗等违法行为，制定更加严厉的处罚措施，包括高额罚款、吊销营业执照、追究刑事责任等。例如，对于故意泄露用户个人信息的企业，除了处以高额罚款外，还可吊销其相关业务许可证，对直接负责的主管人员和其他直接责任人员追究刑事责任。

加强国际网络安全法律合作，积极参与国际网络安全规则的制定。推动建立统一的国际网络安全法律框架，协调各国在网络安全领域的法律差异，加强跨境执法合作。例如，通过签订双边或多边网络安全合作协议，建立跨境网络安全事件的信息通报和联合调查机制，提高应对跨境网络安全问题的能力。

3. 强化网络安全意识教育

开展全方位、多层次的网络安全意识教育活动，提高全社会的网络安全意识。针对企业，制订网络安全培训计划，定期组织员工参加网络安全培训课程，培训内容包括网络安全法律法规、常见网络攻击手段及防范方法、数据安全保护等。例如，通过模拟网络钓鱼攻击场景，让员工亲身体验攻击过程，提高员工对钓鱼邮件、链接的识别能力。

对于个人，通过电视、广播、互联网等媒体渠道，广泛宣传网络安全知识。制作通俗易懂的网络安全科普视频、漫画等资料，向公众普及个人信息保护、密码设置、安全上网等方面的知识。例如，在社交媒体平台上定期发布网络安全小贴士，提醒用户注意保护个人信息，避免在不安全的网络环境下进行敏感操作。

同时，将网络安全意识教育纳入学校教育体系，从基础教育阶段开始培养学生的网络安全意识和素养。在中小学开设网络安全课程，通过案例分析、实践操作等方式，让学生了解网络安全的重要性，掌握基本的网络安全防护技能。

4. 推进网络安全国际合作

建立多层次、多领域的国际网络安全合作机制，加强各国之间的沟通与协作。成立国际网络安全联盟，定期召开国际网络安全会议，共同探讨网络安全问题的解决方案。例如，在国际网络安全会议上，各国分享网络安全技术研究成果、交流网络安全管理经验，共同应对全球性网络安全挑战。

加强国家间的网络安全信息共享，建立信息共享平台。各国及时通报网络攻击事件、安全漏洞等信息，实现信息的实时共享。例如，通过建立全球性的网络安全威胁情报共享平台，各国的网络安全机构和企业可以及时获取最新的安全威胁情报，提前采取防御措施，提高网络安全防护能力。

开展网络安全技术交流与合作，促进技术创新和共同发展。各国在网络安全技术研发、人才培养等方面开展合作，共同攻克网络安全技术难题。例如，通过联合开展科研项目、互派科研人员等方式，加强各国在人工智能安全、量子加密等领域的技术交流与合作，提升全球网络安全技术水平。

（四）小结

数字经济的蓬勃发展为全球经济带来了新的增长动力，但网络安全问题已成为数字经济发展的关键瓶颈。网络攻击的智能化与复杂化、数据安全风险的攀升以及关键信息基础设施面临的威胁加剧等问题，严重影响了数字经济的健康发展和社会的稳定运行。通过对网络安全风险成因的深入分析可知，技术漏洞、安全意识淡薄、法律法规不完善以及国际网络安全形势严峻等因素相互交织，共同导致了网络安全风险的产生。

为有效应对这些挑战，需要从技术创新、法律规制、意识教育和国际合作等多个维度采取措施。加强网络安全技术创新，能够提升网络安全防护能力，应对智能化、复杂化的网络攻击；完善网络安全法律法规，可为网络安全治理提供有力的法律支撑，规范数字经济活动中的安全行为；强化网络安全意识教育，有助于提高企业和个人的安全防范意识，从源头上减少安全风险；推进网络安全国际合作，则能够整合全球资源，共同应对跨国网络安全威胁。

在未来的发展中，随着数字技术的不断创新和数字经济的持续深化，网络安全问题将持续演变和发展。我们需要保持高度的警惕，不断关注和研究新的安全挑战，持续完善网络安全保障体系，以适应数字经济时代发展的需求，为数字经济的稳健发展提供坚实的网络安全保障，维护国家、企业和个人在数字空间的合法权益。

三、竞争政策与反垄断

（一）数字经济时代竞争政策的新内涵

在数字经济蓬勃发展的当下，传统竞争政策的局限性逐渐凸显，亟待进行适应性调整与拓展。数字经济凭借其独特的技术和商业模式，改变了市场竞争的基本格局。从市场结构来看，数字平台的崛起使市场集中度迅速提升，呈现出强者愈强的"赢者通吃"态势。例如，在社交媒体领域，少数几家平台凭借庞大的用户基础和数据优势，占据了绝大部分市场份额，新进入者面临极高的门槛。

数字经济下的竞争行为也更加复杂多变。数据驱动的竞争成为常态，企业通过收集、分析和利用海量数据来优化产品与服务，精准定位客户需求，从而在竞争中取得优势。算法在市场竞争中扮演着关键角色，它不仅能实现个性化推荐，还可能被用于价格歧视、合谋等反竞争行为。例如，某些电商平台利用算法对不同消费者实施差异化定价，损害了消费者的公平交易权。因此，竞争政策需要重新审视市场支配地位的认定标准。在数字经济中，传统的基于市场份额的认定方式已不足以全面反映企业的市场力量，数据掌控能力、用户黏性、平台开放性等因素应被纳入考量范围。

竞争政策的目标也需进一步拓展。除维护市场的公平竞争秩序、保护消费者权益外，还应注重促进数字技术创新。数字经济的发展依赖于持续的技术创新，竞争政策要为创新营造良好的环境，鼓励企业加大在研发方面的投入，推动数字技术的不断进步。在规范数字市场竞争的同时，也要避免过度规制对企业创新活力的抑制，实现规范与发展的平衡。

（二）数字经济中的垄断行为新形态

1. 数据垄断

在数字经济时代，数据已成为关键的生产要素，如同传统经济中的土地、资本一样重要。数据垄断是数字经济中一种独特且日益凸显的垄断形态。大型数字平台凭借其广泛的业务覆盖和庞大的用户群体，能够收集海量的用户数据。这些数据涵盖了用户的消费习惯、兴趣爱好、地理位置等多方面信息。全球知名的社交平台脸书（Facebook）拥有数十亿的活跃用户，积累了巨量的用户数据。平台通过对这些数据的深度挖掘和分析，可以精准洞察用户需求，为用户提供个性化的服务和广告推荐，从而吸引更多用户，进一步巩固其市场地位。

数据垄断的形成机制主要在于数据的规模效应和网络效应。一方面，数据量越大，企业通过数据分析所获得的价值就越高，对市场的影响力也就越强。另一方面，随着用户数量的增加，平台收集的数据更加丰富多样，这使平台能够提供更优质的服务，吸引更多用户加入，形成一个良性循环，进而构建起强大的数据壁垒。新进入市场的企业由于缺乏足够的数据积累，难以与已经占据优势的平台展开有效竞争。例如，在出行服务领域，已经积累大量用户数据的平台能够更准确地预测用户需求，优化车辆调度，新平台则很难在短期内达到相同的服务水平。

数据垄断对市场竞争和消费者权益产生了诸多负面影响。在市场竞争方面，数据壁垒限制了市场的进入，阻碍了创新。新企业难以获取足够的数据来开发具有竞争力的产品和服务，限制了市场的活力和创新能力。从消费者权益角度来看，数据垄断可能导致消费者面临更多的隐私风险。平台为了追求商业利益，可能过度收集和滥用用户数据，侵犯消费者的隐私权。数据垄断还可能引发价格歧视。平台利用掌握的消费者数据，对不同消费能力和偏好的用户实施差异化定价，使消费者无法享受到公平的价格。

2. 算法合谋

算法在数字经济中广泛应用，它为企业提供了高效的决策工具，但也带来了算法合谋这一新型垄断行为。算法合谋是指企业通过算法达成的协同行为，以限制市场竞争。在传统经济中，企业之间的合谋往往需要通过明示的协议或秘密的沟通来实现，这种方式容易被监管机构察觉。而在数字经济时代，算法合谋具有更强的隐蔽性。例如，在在线旅游市场，酒店预订平台可能利用算法自动调整价格。当几家主要平台的算法相互"学习"和模仿时，就可能在无形中达成价格合谋，而消费者却难以察觉这种价格协同变动背后的合谋行为。

算法合谋主要有三种类型：第一种是直接的算法合谋，即企业通过算法直接进行沟通和协调，达成一致的定价或其他竞争策略。例如，在一些电商平台上，部分商家通过算法约定统一的商品价格，以避免价格竞争。第二种是预测性算法合谋，企业利用算法预测市场趋势和竞争对手的行为，从而调整自身策略，实现默契的协同。比如，在某一行业中，企业通过算法分析市场数据，预测竞争对手可能的价格调整，并相应地作出类似调整，形成一种看似自然但实则协同的价格变动模式。第三种是基于自主学习算法的合谋，算法在不断学习和优化的过程中，逐渐形成相似的决策模式，导致市场竞争受到限制。例如，一些智能物流平台的算法在长期运行过程中，可能会对配送价格和服务范围形成相似的设定，减少了市场的竞争程度。

算法合谋对市场竞争秩序的破坏是多方面的。它削弱了价格竞争机制，使消费者无法享受到竞争带来的价格优惠。算法合谋还限制了创新。在缺乏竞争压力的情况下，企业创新的动力会减弱，不利于行业的技术进步和服务质量提升。而且，由于算法合谋的隐蔽性，监管机构难以发现和取证，传统的反垄断监管手段在应对算法合谋时面临巨大挑战。

3. 平台"二选一"

平台"二选一"是数字经济中又一突出的垄断行为。以电商平台为例，平台要求商家在其平台和竞争对手平台之间作出唯一选择，禁止商家同时在多个平台开展业务。这种行为在电商领域尤为常见,如某大型电商平台曾要求部分品牌商家只能在其平台上开设店铺,不得在其他竞争平台销售商品。平台"二选一"的动机主要源于对市场份额和竞争优势的追求。通过限制商家的选择,平台能够将商家资源牢牢绑定在自己的平台上,增加平台的商品和服务的独特性,吸引更多消费者,从而巩固自身在市场中的地位。

从市场竞争的角度来看,平台"二选一"行为严重限制了市场竞争。它剥夺了商家的自主选择权,限制了商家的市场拓展空间,使商家无法根据自身利益最大化的原则选择在多个平台开展业务。这也阻碍了新平台的发展。新平台由于缺乏足够的商家资源,难以吸引消费者,市场进入门槛被人为抬高,市场的创新活力受到抑制。对于消费者而言,平台"二选一"减少了消费者的选择范围。消费者可能无法在不同平台之间比较商品和价格,无法享受到更多的优惠和便利。而且由于竞争的减少,平台在服务质量提升方面的动力也会减弱,最终损害消费者的利益。在法律层面,平台"二选一"行为涉嫌违反《中华人民共和国反垄断法》中关于滥用市场支配地位的相关规定,破坏了市场的公平竞争环境。

(三) 反垄断执法面临的挑战

1. 相关市场界定难题

在传统经济中,相关市场的界定主要依据产品的特性、用途、价格等因素,通过需求替代和供给替代分析来确定。然而在数字经济环境下,这一方法遭遇了重重困境。数字产品和服务具有高度的创新性和跨界性,产品功能不断融合与拓展,使基于传统产品特性的市场界定方法难以适用。例如,智能手机的出现,融合了通信、娱乐、办公等多种功能,它不仅与传统的手机市场存在竞争关系,还对电脑、相机、游戏机等多个市场产生了冲击,很难单纯依据产品功能来准确界定其相关市场。

数字经济的网络效应和多边市场特征也极大地增加了相关市场界定的复杂性。网络效应使数字产品的价值随着用户数量的增加而提升,一个平台的用户规模越大,对其他用户的吸引力就越强,其市场影响力也就越广泛。多边市场特征则意味着平台连接了多个不同的用户群体,各群体之间相互依赖、相互影响。以电商平台为例，它既连接了商家，又连接了消费者，平台通过为双方提供交易服务来实现价值创造。在这种情况下，很难确定哪一侧用户群体对市场界定更为关键，也难以准确衡量平台在不同市场中的竞争地位。

在实践中，传统方法在界定数字经济相关市场时的局限性表现得十分明显。例如，在网约车市场，按照传统方法，可能会将其与传统出租车市场归为同一相关市场。但实际上，网约车借助数字技术，在服务模式、用户体验、价格形成机制等方面与传统出租车存在很大差异，且网约车市场还受到共享出行、公共交通等多种因素的影响。如果仅依据传统方法界定相关市场，可能会低估网约车平台的市场力量，导致对其垄断行为的忽视。因此，为了有效应对数字经济中的反垄断问题，需要探索新的相关市场界定方法，综合考虑数字产品的技术特征、网络效应、多边市场等因素，以便更准确地识别市场竞争范围和垄断行为。

2. 市场支配地位认定困境

传统的市场支配地位认定主要依赖市场份额这一指标。在传统经济中，市场份额能够在一定程度上反映企业的市场力量，市场份额较高的企业通常在市场中具有较强的话语权。然而，在数字经济时代，市场份额指标的局限性日益凸显。数字经济具有动态性和创新性的特点，市场竞争格局变化迅速。一个企业可能在短时间内凭借创新的商业模式或技术迅速崛起，占据较大的市场份额，但这种优势可能并不稳定。例如，短视频平台在近年来发展迅猛，一些新兴的短视频平台在短时间内吸引了大量用户，市场份额快速增长，但它们面临着来自其他同类平台以及不断涌现的新应用的激烈竞争，市场份额可能随时发生变化。

数字经济中企业的市场力量来源更加多元化，除了市场份额外，数据、技术、平台生态等因素对企业的市场支配地位有着重要影响。数据作为数字经济的关键生产要素，企业拥有的数据规模和质量决定了其在市场竞争中的优势。拥有海量用户数据的企业能够通过数据分析精准了解用户需求，优化产品和服务，从而吸引更多用户，进一步巩固其市场地位。先进的技术也是企业获取市场力量的重要因素。例如，人工智能技术在数字经济中的广泛应用，使掌握先进算法和技术的企业能够在智能推荐、精准营销等方面占据优势。平台生态的完整性和开放性同样影响企业的市场支配地位。一个拥有完善的平台生态，能够吸引众多开发者、商家和用户参与的平台,其市场影响力往往更大。例如,苹果公司的 iOS 系统和应用商店构建了一个庞大的平台生态,通过严格的应用审核和优质的用户体验,吸引了大量开发者和用户,形成了强大的市场竞争力。

因此,在认定数字经济企业的市场支配地位时,不能仅仅依赖市场份额这一单一指标,而需要综合考量数据、技术、平台生态等多种因素,构建更加全面、科学的市场支配地位认定体系,以准确评估企业在数字经济市场中的实际影响力,有效识别和规制垄断行为。

3. 证据收集与分析的技术障碍

数字经济中的垄断行为往往依托复杂的技术手段实施,这给反垄断执法机构的证据收集带来了极大的挑战。在数据垄断案件中,企业的数据存储和管理方式高度数字化和分散化。大型数字平台通常拥有海量的数据,这些数据分布在多个服务器和数据中心,甚至可能采用加密技术进行存储和传输。执法机构要获取这些数据作为证据,不仅需要具备专业的数据获取技术,还可能面临数据隐私保护法规的限制。例如,一些企业为了保护自身商业利益,对关键数据进行加密处理,执法机构在获取和解读这些加密数据时需要克服技术难题,否则难以获取有效的证据。

算法合谋案件中的证据收集难度更大。算法是一种基于数学模型和程序代码的自动化决策工具,算法合谋行为往往在算法的运行过程中悄然发生,没有传统合谋行为中的书面协议或明确的沟通记录。执法机构要证明算法合谋的存在,需要深入了解算法的运行逻辑和代码实现。然而,算法代码通常被企业视为商业秘密,受到严格保护,执法机构获取算法代码面临诸多法律和技术障碍。而且,即使获取了算法代码,对其进行分析解读也需要具备专业的技术知识和复杂的数据分析工具。因为算法在运行过程中会根据大量的数据不断进行自我学习和优化,其决策过程具有高度的复杂性和动态性,执法机构要从中找出算法合谋的证据并非易事。

随着数字技术的不断发展,新的加密技术和隐私保护措施不断涌现,这进一步加大了证据收集的难度。一些新兴的加密算法使数据在传输和存储过程中的安全性更高,执法机构破解加密获取证据的难度也随之增加。同时,一些企业利用区块链等技术实现数据的分布式存储和管理，数据的来源和流向更加难以追踪，这也给证据收集带来了新的挑战。因此，反垄断执法机构需要不断提升自身的技术能力，加强与专业技术机构的合作，探索适应数字经济特点的证据收集和分析方法，以应对数字经济垄断行为带来的挑战。

（四）完善数字经济反垄断的策略

1. 创新反垄断法律规则

为适应数字经济发展需求，需对现有反垄断法律规则进行修订与补充。在市场支配地位认定规则方面，应纳入数据控制能力指标。明确规定企业拥有的数据规模、数据种类的多样性以及对关键数据的掌控程度等作为认定市场支配地位的重要考量因素。对于掌握海量用户消费数据、行业关键数据的企业，即使其市场份额未达到传统标准，若在数据领域具有显著优势，也可被认定为具有市场支配地位。将技术创新能力纳入规则。在数字经济中，技术创新是企业竞争力的核心，持续推出创新产品和服务、拥有核心技术专利以及在技术研发投入上具有领先地位的企业，其市场影响力不可忽视，应在市场支配地位认定中予以体现。平台生态系统的影响力也应成为重要依据。一个平台连接的用户数量、商家数量、开发者数量以及平台生态的开放性和活跃度等，都反映了平台的市场力量，应在法律规则中明确其在市场支配地位认定中的作用。

针对数字经济中的新型垄断行为，如数据垄断、算法合谋、平台"二选一"等，制定专门的法律条文进行规制。对于数据垄断，明确规定企业在数据收集、使用、共享等环节的行为规范，禁止企业通过不合理的数据垄断协议限制竞争对手获取数据，防止企业利用数据优势实施市场封锁。对于算法合谋，规定算法开发者和使用者在算法设计、部署和运行过程中的反垄断义务，要求企业对算法的运行逻辑和决策过程进行必要的记录和披露，以便在发生反垄断调查时能够提供相关证据。对于平台"二选一"行为，明确将其界定为滥用市场支配地位的行为，规定相应的法律责任和处罚措施，保障商家的自主选择权和市场的公平竞争。

2. 加强执法能力建设

反垄断执法机构应大力引进和培养具备数字技术知识和反垄断法律专业素养的复合型人才。通过与高校、科研机构合作，开设相关专业课程和培训项目，定向培养既懂数字技术原理、算法逻辑、数据处理等知识，又精通反垄断法律法规、执法程序和案例分析的专业人才。在执法机构内部，定期组织数字技术知识培训和交流活动，邀请行业专家和技术人员进行授课，提升现有执法人员的数字技术水平。同时，建立人才激励机制，吸引外部优秀的复合型人才加入执法队伍，充实执法力量。

加大对执法技术装备的投入，提升执法的技术水平。购置先进的数据采集设备，能够高效、合法地从数字平台等数据源获取相关数据作为证据。配备专业的数据分析软件，这些软件应具备强大的数据挖掘、分析和可视化功能，能够对海量、复杂的数据进行快速处理，从中发现垄断行为的线索和证据。构建智能化的执法监测系统，利用人工智能、机器学习等技术对数字市场进行实时监测，自动识别异常的市场行为，如价格异常波动、市场份额突然变化等，及时预警可能存在的垄断行为，提高执法的及时性和精准性。

3. 促进国际合作与协调

数字经济的跨国性特点使垄断行为往往跨越国界，因此加强国家间的反垄断合作至关重要。各国反垄断执法机构应建立常态化的信息共享机制，定期交流数字经济领域反垄断执法的经验、案例和数据。例如，通过建立专门的国际反垄断信息交流平台，各国执法机构可以上传和下载相关信息，及时了解其他国家在数字经济反垄断方面的执法动态和最新举措。在调查跨国数字经济垄断案件时，加强执法协作。当一个国家的执法机构对涉及跨国企业的垄断行为展开调查时，其他相关国家的执法机构应提供必要的协助，包括协助获取证据、调查企业在本国的业务情况等。通过国际刑警组织等国际合作渠道，解决跨国执法中的司法管辖权冲突等问题，确保执法的顺利进行。

积极参与国际反垄断规则的制定，在全球数字经济治理中发挥更大的作用。我国应组织专家学者、行业代表和政府官员深入研究数字经济发展趋势和反垄断面临的问题，提出符合我国国情和国际发展趋势的反垄断规则建议。在国际组织如世界贸易组织、经济合作与发展组织等的相关规则制定会议中,积极发声,推动建立公平、合理、有效的国际数字经济反垄断规则体系,维护我国数字经济企业在国际市场上的合法权益,提升我国在全球数字经济治理中的话语权。

四、跨境数据治理

(一) 我国跨境数据治理的现状

1. 法律法规逐步完善

近年来,我国围绕跨境数据治理构建起一套日趋完善的法律法规体系,为数据安全跨境流动筑牢制度根基。2016年颁布的《中华人民共和国网络安全法》,首次从法律层面明确关键信息基础设施运营者的数据存储与出境要求,要求重要数据在境内存储,如需出境必须进行安全评估,这一规定为后续系列法规的制定提供了基本框架。

2021年实施的《中华人民共和国数据安全法》,作为数据安全领域的专门法律,进一步细化了数据全生命周期管理要求,对数据分类分级保护制度、数据安全审查制度等作出详细规定。其中,明确国家建立数据安全审查制度,对影响或者可能影响国家安全的数据处理活动进行国家安全审查,这一举措有效防范数据跨境流动中的国家安全风险。同年出台的《中华人民共和国个人信息保护法》,着重保护个人信息权益,对个人信息跨境传输设置严格条件。要求数据处理者向境外提供个人信息时,需通过国家网信部门组织的安全评估,或按照国家网信部门的规定经专业机构进行个人信息保护认证,或与境外接收方订立合同,约定双方的权利和义务,同时还需向个人告知境外接收方的名称或者姓名、联系方式、处理目的、处理方式、个人信息的种类以及个人向境外接收方行使权利的方式和程序等事项,并取得个人的单独同意。

2022年发布的《数据出境安全评估办法》则为数据出境活动提供了具体操作指南,明确了数据出境安全评估的适用范围、申报流程和评估要点。该办法规定,数据处理者向境外提供重要数据,以及处理100万人以上个人信息的数据处理者的数据出境等情况,应当向国家网信部门申报数据出境安全评估。此外,

《网络数据安全管理条例》等法规不断丰富完善跨境数据治理规则，在数据分类分级标准、数据安全保护义务、数据跨境传输安全管理等方面持续细化，使我国跨境数据治理工作的规范性和可操作性不断增强。

2. 治理实践稳步推进

在实践层面，我国多部门协同发力，积极推进跨境数据治理工作。金融领域作为数据密集型行业，是跨境数据监管的重点。监管部门要求金融机构建立严格的数据出境审批流程，对客户身份信息、交易数据等跨境传输进行全流程风险评估。例如，某国有银行在向境外合作机构提供信贷数据时，需先由内部合规部门对数据的必要性、敏感性进行审核，再委托专业的第三方机构开展数据安全评估，确保接收方具备完善的数据安全保护措施和合规管理制度，同时与接收方签订详细的数据保护协议，明确双方责任与义务，防止数据泄露引发金融风险。

医疗行业同样对跨境数据流动采取严格管控措施。医疗机构严禁将患者的病历数据、基因检测数据等敏感信息随意传输至境外，对于确需出境的医疗数据，需经过严格的伦理审查和安全评估。如在一些国际医疗合作项目中，医疗机构在向境外科研机构提供临床研究数据前，必须经过院内伦理委员会审批，并对数据进行去标识化、匿名化处理，确保患者隐私得到充分保护。

在区域试点方面，北京凭借自身数字经济发展优势，积极探索跨境数据流通新路径。《北京市数字经济促进条例》明确提出，支持开展数据跨境流动试点，参与国际数据跨境流通规则和技术标准制定。通过建设数字贸易港，打造集数据存储、处理、交易于一体的综合性服务平台，为企业提供数据跨境流通的全链条服务。同时，建立数据分类分级目录，对不同类型数据采取差异化的跨境管理措施，在保障数据安全的前提下，促进数据高效有序流动。

粤港澳大湾区充分发挥"一国两制"制度优势，在跨境数据治理上大胆创新。在金融领域，推进跨境理财通业务，实现大湾区内资金和数据的安全有序流动；在科研领域，建立跨境科研数据共享平台，通过区块链技术实现数据的可信存证与共享，打破数据壁垒，促进科研资源协同利用。例如，粤港澳三地科研机构通过该平台共享生物医学研究数据，联合开展疾病防治研究，提升科研创新效率。企业也积极响应政策要求，加大数据合规投入。以某互联网电商企业为例，其成立专门的数据合规部门，制定涵盖数据采集、存储、传输、使用等环节的全流程合规制度，定期开展数据安全培训，提升员工数据安全意识，同时引入先进的数据加密、脱敏技术，保障跨境数据传输安全。

（二）完善跨境数据治理的策略

1. 构建协同治理机制

建立跨部门协同治理机制是提升跨境数据治理效能的关键。首先，应成立由网信、工信、公安、金融监管等多部门组成的国家级跨境数据治理协调机构，明确各部门职责分工，制定统一的监管政策和工作流程。通过定期召开联席会议，加强部门间信息共享与沟通协作，共同研究解决跨境数据治理中的重大问题。例如，在制定新的数据出境政策时，各部门可联合开展调研论证，确保政策的统一性和可操作性。其次，充分发挥行业协会、社会组织等第三方力量的作用。行业协会可制定行业自律规范，引导企业遵守数据安全法律法规，组织开展行业数据安全培训和交流活动，提升企业数据治理能力。同时，鼓励企业、高校、科研机构等参与跨境数据治理标准制定，形成政府主导、行业自律、社会参与的多元协同治理格局。

2. 强化技术创新支撑

加大数据安全技术研发投入，推动关键技术突破。政府应设立专项科研基金，鼓励高校、科研机构与企业开展产学研合作，集中攻关数据加密、脱敏、区块链存证、人工智能安全检测等核心技术。例如，通过研发量子加密技术，提升数据加密强度，保障数据在跨境传输过程中的安全性；利用区块链技术实现数据的可信存证和溯源，防止数据篡改和泄露。建立数据安全技术标准体系，加快新技术、新产品的标准化进程，促进技术成果的推广应用。同时，加强数据安全人才培养，在高校设置数据安全相关专业课程，开展职业技能培训，为行业输送专业技术人才，提升我国数据安全技术整体水平。

3. 深化国际合作交流

积极参与国际数字治理规则制定，提升我国在跨境数据治理领域的话语权。

我国应加强与发展中国家的合作，共同提出符合新兴经济体利益的治理方案，推动建立更加公平合理的全球数据治理体系。加强与欧盟、美国等发达国家和地区的对话交流，求同存异，在数据隐私保护、安全审查等领域探索合作空间。通过签订双边或多边数据合作协议，建立数据跨境流动互认机制，降低国际数据合作成本。例如，与共建"一带一路"国家开展数据治理合作，共同制定区域数据跨境流动规则，促进区域数字经济协同发展。同时，鼓励我国企业积极参与国际数据合作项目，在实践中积累经验，提升国际竞争力，推动我国跨境数据治理理念和标准走向世界。

第三节 多渠道完善我国数字经济安全体系

一、构建信息安全层面的数字经济风险防范机制

随着信息技术的飞速发展，数字经济已成为全球经济增长的新引擎和产业变革的重要驱动力。我国数字经济规模持续扩大，在国民经济中的地位日益凸显。但与此同时，数字经济发展中的信息安全问题也日益突出，数据泄露、网络攻击、技术依赖等风险不断涌现，严重威胁数字经济的健康发展。因此，构建信息安全层面的数字经济风险防范机制，提升数字经济信息安全水平，已成为当前我国数字经济发展中亟待解决的重要问题。

（一）数字经济发展中的信息安全风险分析

1. 数据安全风险

在数字经济时代，数据作为关键生产要素，其价值日益凸显。但与此同时，数据安全风险也日益突出。数据泄露事件频发，给个人、企业和国家带来了巨大损失。企业数据安全防护措施不到位，导致用户信息泄露，不仅损害了用户利益，也严重影响了企业的声誉和经济利益。数据滥用也是一个严重的问题。企业为了追求商业利益，过度收集和滥用用户数据，侵犯了用户的隐私权。数据的跨

境流动也带来了新的数据安全风险。不同国家和地区的数据保护法律法规存在差异，数据在跨境流动过程中容易受到攻击和窃取。

2. 网络安全风险

网络攻击手段日益多样化和复杂化，给数字经济发展带来了严重威胁。黑客攻击、恶意软件、网络钓鱼等网络安全事件频繁发生，导致企业和个人的信息系统瘫痪、数据丢失，给经济社会造成了巨大损失。关键信息基础设施面临的网络安全风险尤为突出。电力、能源、交通等关键信息基础设施一旦遭到攻击，将对国家经济安全和社会稳定造成严重影响。

随着云计算、大数据、物联网等新技术的广泛应用，网络安全边界不断扩展，安全防护难度进一步加大。物联网设备数量众多、分布广泛，且部分设备安全防护能力较弱，容易成为网络攻击的入口。

3. 技术安全风险

我国在一些关键核心技术领域仍面临"卡脖子"问题，对国外技术的依赖程度较高。这在一定程度上制约了我国数字经济的自主可控发展，增加了信息安全风险。在芯片、操作系统、数据库等基础技术领域，我国与发达国家仍存在较大差距，一旦国外技术供应中断，将对我国数字经济发展造成严重影响。

新兴技术的快速发展也带来了新的技术安全风险。人工智能、区块链等新兴技术在为数字经济发展带来机遇的同时，也存在算法偏见、智能合约漏洞等安全隐患，需要加强安全监管和防范。

（二）构建信息安全层面的数字经济风险防范机制策略

1. 加强数据安全保护

建立健全数据分类分级制度，根据数据的重要性和敏感程度，对数据进行分类分级管理，采取不同的安全防护措施。例如，对于涉及国家安全、个人隐私等重要数据，要采取严格的加密、访问控制等安全措施。加强数据全生命周期安全管理，从数据的采集、传输、存储、处理、共享、销毁等各个环节入手，制定完善的数据安全管理制度和技术规范，确保数据安全。

在数据采集环节，要明确数据采集的目的、范围和方式，遵循合法、正当、必要的原则，避免过度采集数据；在数据传输环节，要采用加密技术，确保数据传输的安全性。加强数据安全监管，建立健全数据安全监管体系，加强对数据处理活动的监督检查，严厉打击数据泄露、滥用等违法行为，保护个人和企业的数据权益。

2. 提升网络安全防护能力

加强网络安全基础设施建设，加大对网络安全技术研发的投入，提升网络安全防护技术水平。例如，建设网络安全态势感知平台，实时监测网络安全状况，及时发现和处置网络安全事件；加强对量子通信、区块链等新型网络安全技术的研究和应用，提高网络安全防护的可靠性和有效性。

强化关键信息基础设施安全防护，建立健全关键信息基础设施安全保护制度，加强对关键信息基础设施的安全评估和监测预警，提高关键信息基础设施的抗攻击能力和恢复能力。例如，对电力、能源、交通等关键信息基础设施，要采取多重防护措施，确保其安全稳定运行。加强网络安全应急响应能力建设，制定完善的网络安全应急预案，定期组织演练，提高应对网络安全突发事件的能力。

建立网络安全应急响应团队，在网络安全事件发生时，能够迅速响应，采取有效的处置措施，降低损失。

3. 推动关键核心技术自主创新

加大对关键核心技术研发的支持力度，制定相关政策措施，鼓励企业、高校和科研机构加强合作，开展联合攻关，突破一批制约数字经济发展的关键核心技术。例如，在芯片、操作系统、数据库等领域，加大研发投入，提高自主创新能力，降低对国外技术的依赖。

加强技术创新人才培养，建立健全人才培养体系，加强对信息技术、网络安全等相关专业人才的培养，为技术创新提供人才支撑。例如，高校要加强相关专业学科建设，培养适应数字经济发展需求的高素质人才；企业要加强对员工的技术培训，提高员工的技术水平和创新能力。推动技术创新成果转化应用，建立健全技术创新成果转化机制，促进技术创新成果的产业化应用，提高数字经济的技术水平和竞争力。

例如，建立技术创新成果交易平台，促进技术创新成果的流通和转化；鼓励企业积极采用新技术、新成果，推动数字经济产业升级。

4. 完善法律法规和标准体系

加快制定和完善数字经济信息安全相关法律法规，明确数据安全、网络安全等方面的法律责任，为数字经济信息安全提供法律保障。进一步完善《中华人民共和国数据安全法》《中华人民共和国个人信息保护法》等法律法规，细化相关规定，加强对违法行为的惩处力度。

建立健全数字经济信息安全标准体系，制定统一的数据安全、网络安全等标准规范，提高数字经济信息安全管理的规范化和标准化水平。制定数据分类分级标准、网络安全防护标准等，为企业和机构提供明确的安全管理指引。加强法律法规和标准的宣传贯彻，提高企业和个人的法律意识和安全意识，促进法律法规和标准的有效实施。例如，通过开展培训、宣传活动等方式，普及数字经济信息安全法律法规和标准知识，提高全社会的信息安全意识。

5. 加强国际合作与交流

积极参与数字经济信息安全国际规则制定，加强与其他国家和地区的沟通与协调，推动建立公平、合理、有效的国际数字经济信息安全规则体系，维护我国数字经济发展的国际权益。例如，在国际组织中积极发声，提出我国的主张和建议，参与制定相关国际规则。

加强国家间的信息共享与合作，与其他国家和地区的政府、企业和机构建立信息共享机制，共同应对跨国网络安全威胁和数据安全风险。例如，加强与其他国家的网络安全部门的合作，开展信息共享和联合执法行动，打击跨国网络犯罪。推动数字经济领域的技术交流与合作，引进国外先进的数字经济信息安全技术和管理经验，提升我国数字经济信息安全水平。例如，组织企业和科研机构参加国际技术交流活动，开展国际合作项目，促进技术创新和发展。

（三）小结

数字经济作为推动我国经济高质量发展的重要力量，其发展离不开信息安全的保障。当前，我国数字经济发展中面临着数据安全、网络安全、技术安全等诸多信息安全风险,构建信息安全层面的数字经济风险防范机制迫在眉睫。通过加强数据安全保护、提升网络安全防护能力、推动关键核心技术自主创新、完善法律法规和标准体系以及加强国际合作与交流等策略的实施,能够有效提升我国数字经济的信息安全水平,为数字经济的可持续发展提供坚实的保障。在未来的发展中,还需不断关注数字经济信息安全领域的新问题、新挑战,持续完善风险防范机制,以便适应数字经济快速发展的需求。

二、构建政府监管层面的数字经济发展风险防范机制

数字经济凭借其创新性、高成长性和强渗透性,深刻改变着全球经济格局与社会生活方式。然而,在数字经济蓬勃发展的同时,诸如数据垄断、不正当竞争、行业泡沫、数字鸿沟加剧等风险问题日益凸显。政府作为社会经济活动的重要管理者,在数字经济发展中承担着维护市场秩序、保障公共利益、防范系统性风险的关键职责。构建科学有效的政府监管层面数字经济发展风险防范机制,是推动数字经济高质量发展、维护国家经济安全和社会稳定的必然要求。

(一)政府监管层面数字经济发展面临的风险与挑战

1. 监管体系滞后性风险

数字经济的发展速度远超传统监管体系的更新速度,导致现有监管法律法规和政策难以适应数字经济的新业态、新模式。例如,对于新兴的共享经济、平台经济等领域,在市场准入、责任界定、交易规范等方面缺乏明确且统一的法律规定,使监管部门在实际执法过程中面临法律依据不足的困境。同时,监管标准的滞后性也较为突出,不同地区、不同部门对数字经济企业的监管标准存在差异,容易形成监管套利空间,影响市场的公平竞争环境。

2. 跨部门协同监管困境

数字经济涉及多个行业和领域,其发展过程中产生的风险往往具有跨领域、跨部门的特点。然而,当前政府部门间存在职责划分不清晰、信息沟通不畅、协同联动不足等问题。以数据安全监管为例,数据的采集、存储、使用等环节可能涉及多个部门,如网信办、工信部、公安部等,但各部门在监管过程中缺乏有效

的协调机制,导致监管重复与监管空白并存,难以形成监管合力,降低了风险防范的效率和效果。

3. 技术创新带来的监管挑战

数字经济的发展离不开技术创新,区块链、人工智能、大数据等新技术的应用在为数字经济带来活力的同时,也给政府监管带来了新的难题。一方面,新技术的复杂性和专业性使监管部门难以准确评估其潜在风险,例如人工智能算法的不透明性可能导致歧视性结果和决策偏差,但监管部门缺乏相应的技术能力去深入分析和监管;另一方面,新技术的快速迭代也使监管规则和手段容易过时,需要监管部门不断跟进和创新监管方式。

4. 国际竞争与跨境监管难题

在全球化背景下,数字经济的发展具有明显的跨境特征,数据的跨境流动、跨国数字企业的运营等活动频繁。然而,不同国家和地区在数字经济监管政策、法律制度、标准规范等方面存在较大差异,这不仅增加了数字经济企业跨境经营的合规成本,也使政府在跨境监管中面临管辖权冲突、法律适用困难等问题。此外,国际数字经济竞争日益激烈,部分国家可能通过设置贸易壁垒、实施数据保护主义等手段限制他国数字经济发展,对我国数字经济的国际化发展构成威胁。

(二) 构建政府监管层面数字经济发展风险防范机制的策略

1. 完善数字经济监管法律法规体系

加快推动数字经济领域的立法进程,针对数字经济新业态、新模式,制定专门的法律法规,明确市场主体的权利与义务、行为规范以及监管部门的职责权限。如出台《平台经济监管条例》,规范平台企业的运营行为,加强对平台垄断、数据滥用等问题的监管。同时,对现有法律法规进行修订和完善,使其适应数字经济发展的需求,消除法律空白和模糊地带。此外,建立健全数字经济标准体系,制定涵盖数据安全、技术规范、服务质量等方面的统一标准,为监管提供明确的依据和准则。

2. 强化跨部门协同监管机制

打破部门壁垒,建立跨部门协同监管工作机制。成立由政府主要领导牵头,网信办、工信部、市场监管总局、央行等相关部门参与的数字经济监管协调机构，统筹协调数字经济监管工作，明确各部门职责分工，避免监管重叠与空白。加强部门间的信息共享与沟通协作，搭建统一的数字经济监管信息平台，实现数据的实时共享和业务协同，提高监管效率。例如，通过建立数据共享机制，使市场监管部门能够及时获取企业的经营数据，金融监管部门能够掌握企业的资金流动情况，从而实现对数字经济企业的全方位、动态化监管。

3. 创新数字经济监管技术手段

加大对监管技术研发的投入，利用大数据、人工智能、区块链等新技术提升监管能力。开发智能监管系统，通过对海量数据的分析和挖掘，实现对数字经济市场的实时监测和风险预警。利用人工智能算法对网络交易数据进行分析，及时发现异常交易行为和潜在风险；运用区块链技术建立可信的数据共享平台，确保数据的真实性、完整性和可追溯性，提高监管的透明度和公信力。同时，加强监管科技人才培养，引进和培养一批既懂数字经济又具备监管技术能力的复合型人才，为创新监管提供人才支撑。

4. 加强国际合作与跨境监管协调

积极参与国际数字经济规则制定，加强与其他国家和地区在数字经济监管领域的交流与合作。通过双边或多边合作机制，共同探讨数字经济跨境监管的有效方式，协调解决跨境数据流动、数字贸易规则等问题。例如，与共建"一带一路"国家建立数字经济合作机制，推动数字经济领域的规则对接和标准互认。同时，加强对跨国数字企业的监管，建立跨境监管合作框架，与其他国家监管部门开展信息共享、联合执法等活动，共同防范跨国数字经济风险。

5. 提升公众参与和社会监督力度

鼓励公众参与数字经济监管，建立健全公众举报和投诉机制，畅通投诉渠道，对公众反映的问题及时进行处理和反馈。同时，发挥行业协会、第三方机构等社会组织的监督作用，引导其制定行业自律规范，加强对数字经济企业的自我约束和管理。此外，加强对数字经济监管政策的宣传和解读，提高公众对数字经济风险的认识和防范意识，形成政府监管、企业自律、公众参与的多元共治格局。

（三）小结

构建政府监管层面的数字经济发展风险防范机制是一项系统工程，需要政府、企业、社会各方的共同努力。通过完善监管法律法规体系、强化跨部门协同监管、创新监管技术手段、加强国际合作与跨境监管协调以及提升公众参与和社会监督力度等措施，可以有效防范数字经济发展过程中的各类风险，为数字经济的健康、可持续发展营造良好的环境。在未来的发展中，政府还需不断适应数字经济发展的新变化、新趋势，持续优化和完善风险防范机制，以更好地发挥数字经济对经济社会发展的推动作用。

三、构建社会公平层面的数字经济发展风险防范机制

数字经济的蓬勃发展为经济增长和社会进步注入了强大动力，但其在创造巨大价值的同时，也引发了一系列社会公平问题。数字技术的应用与普及在不同地区、不同群体之间存在显著差异，导致数字鸿沟不断扩大；数字经济带来的就业结构变革，使部分群体面临失业风险，加剧了就业机会的不平等；困难群体在数字经济浪潮中，由于技术能力、信息获取等方面的劣势，其权益更容易受到侵害。因此，构建社会公平层面的数字经济发展风险防范机制，成为保障数字经济健康发展、促进社会公平正义的关键任务。

（一）构建社会公平层面数字经济发展风险防范机制的策略

1. 推进数字基础设施均衡发展，缩小数字鸿沟

加大对农村地区和偏远地区数字基础设施建设的投入，政府通过财政补贴、政策扶持等方式，鼓励通信企业和互联网企业拓展农村网络覆盖，提升网络带宽和质量，改善农村地区的数字技术应用环境。例如，实施农村宽带普及工程，降低农村居民使用网络的成本，提高网络的可及性。

针对不同群体的数字技术应用能力差异，开展多层次、多样化的数字技能培训。在城市社区和农村地区设立数字技能培训中心，为老年人、低教育水平群体等提供免费的数字技能培训课程，内容涵盖智能手机使用、网络购物、信息安全

等方面，帮助他们掌握基本的数字技能，提升在数字经济中的参与能力。

2. 完善就业保障体系，促进就业公平

加强职业教育和培训体系建设，紧密结合数字经济发展的需求，调整专业设置和课程内容，培养适应数字经济岗位需求的技能型人才。可在职业院校开设大数据技术、云计算、电子商务等专业，加强与企业的合作，开展订单式培养，提高人才培养的针对性和实用性。

建立健全灵活就业人员的劳动保障制度，明确平台企业与灵活就业人员之间的权利和义务关系，完善社会保险、劳动报酬、工作时间等方面的规定。推动平台企业为灵活就业人员缴纳社会保险，保障他们在养老、医疗、工伤等方面的权益；规范劳动报酬支付方式，确保灵活就业人员获得合理的收入。

3. 加强数据治理，保护弱势群体权益

制定严格的数据保护法律法规，明确数据收集、使用、存储和共享的规则和标准，加强对企业数据处理行为的监管。要求企业在收集个人信息时必须获得用户的明确授权，遵循最小必要原则，不得过度收集和滥用个人信息。对违反数据保护规定的企业，加大处罚力度，提高其违法成本。

在数字产品和服务的设计过程中，充分考虑弱势群体的需求，遵循无障碍设计原则。为老年人和视障人士设计简洁易用的数字界面，提供语音导航和操作提示功能；优化数字服务的流程，降低操作难度，确保弱势群体能够平等使用数字产品和服务，维护他们在数字经济中的合法权益。

4. 强化政策支持，推动社会公平与数字经济协同发展

政府制定促进社会公平的数字经济发展政策，对数字经济发展落后地区和弱势群体给予政策倾斜和资金支持。设立专项扶持资金，用于支持农村数字经济发展、帮助弱势群体参与数字经济活动；出台税收优惠政策，鼓励企业吸纳弱势群体就业，促进数字经济发展成果的公平共享。

加强对数字经济企业的社会责任监督，引导企业积极履行社会责任。鼓励企业在产品设计、服务提供、就业招聘等方面关注社会公平，为弱势群体创造更多机会；推动企业参与社会公益事业，开展数字技术普及活动，助力缩小数字鸿

沟，实现数字经济发展与社会公平的协同共进。

（二）结语

构建社会公平层面的数字经济发展风险防范机制是一项长期而复杂的系统工程。在数字经济快速发展的背景下，只有高度重视社会公平问题，通过推进数字基础设施均衡发展、完善就业保障体系、加强数据治理、强化政策支持等多方面的措施，才能有效防范数字经济发展对社会公平造成的风险，实现数字经济与社会公平的协调发展，推动社会向着更加均衡、包容的方向迈进。未来，随着数字经济的不断演进，还需持续关注新出现的社会公平风险，及时调整和完善防范机制，以适应时代发展的需求。

四、构建企业发展层面数字经济风险防范机制

数字经济以其强大的创新驱动力和广泛的产业渗透力，正以前所未有的速度重塑全球产业格局。数字经济已成为推动我国经济增长的主引擎。企业作为数字经济发展的关键载体，既迎来了拓展市场、提升效率、创新发展的新机遇，也面临着诸多风险挑战。

从国家层面看，企业在数字经济领域的发展状况直接影响国家经济安全、产业竞争力和社会稳定。以制造业为例，传统制造企业若不能顺利实现数字化转型，将在全球产业链竞争中逐渐失去优势，进而影响我国制造业强国战略的推进。当前，企业在数字经济转型中存在战略迷茫、技术依赖、数据安全隐患等问题。例如，部分中小企业在面对工业互联网转型时，缺乏清晰的战略规划和技术支撑，盲目投入资源却收效甚微，导致企业经营陷入困境。单纯依靠企业自身力量难以有效应对这些复杂的风险，因此，从国家管理角度构建企业发展层面的数字经济风险防范机制，通过政策引导、资源调配、监管协同等手段，为企业发展保驾护航，具有重要的现实意义和战略价值。

（一）国家管理视角下企业数字经济发展面临的风险分析

1. 战略转型引导不足风险

部分企业在数字经济转型过程中缺乏清晰方向，尽管国家已出台《"十四五"数字经济发展规划》等一系列数字经济发展规划，但在细化产业指导、行业转型路径设计等方面存在不足。不同行业、不同规模企业对数字经济的适应能力和转型需求差异巨大。以农业企业和互联网企业为例，农业企业数字化转型需要在智慧农业技术应用、农产品电商平台搭建等方面发力，而互联网企业则更侧重于技术创新和商业模式创新。然而，国家层面缺乏针对这些细分行业的精准引导政策，导致企业在转型决策时盲目跟风。

例如，在一些地方政府的推动下，部分传统零售业企业大量投入资金建设线上平台，但由于缺乏对市场需求和自身优势的准确分析，平台运营效果不佳，造成资源错配，不仅未能实现有效转型，还加重了企业的经营负担。此外，对于不同规模的企业，国家政策未能充分考虑其资源和能力差异，大型企业可能在政策支持下过度扩张，而中小企业则因缺乏针对性扶持难以迈出转型步伐。

2. 技术安全保障薄弱风险

在关键核心技术领域，我国企业对国外技术依赖程度较高。以芯片产业为例，我国每年进口芯片的金额长期超过石油进口额，高端芯片的自给率不足30%，严重制约了我国数字经济产业的自主可控发展。国家在技术研发投入、产学研协同创新机制建设方面有待加强。虽然国家对科研投入逐年增加，但在数字经济关键技术领域的投入仍相对不足，且产学研之间存在信息不对称、利益分配机制不完善等问题，导致科研成果转化率较低。

同时，国家层面的网络安全防护体系尚未形成对企业的全面覆盖。据国家互联网应急中心统计，2023年我国境内被篡改的网站数量达4.8万个，被植入后门的网站数量达4.3万个，其中，中小企业成为网络攻击的主要目标。中小企业由于资金和技术限制，在面对网络攻击、数据泄露等安全威胁时，缺乏有效的技术支持和应急响应资源。例如，某小型电商企业因未及时修复系统漏洞，遭遇黑客攻击，导致用户数据泄露，企业声誉受损，订单量大幅下降，最终被迫关闭。

3. 数据治理监管缺位风险

数据在企业发展中的重要性日益凸显，但国家在数据治理方面的法律法规和监管体系尚不完善。数据确权、交易规则、隐私保护等方面存在诸多空白。在数据确权方面，由于数据的可复制性和易变性，难以明确界定数据的所有权和使用权；在数据交易规则方面，缺乏统一的标准和规范，导致数据交易市场混乱，存在数据造假、价格不透明等问题。

企业在数据收集、使用、共享过程中缺乏明确规范，容易引发数据安全事故和纠纷。此外，国家对数据跨境流动的监管能力不足，随着企业国际化业务的拓展，数据跨境流动频繁。欧盟 GDPR 实施后，我国许多企业因不熟悉相关法规，在数据跨境传输过程中面临合规风险，甚至被禁止与欧盟企业开展业务合作。

4. 市场竞争秩序失衡风险

数字经济市场竞争激烈，国家在市场准入、公平竞争审查等方面的制度建设滞后于市场发展。部分大型平台企业利用数据垄断、平台霸权等不正当手段挤压市场空间，破坏市场竞争秩序；某些平台企业通过"二选一"等行为限制商家选择，阻碍了市场的公平竞争；利用大数据杀熟，损害消费者权益。国家对新兴数字经济商业模式的监管存在盲区，如对直播电商、共享经济等领域的监管，在虚假宣传、售后服务等方面缺乏明确的监管标准和手段，难以有效维护市场公平竞争环境，影响中小企业的生存与发展。在直播电商行业，每年因虚假宣传、产品质量问题引发的消费纠纷案件呈快速增长趋势，而中小企业在面对这些不正当竞争行为时，往往缺乏足够的资源和能力进行应对。

（二）国家管理视角下企业发展层面数字经济风险防范机制构建策略

1. 完善政策法规体系，强化战略引导

国家应制定系统的数字经济企业发展政策框架，针对不同行业、不同规模企业的特点，出台差异化的转型指导政策。对于传统制造业企业，制定数字化改造专项扶持政策，设立专项补贴资金，对企业在设备智能化改造、生产流程数字化优化等方面给予资金支持；同时，鼓励金融机构为制造业数字化转型提供低息贷款，降低企业转型成本。

对科技型中小企业，加大创新补贴和税收优惠力度，例如，对企业研发费用实行加计扣除，提高企业开展技术创新的积极性。加快完善数字经济领域的法律法规，借鉴国外先进经验，结合我国实际情况，制定《数字经济促进法》《数据安全法实施细则》等法律法规，明确企业在数据安全、隐私保护、技术创新等方面的权利与义务，为企业发展提供明确的法律依据。同时，建立政策动态调整机制，根据数字经济发展的新趋势和企业的实际需求，及时修订和完善相关政策法规。

2. 优化监管体系，保障技术与数据安全

建立统一协调的数字经济监管机构，整合网信、工信、市场监管等部门的监管职能，消除监管空白和交叉。可参考国外设立数字经济监管委员会等类似机构的做法，明确各部门在数字经济监管中的职责和分工，建立跨部门协同监管机制。加强对企业技术安全的监管，制定企业网络安全标准和技术防护规范，要求企业定期进行安全评估和漏洞修复。

对关键信息基础设施运营企业，实行严格的网络安全审查制度，确保其技术安全水平符合国家标准。完善数据监管体系，建立数据分类分级管理制度，将数据分为一般数据、重要数据和核心数据，对不同级别的数据采取不同的保护措施。规范数据跨境流动审批流程，建立数据跨境流动安全评估机制，对企业的数据跨境传输行为进行严格监管。同时，加强对数据交易市场的监管，打击数据造假、非法交易等违法行为。

3. 加强数字基础设施建设，夯实发展基础

国家加大对数字基础设施的投入，推进5G网络、工业互联网、数据中心等新型基础设施建设。在5G网络建设方面，制订详细的建设规划，加快偏远地区和农村地区的5G网络覆盖，提高网络覆盖率和服务质量。推进工业互联网建设，支持企业建设工业互联网平台，实现设备联网、数据共享和协同制造。

通过政府引导、市场参与的方式，建设区域性数字经济公共服务平台，为企业提供技术研发、数据存储、安全防护等公共服务。在长三角、珠三角等产业集

群地区，建设综合性数字经济公共服务平台，整合区域内的技术、人才、数据等资源，为企业提供一站式服务，降低企业数字转型成本，提升企业技术创新和安全保障能力。同时，鼓励企业参与数字基础设施建设，通过 PPP 等模式，吸引社会资本投入，加快数字基础设施建设进度。

4. 培育创新生态，提升企业竞争力

国家完善产学研协同创新机制，引导高校、科研机构与企业开展深度合作，共同攻克数字经济关键核心技术。建立产学研合作项目库，定期发布合作需求和项目信息，促进产学研各方的对接与合作。设立数字经济产业创新基金，支持企业开展技术研发和应用创新，对具有创新性和市场前景的项目给予资金支持和政策倾斜。

加强知识产权保护，完善知识产权法律法规，加大对侵权行为的惩处力度，营造良好的创新环境。建立知识产权快速维权中心，为企业提供快速、高效的知识产权维权服务。鼓励企业加大创新投入，对企业的创新成果给予奖励和表彰，提升企业自主创新能力，增强企业在数字经济市场中的竞争力。同时加强创新人才培养，支持高校和职业院校开设数字经济相关专业，培养适应数字经济发展需求的高素质人才。

5. 加强国际合作与协调，应对跨境风险

积极参与国际数字经济规则制定，加强与其他国家和地区在数字经济领域的交流与合作。在国际组织中积极发声，提出我国在数字经济规则制定方面的主张和建议，推动建立公平、合理、有效的国际数字经济规则体系。推动建立跨境数据流动规则和数字贸易标准，加强与共建"一带一路"国家的数字经济合作，签订数字贸易协定，为企业开展国际业务提供便利。

加强与国际组织和其他国家监管机构的合作，建立跨境监管协调机制，共同应对跨国数字经济风险。例如，与欧盟、美国等国家和地区的监管机构建立定期沟通机制，在数据跨境流动监管、网络安全事件应对等方面开展合作，维护企业在国际市场的合法权益。同时，鼓励企业加强国际合作与交流，通过设立海外研发中心、开展国际并购等方式，提升企业的国际化水平和竞争力。

(三) 结语

从国家管理角度构建企业发展层面的数字经济风险防范机制，是推动数字经济健康发展、维护国家经济安全的重要举措。通过完善政策法规体系、优化监管模式、加强基础设施建设、培育创新生态以及推进国际合作等措施，能够有效降低企业在数字经济发展过程中的风险，提升企业的抗风险能力和核心竞争力。

未来，随着数字经济的不断发展，新的风险和挑战将不断涌现，国家需持续关注数字经济发展动态，建立风险监测和预警机制，动态调整和完善风险防范机制，为企业营造良好的发展环境，推动我国数字经济高质量发展，在全球数字经济竞争中占据有利地位。

五、构建生活质量层面的数字经济发展风险防范机制

近年来，数字经济凭借互联网、大数据、人工智能等核心技术的蓬勃发展与广泛应用，以前所未有的速度深度融入人们日常生活的方方面面。在消费领域，线上购物平台打破时空限制，让消费者足不出户即可选购全球商品；在社交娱乐方面，各类社交媒体和短视频平台极大丰富了人们的精神生活；在医疗教育领域，远程医疗、在线课程等数字化服务为居民提供了更加便捷高效的健康与知识获取途径。数字经济的发展显著提升了生活的便利性与效率，成为推动社会进步的重要力量。

然而硬币总有两面，在享受数字经济带来红利的同时，其发展过程中衍生出的一系列问题也对居民生活质量构成了严重威胁。在数字技术高度渗透的今天，个人信息在不知不觉中被大量采集，隐私泄露事件频发，居民面临着财产损失与隐私侵犯的双重风险；对数字设备和网络服务的过度依赖，不仅引发了诸多身心健康问题，还导致现实社交关系的弱化；算法推荐形成的信息茧房，限制了人们的认知视野，使虚假信息得以肆意传播；而数字鸿沟的不断加剧，进一步加剧了社会不平等，严重影响部分群体的生活质量。深入研究数字经济发展对生活质量的影响，构建行之有效的风险防范机制，已成为实现数字经济健康发展与居民美好生活目标的关键所在。

（一）数字经济发展对生活质量的潜在风险分析

1. 个人隐私与信息安全风险

在数字经济蓬勃发展的大环境下，居民日常生活的每一个行为几乎都在产生数据。从日常的移动支付记录、社交平台上的发言互动，到智能家居设备对生活习惯的记录，这些数据背后蕴含着大量个人隐私信息。部分企业受利益驱使，在数据收集过程中存在严重的不规范行为。网络安全形势也不容乐观，黑客攻击、数据泄露事件呈高发态势。据权威机构统计，2023 年全球因数据泄露导致的个人信息泄露量高达 220 亿条。一旦居民的身份信息、银行卡密码等敏感数据泄露，可能引发一系列严重后果。不法分子利用泄露的个人信息进行电信诈骗，致使受害者遭受重大财产损失；或者盗用个人身份信息进行非法借贷，给受害者带来巨大的债务压力和信用危机，可能直接威胁居民的财产安全和正常生活秩序。

2. 数字依赖与身心健康风险

随着数字设备和网络服务的日益普及，人们的生活对数字技术的依赖程度越来越高。特别是在青少年群体中，过度沉迷于短视频、网络游戏等数字娱乐的现象尤为突出。相关医学研究表明，长时间使用电子设备，青少年近视率较正常群体高出 30%。除了视力下降，长时间保持固定姿势使用电子设备，还容易引发颈椎疾病、腰椎间盘突出等一系列身体问题。

在社交方面，数字社交的虚拟化特性虽然打破了时空限制，但也在一定程度上削弱了现实人际交往的深度与温度。人们在网络社交中过度关注虚拟形象和点赞评论，将大量时间和精力投入虚拟社交关系的维护中，导致现实生活中的面对面交流减少，容易产生孤独感和焦虑情绪。此外，在数字工作模式下，信息的即时性要求使工作与生活的边界逐渐模糊。许多职场人士在下班后仍需处理工作信息，难以获得充分的休息和放松，长期处于这种状态，对身心健康造成了持续的负面影响。

3. 信息茧房与认知局限风险

数字经济中的算法推荐技术是一把双刃剑。它根据用户的浏览历史、兴趣偏好等信息，为用户推送个性化内容，在提高信息获取效率的同时，也不可避免地形成了"信息茧房"。用户长期处于这种被单一类型信息包围的环境中，认知视野变得越来越狭窄，难以接触到多元的观点和信息，从而容易产生偏见和极端化思维。

以社交媒体平台为例，用户在浏览新闻、参与话题讨论时，算法会不断推送符合其兴趣和观点的内容，导致用户陷入同质化信息圈层。在对社会热点事件的认知过程中，这种信息茧房效应使用户只能看到片面的观点，无法全面了解事件的全貌，进而导致认知出现偏差，甚至在网络上引发群体对立和冲突。此外，由于数字空间信息传播的快速性和广泛性，虚假信息、谣言在缺乏有效审核机制的情况下得以迅速传播，误导公众，严重影响居民对真实世界的认知和判断，降低了生活决策的准确性和理性程度。

4. 数字鸿沟与社会公平风险

数字经济的发展加剧了不同群体之间的数字鸿沟，这种差距体现在数字技术接入、使用能力和数字资源获取等多个关键方面。老年人、偏远地区居民以及低教育水平群体成为数字鸿沟的主要受害者。在偏远农村地区，由于网络基础设施建设滞后，部分居民无法接入高速稳定的网络，难以享受数字经济带来的便利服务。而老年人由于对数字技术的接受和学习能力相对较弱，在面对线上挂号、健康码等数字化防疫措施时，往往因不熟悉操作而面临就医、出行困难。

数字鸿沟的存在不仅严重影响这些群体的生活便利性，还进一步扩大了社会贫富差距和机会不平等。在就业市场，掌握数字技能的人群更容易获得高薪职位和职业发展机会，而数字技能薄弱的群体则面临就业困难和收入低下的问题。这种差距阻碍了社会公平发展，降低了整体社会生活质量，对社会的和谐稳定构成潜在威胁。

（二）构建生活质量层面数字经济发展风险防范机制的策略

1. 完善法律法规与监管体系

加快推进数字经济领域法律法规的制定和完善工作，重点围绕隐私保护与信息安全，明确企业在数据收集、使用、存储和共享等各个环节的责任与义务。借鉴欧盟 GDPR 的先进经验，结合我国国情，建立严格的数据保护标准。要求企业在获取用户数据时，必须遵循"明确、自愿、必要"的原则，获得用户的明确授权，并向用户提供清晰、易懂的数据使用说明。

强化政府监管职能，整合网信、公安、市场监管等多部门力量，建立跨部门协同监管机制。通过部门间的信息共享与协作，消除监管盲区，提高监管效率。加强对数字平台企业的日常监督检查，定期开展数据安全评估和隐私保护审查，对发现的数据安全隐患和违规行为及时进行处理。加大对违法违规企业的惩处力度，提高企业的违法成本，形成强有力的法律威慑，保障居民个人信息安全。

2. 提升全民数字素养与技能

构建覆盖全年龄段、全群体的数字素养教育体系。在学校教育中，将数字技术课程全面纳入基础教育和高等教育课程体系，从小学阶段开始培养学生的信息处理能力、数字创新能力和网络安全意识。通过开设编程课程、信息技术实践课程等，让学生在实践中掌握数字技术的应用。

针对老年人、农村居民等数字弱势群体，开展多样化的社区数字技能培训活动。采用面对面教学、录制短视频教程、组织志愿者上门指导等多种方式，教授智能设备使用、网络购物、线上支付等基础数字技能。利用媒体和网络平台开展广泛的数字素养宣传活动，通过制作科普节目、发布宣传海报等形式，普及网络安全知识和隐私保护技巧。提高居民对数字风险的识别和防范能力，增强全民在数字经济环境中的自我保护意识。

3. 加强技术创新与安全防护

鼓励企业和科研机构加大在隐私保护技术、网络安全技术等领域的研发投入。支持开发先进的加密算法、匿名化技术，确保用户数据在传输和存储过程中的安全性。运用同态加密技术，在数据加密状态下仍可进行计算处理，既满足了数据使用需求，又保护了数据隐私。利用人工智能技术构建智能监测系统，实时识别和拦截网络攻击、数据泄露等安全威胁。

推动数字平台企业建立健全信息审核机制，利用自然语言处理、图像识别等技术对平台内容进行智能审核。通过机器学习算法对大量信息进行快速筛选和分析，及时过滤虚假信息和谣言。同时，鼓励企业开展技术合作与交流，共享技术创新成果，共同提升数字经济领域的技术安全水平。

4. 优化公共服务与基础设施建设

加大对偏远地区和农村地区数字基础设施建设的投入力度，制订详细的建设规划，加快 5G 网络、光纤宽带等通信设施的覆盖进程。在建设过程中，充分考虑当地实际需求，采用灵活多样的建设模式，确保网络覆盖的有效性和稳定性。在城市社区和农村地区建设数字公共服务中心，为居民提供数字设备使用指导、信息查询、线上业务办理等一站式服务。

针对老年人等特殊群体，在医疗、交通、政务等领域保留传统服务渠道，同时优化数字化服务流程。设计适老化的数字产品和服务界面，采用大字体、简洁操作流程等设计，提高数字服务的易用性和可及性。建立数字经济公共服务监督机制，定期对公共数字服务的质量和满意度进行评估，及时收集居民反馈意见，解决居民在使用过程中遇到的问题，保障居民能够平等、便捷地享受数字经济发展成果。

5. 促进数字伦理与社会共治

推动数字伦理准则的制定和普及工作，引导数字企业在追求经济效益的同时，积极承担社会责任。明确数字企业在数据使用、算法设计、内容推送等方面应遵循的伦理原则，确保企业行为符合公平、透明、尊重用户的要求。鼓励企业建立用户反馈机制，及时响应用户的隐私保护诉求和服务改进建议。

加强社会监督，充分发挥媒体、社会组织和公众的监督作用。媒体应加强对数字平台企业侵犯用户权益、传播不良信息等行为的曝光和批评，形成舆论压力。社会组织可以开展相关调查研究，为政策制定提供参考依据。建立数字经济风险公众参与机制，通过问卷调查、听证会等形式，广泛听取居民对数字经济发展的意见和建议。让居民参与到数字经济风险防范政策的制定和实施过程中，形成政府、企业、社会和公众共同参与的数字经济风险防范共治格局。

（三）小结

构建生活质量层面的数字经济发展风险防范机制是一项长期且复杂的系统工程，需要政府、企业、社会和公众的共同努力。数字经济的发展与生活质量的提升紧密相连，只有有效防范数字经济发展过程中对生活质量产生的各类风险，才能实现数字经济与居民生活的良性互动。通过完善法律法规、提升数字素养、加强技术创新、优化公共服务和促进社会共治等多维度措施的协同推进，能够切实保障居民的隐私安全、身心健康和生活公平性。

推动数字经济朝着更加安全、健康、可持续的方向发展，最终实现居民生活质量的全面提升。在未来，随着数字经济的持续演进和技术的不断创新，新的风险和挑战将不断涌现，我们需要持续关注数字经济发展动态，不断调整和完善风险防范机制，以适应时代发展的需求，为居民创造更加美好的数字生活。